숲 에 서
자 본 주 의 를
껴 안 다

숲에서 자본주의를 껴안다

산촌자본주의, 가능한 대안인가 유토피아인가?

초판 1쇄 펴낸날 2015년 7월 29일 | 초판 7쇄 펴낸날 2021년 10월 19일

지은이 모타니 고스케·NHK히로시마 취재팀 | 옮긴이 김영주 | 펴낸이 한성봉
편집 안상준·강태영·박소현 | 디자인 유지연 | 마케팅 박신용·강은혜 | 경영지원 국지연
펴낸곳 도서출판 동아시아 | 등록 1998년 3월 5일 제1998-000243호
주소 서울시 중구 퇴계로30길 15-8 [필동1가 26]
블로그 blog.naver.com/dongasiabook | 전자우편 dongasiabook@naver.com
페이스북 www.facebook.com/dongasiabooks
전화 02) 757-9724, 5 | 팩스 02) 757-9726

ISBN 978-89-6262-109-9   03300

이 도서의 국립중앙도서관 출판예정도서목록(CIP)은 서지정보유통지원시스템 홈페이지(http://seoji.nl.go.kr)와 국가자료공동목록시스템(http://www.nl.go.kr/kolisnet)에서 이용하실 수 있습니다.
(CIP제어번호 : CIP2015019629)

산촌자본주의
가능한 대안인가 유토피아인가?

숲에서
자본주의를
껴안다

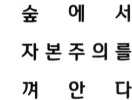

모타니 고스케谷浩介 /
NHK히로시마 취재팀 지음

김영주 옮김

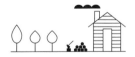

동아시아

'산촌자본주의'를 추천하다

'경제 100년의 상식'을 깨다

결코 편리한 도시생활을 버리고 시골생활을 하라는 이야기가 아니다. '부탄Bhutan 같은 행복'을 강요하는 것도 아니다.

어쩌면 생활 자체는 그다지 변하지 않을지도 모른다. 그러나 본질은 '혁명적으로' 전환될 것이다. 이것은 대체 무슨 이야기인가?

'경제 상식'에 농락당하고 있는 사람은 예를 들면 이런 사람이다. '돈을 더 벌어야 해, 더 높은 평가를 받아야 해'라는 생각으로 맹렬히 일한다. 당연히 집에 가서는 잠만 자는 생활. 식사 준비를 할 시간도 없어서 전부 밖에서 사오고, 빨래도 못 해서 양말 같은 것은 편의점에서 새로 사는 일이 다반사이다.

여기서 중요한 점은, 열심히 일하고 있지만 그는 실은 그다지 풍요로운 생활을 누리지 못하고 있다는 점이다. 월급은 많이 받을지도 모른다. 그러나 매일 물건을 구입하는 지출이 치명타가 되기에 수중에 돈이 남아 있지 않다. 그렇기 때문에 그는 더욱더 노력한다. 노력하면 노력한 만큼 월급은 올라가지만 그만큼 스스로 하는 일은 더 줄어들고 지출이 늘어난다. '세상의 경제'에 있어서 그는 고마운 존재이다. 그러나 이것은 일그러진 생활이다.

오늘날의 경제는 "자잘하게 절약하지 마라. 계속해서 에너지와 자원을 소비해라. 그것을 훨씬 뛰어넘는 수익을 올리면 된다. 규모를 키울수록 이익은 늘어난다. 그것이 바로 '풍요로움'이다"라고 말하면서 이런 생활방식을 장려하고 있다.

미국이 약 100년 전에 시작한 이러한 '상식'은 일본을 비롯한 선진국으로 침투했고, 그 뒤에는 발전도상국으로 확산되어갔다. 울타리 없는 글로벌 경제체제가 성립되고 지금은 전 세계의 상식이 되었다. 하지만 전 세계가 동일한 상식을 바탕으로 동일한 풍요로움을 추구하게 된 그 순간, 선진국이 숨을 헐떡거리기 시작했다. 이것이 바로 현재의 경제상황이다.

여기서 말하고 싶은 것이 바로 '발상의 전환'이다. 대체 무슨 이야기인지, 앞에서 소개한 '낭비청년'의 뒷이야기를 우리의 취재성과를 반영해 각색한 스토리로 설명하도록 하겠다.

열혈사원으로 근무하고 있던 청년. 실은 회사도 맹렬한 경쟁을 겪고 있었다. 라이벌은 최근 매출을 늘리고 있는 신흥국의 기업이다. 같은 수준의 상품을 말도 안 되게 싼 가격으로 시장에 내놓는다. 경쟁력의 비밀은 신흥국의 저렴한 임금이다. 회사는 주주로부터 '비용을 더

삭감하라'라는 압력을 받아 '노동 코스트'를 재검토하기로 했다. 그는 갑자기 정리해고를 당했다.

실의에 빠진 그는 시골로 돌아왔다. 괜찮은 일자리도 없다. 그 지역에서 생산되는 과일로 100% 무첨가 유기농 잼을 만드는 잼 공장에서 일하기로 했다. 월급은 이전의 10분의 1. 자포자기의 심정으로 가난뱅이 생활을 시작했다….

그런데 이 잼 공장에 모인 사람들의 이야기를 듣고 새로운 사실을 알게 되었다. 다들 깜짝 놀랄 정도로 풍요롭게 살고 있는 것이었다.

한 달에 몇만 엔씩 내고 있던 전기요금과 가스요금. "정말 꼭 내야 하는 것일까?"라는 질문을 받았다. "원시인이 되라는 건가요?"라고 대답하자 웃으면서 이렇게 말했다. "그런 말을 하면서도 너희들은 휴일이 되면 큰돈을 들여서 캠프장을 찾아서 장작과 숯으로 밥을 지으며 즐거워하잖아. 여기는 그런 일들을 매일 할 수 있는 곳이야. 주위에는 나무가 얼마든지 자라고 있어. 그런데 멀리 아랍에 있는 나라에서 사온 석유나 천연가스 그리고 그것으로 만든 전기가 없으면 살 수 없다고 말하고 있지. 말도 안 돼."

청년은 시도해보기로 했다. 냉장고와 세탁기는 평범하게 사용하면서(직접 빨래를 하는 '평범한 생활'을 시작했다는 의미도 있지만), 아저씨들이 가르쳐준 대로 석유 드럼통을 개조한 '친환경 스토브'라는 것을 만들어 거기에 솥과 냄비를 올려 식사준비를 하기로 했다. 안에 단열재를 넣어서 에너지 효과를 개량했다는데, 뒷산에서 주워온 잡목 5개로 하루치의 밥을 지을 수 있다. 광열비는 확실히 줄었다.

숲에서 자본주의를 껴안다

근처에 사는 할머니가 놀리고 있는 밭을 빌려서 채소농사도 시작했다. 아직 첫 농사라 그리 수확이 많지는 않지만 모자라지 않는다. 실은 할머니가 채소를 나눠주고 있다. "가지랑 오이가 너무 많이 열려서 썩히게 됐으니 먹어" 하면서 가져다준다. 덕분에 슈퍼에 가는 횟수가 줄었다. 가더라도 채소는 거의 사지 않게 되었다.

지갑에서 빠져나가는 돈이 극적으로 줄어들었다. 월급이 10분의 1이라도 전혀 힘들지 않다. 그뿐만이 아니다. 음식이 깜짝 놀랄 정도로 맛있어졌다. 도시에서는 고급 식재료 가게에서 파는 수준의 유기농채소. 몇만 엔이나 하는 '최신형 전기밥솥'보다 맛있게 지어지는 친환경 스토브의 밥이 있기 때문이다. 게다가 삶이 즐겁고 인간다워졌다. 도시에서 맹렬하게 일하던 시절에는 직장을 제외하면 이야기를 주고받는 사람은 편의점 점원 정도였다…. 확실히 '풍요'로워졌다.

시골생활에 흠뻑 빠지게 된 청년. 그러나 '도시에서 이런 생활이 불가능하다면 해결책이 되지 못하는 것이 아닐까?'라는 생각에 친환경 스토브를 만드는 방법을 알려준 아저씨에게 물어보았다.

"도시는 도시대로 문서파쇄기에서 폐지가 산더미처럼 나오잖아. 그걸 비싼 돈을 들여 운반해서는 태워버리고 있잖아."

글로벌 경제시스템 속으로 들어가면서 '어쩔 수 없다' 하고 포기했던 지출을 다시 검토하고 줄여나간다면 '풍요로움'을 되찾을 수 있다. 그렇게 경제는 '우리들의 것'이 되어간다. 이것이 '경제 100년의 상식을 깨는' 기본적인 방법이다.

발상의 출발점은
'머니자본주의'

우리가 '경제 100년의 상식'을 의심하고 새로운 길을 모색해야 한다고 생각하게 된 계기. 그것은 2008년 가을, 미국의 증권회사 리먼브라더스의 파산을 시작으로 발생한 이른바 '리먼쇼크'(리먼 사태)였다.

참으로 이해하기 어려운 경제위기의 본질을 파악하기 위해서, 우리는 〈머니자본주의〉라는 NHK 스페셜 시리즈를 제작하기 시작했다. 동시에 리먼 사태를 계기로 마치 유리판을 미끄러져 내려오는 것처럼 실적이 악화되고 있는 자동차업계도 취재했다.

어째서 일개 증권회사의 파산이 전 세계를 위기에 빠트린 것일까? 어째서 미국의 금융가 월스트리트의 실패가 세계 실체경제의 근간이 되는 자동차산업으로 옮겨가 자동차산업을 화염에 휩싸이게 만든 것일까? 베일에 싸인 세계의 내부로 들어가 취재를 시작한 우리는, 우리가 얼마나 사기 같은 시스템에 발을 담그고 있었는지를 알고 경악하게 되었다. '사기경제'로의 전락. 그것은 지금까지 100년이라는 시간 동안 전 세계로 확산된 '미국형 자본주의'의 급속한 쇠퇴와 그것을 연명시키기 위해 모든 노력을 기울인 세계경제의 견인자들이 취한, 일반인들이 보기에는 도저히 납득할 수 없는 조치의 당연한 귀결이라고 설명할 수 있다.

이 모든 것의 시작은 1970년대 초의 닉슨쇼크였다. 전 세계에 유통되는 종잇조각에 지나지 않는 달러화를 언제 어떤 경우라도 일정량의

금^{GOLD}과 교환할 수 있다는, 미국이 세계에서 가장 풍요롭던 시대의 시스템. 이것을 유지할 수 없게 되자 세계정세의 변화에 따라서 다른 나라 통화와의 교환비율이 변화하는 시대가 시작되었다. 그러나 20세기가 끝날 때까지의 30년간, 미국경제는 꾸준히 내리막길을 걷게 되었다.

제2차 세계대전이 끝난 후, 압도적인 힘을 자랑했던 미국경제. 그 상징이 세계최대의 자동차제조기업 GM^{General Motors}이다. 1960년대의 전성기 때는 매년 눈덩어리처럼 이익이 늘어났기 때문에 종업원의 월급을 아무리 올려도 돈이 남아서 먼 장래를 위한 대비, 즉 연금을 계속해서 늘려나갔다. 지금은 상상조차 할 수 없는 최고의 우량기업이었다. 미국이 전 세계로 확산시킨 '풍요로움의 형태'는 이러한 '계속 성장하는 거인들', 즉 GM, 전기의 거인 GE^{General Electric}, 화학업계의 거인 듀폰^{DuPont} 등과 같은 우량기업의 성장으로 만들어진 것이다.

그러나 순조로운 성장이 언제까지나 이어질 리는 없다. 무시하던 일본자동차 등의 추격으로 경쟁이 치열해지고, 결국 '달러박스'인 미국시장을 빼앗기는 사태가 벌어졌다. 자동차왕국 디트로이트에 군림했던 주 수입원 '빅3'의 쇠락으로 미국경제는 무너지기 시작했다.

미국의 후퇴를 제대로 된 실적회복에 의지하지 않고 어떻게든 해결하려고 한 머리 좋은 사람들이 있었다. 그들이 주목한 것이 바로 '돈=머니'였다. 열심히 물건을 만들어 그것을 팔아서 돈을 버는 것이 아니라, 돈으로 돈을 만들어내는 경제가 급속하게 성장해버린 것이었다.

리먼 사태 이후의 미국에서 우리는 그 '사기 같은 경제의 최후'를 목격할 수 있었다.

디트로이트의 자동차딜러가 보여준 신차 구입자용 신청서. 직업도 수입도 묻지 않는 형식이었다. 딜러는 말했다. "거리에서 빈 캔을 줍는 사람에게도 자동차를 팔았죠." 그가 팔고 있던 것은 한 대에 700만 엔이나 하는 SUV라는 고급 4륜구동 자동차였다.

어떻게 그런 사람에게 자동차를 팔 수 있었을까? 그것은 대출을 받게 했기 때문이다. 일반인이라면 "하지만 대출을 받으면 갚아야 되잖아?"라고 질문할 것이다. 그런데 그것이 그렇지 않다. 대출을 갚을 필요는 전혀 없는 것이다. 대출은 곧바로 채권이 되어 월스트리트의 금융기관으로 넘어간다. 그렇게 잔뜩 모인 대출채권을 조합해서 '수학적 가공'을 거치면 금융상품이 만들어진다(대출채권은 몇 년 뒤에 이자가 더해진 큰 금액이 되어서 돌아오는 '금융상품'이다. 그렇기에 몇 개의 대출을 합쳐서 만든 금융상품을 사두면 몇 년 뒤에 그 이자가 더해진 금액을 손에 넣을 수 있다. 한마디로 고금리 금융상품이다. 참고로 대출은 상환기한이 오기 전에 차환된다. 그렇게 하면 영원히 손해 볼 일은 없다. 이러한 시스템을 고안해낸 한 사람이 설명해주었다).

월스트리트의 투자은행은 이런 금융상품을 엄청나게 많이 팔고 있다. 금융상품을 사고 싶어 하는 사람은 넘쳐날 정도로 많다. 조금이라도 수중의 돈을 불리고 싶은 연금기금 등이 가장 큰 손님이다.

이것은 이상한 일이다. 처음부터 갚을 능력이 없는 사람이 빌린 대출은 투자하기에 너무 위험하지 않을까? 실은 그 과정에는 비밀이 숨어 있다. 조금 전 '수학적 가공을 거친다'라고 말했다. 전 세계의 수학

천재들이 월스트리트에 모여 특수한 수학이론을 구사하여 그 금융상품의 '대손損賞 리스크'를 계산하고, 그 리스크를 모아서 그것을 다시 금융상품으로 판매한다(그 금융상품 중의 하나가 CDS*이다)는 기발한 재주를 부리고 있었다. 이런 기술을 '금융공학'이라고 부른다.

취재에 참여했던 디렉터는 천재 한 사람을 찍어온 VTR을 보고 할 말을 잃었다. 그는 컴퓨터 앞에 앉아서 의미 불명의 수식이 가득 적힌 긴 글을 엄청난 속도로 스크롤을 내리며 읽고 있었다. 행도 글자도 전혀 보이지 않는 속도였다. 그런데도 그는 순식간에 다 읽은 뒤에 그 안의 한 수식에 대해 논평하고 있었다. 분명히 천재였다.

21세기가 시작되고 한동안 세계경제를 이끌었던 미국의 호경기는 이와 같은 천재들이 개발한 '불가사의한 시스템' 덕분에 돌아가고 있었던 것이다. 돈이 없어도 고급자동차를 살 수 있었던 사람, 자동차가 날개 돋친 듯이 팔려서 신바람이 났던 딜러와 자동차제조회사, 대출채권을 모아 금융상품을 엄청나게 만들고 팔아치워서 큰 수익을 올린 월스트리트의 투자은행, 그리고 그 금융상품에 투자해서 노후자금을 효과적으로 불리고 있던 연금기금. 모두가 행복했다. 리먼브라더스라는 거대 증권회사가 무너지기 전까지는….

그 순간 '속임수'로 유지되고 있던 시스템이 삐걱거리기 시작했다.

---

* 신용부도스와프Credit Default Swap의 약어. 기업의 부도위험 등 '신용'을 사고팔 수 있는 신용파생상품 거래. 대출이나 채권의 형태로 자금을 조달한 채무자(기업)의 신용위험만을 별도로 분리해 이를 시장에서 사고파는 금융파생상품의 일종이다.

세계경제가 한순간에 이상해진 것도, 100년의 역사를 자랑하던 GM
이 경영파탄으로 내몰린 것도 당연한 결과였다. 마법이 풀려버린 것
이다.

세계는 지금도 여전히 그 후유증을 앓고 있다. 그리스부터 스페인
그리고 이탈리아로 산사태처럼 신용불량이 확대되고 있는 유로 위기.
매년 늘어가는 일본의 국가부채도 약 1,000조 엔에 달해서 슬슬 위험
하다는 말을 듣고 있다. 미국도 역사상 유례를 찾을 수 없는 장기간의
금융완화정책을 실시하고 있지만 좀처럼 경제는 회복되지 않고 있다.
그러는 사이에 그런 미국을 대신해 세계경제를 견인해온 중국경제도
활력을 잃어가고 있다.

'약해진 나라'가
돈의 먹이가 되었다

이런 세계경제를 보고 우리는 왜
지금이야말로 '산촌里山자본주의'*라고 생각한 것일까?

한마디로 말하면 전 세계 사람들이 세계적인 돈의 힘에 의지할 수
밖에 없는 구조는 역시 정상이 아니기 때문이다. 조금이라도 무너뜨

---

* 일본어로 '마을 숲, 마을 산'을 의미하는 '里山'를 이 책 본문에서는 '산촌'으로 번역했다. '산촌자본주의'
는 '예전부터 인간이 가지고 있었던 휴면자산을 재이용함으로써 원가 0엔으로 경제재생과 공동체의 부
활에 성공하는 현상'을 말하는 신조어이다. 2012년 2월부터 일본 NHK에서 〈里山資本主義〉라는 이름의
TV프로그램으로 방송되었다.

숲에서 자본주의를 껴안다

려서 '건실한 경제'로 바꿀 수 없을까?

앞에서 현역일 때 노후대비를 해두는 연금구조는 기업이 상상을 초월한 성장을 계속하던 시절에 확대되었다고 말했다. 기업과 국가경제가 성장하고 있는 동안에는 그것이 좋은 방법일 것이다. 생각 없이 모두 그 방식을 따라 했으며 선진적인 풍요로움의 방식을 추구해 동료가 되었다. 그러나 전제가 되는 '성장'이 멈춘다면 어떻게 될까?

역시 아니나 다를까, 실체경제의 성장이 막다른 길에 다다르자 우량기업의 주식을 사두면 주가가 올라 돈이 점점 불어나던 시대는 끝나버렸다. 그러나 모두가 하나같이 노후대비를 연금에 의지하려 했고, 어떻게든 예정대로 돈을 불리고 싶어 했다. 그 결과 거짓말로 유지되는 고금리 금융상품에 전 세계의 연금머니가 쇄도하는 사태가 초래되었다.

그리고 리먼 사태 뒤에 찾아온 세계경제의 변화. 위기에 빠진 월스트리트나 GM과 같은 기업을 구하고 경제를 되살리기 위해 국가가 재정을 출동시켰다. 빚을 대신 짊어진 것이다. 그 결과 무슨 일이 일어났는가? 이번에는 빚을 대신 짊어져서 '약해진 나라'가 돈이라는 맹수의 먹이가 되었다. 이것이 유로 위기의 본질이다.

유로권 중에서도 가장 약했던 그리스가 제일 먼저 희생양이 되었다. 파산한 그리스는 재정재건을 위해 국민연금을 삭감했다. 국가가 이런 결정을 강행하려고 했을 때, 광장에서 항의표현으로 자살한 고령자가 있었던 것이 지금도 기억에 선명하다.

그러나 처음부터 노후를 윤택하게 보내기 위해서는 모두가 예외 없이 연금을 받는 방법밖에 없는 것일까? '청경우독晴耕雨讀'으로 충분하지 않을까? 날씨가 좋으면 밭에 나가 일하고 비가 오면 집에서 쉬는, 연금이라는 체제가 존재하지 않던 시절에 생각하던 노후의 이상적인 모습이다.

여기서 주목해야 할 것은 '청경', 즉 날씨가 좋으면 일을 한다는 부분이다. 이 노인은 어째서 연금을 받지 않고도 생활할 수 있을까? 이유는 간단하다. 돈이 드는 생활을 하지 않기 때문이다. 자신이 먹을 것은 가능한 한 스스로 해결하기 때문에 구입하는 것이 적다. 현금이 필요한 지출이 거의 없는 것이다.

이렇게 말하면 당장 "그건 무리다. 지금의 근대적인 생활을 하기 위해서는 돈이 절대적으로 필요하다"라는 반론이 돌아올 것이다. 확실히 100%는 무리일지도 모른다. 그러나 "지금 돈을 지불하고 있는 모든 것들이 반드시 사야만 하는 것인가? 정말 그렇게 하는 편이 합리적이고 효율적인가?"라고 묻고 싶다.

예를 들어, 산속의 풍요로운 자연에 둘러싸인 농촌에서 사는 사람. 잠깐 산책을 하면 장작 네다섯 개를 줍는 것은 그리 어려운 일이 아니다. 과소過疎지역이라고 불리는 섬에 사는 사람. 날씨만 좋다면 잠깐 낚싯줄을 드리우면 그날 저녁식탁에 올릴 생선 한 마리 정도는 잡을 수 있을지도 모른다. 그런 축복을 누리는 생활을 연금에 의지하는 생활의 '서브시스템'으로 넣어본다면 어떨까?

지금까지 우리들은 그런 삶의 방식을 '제대로 된 경제'에 포함시켜서는 안 된다고 생각해왔다. 또는 그런 생각을 강요받아왔다. 이런 사고방식에 이의를 제기하려는 것이 바로 '산촌자본주의'이다.

'마초적인 경제'로부터의
해방

도쿄에서 〈머니자본주의〉라는 프로그램을 만들고 있던 시절에는 이의를 제기하기만 했을 뿐 아직 구체적인 내용은 파악하지 못하고 있었다. 돈은 규모가 큰 경제뿐만 아니라 우리 생활의 구석구석까지 침투해 있다. 돈과 결별하는 것은 중병에 걸린 환자에게서 생명유지장치를 떼어버리는 것과 같다. 반대로 생각하면 우리들은 어느새 자력으로는 호흡조차 할 수 없는 환자가 되어버린 것일지도 모른다.

2011년 3월 11일, 동일본대지진이 일본을 덮쳤다. 정작 위기가 찾아오자 돈은 아무런 도움도 되지 못하는, 그런 세상이 갑자기 눈앞에 펼쳐졌다. 스위치를 켜면 전기를 쓸 수 있는 당연한 생활도 한순간에 멈춰버렸다. 어딘가 멀리에서 대량으로 생산되는 에너지에 의지하는 것이 얼마나 불안한 일인지, 계획정전*으로 깜깜하게 변해버린 도시에서 뼈저리게 느낄 수 있었다. 살아가는 데 필요한 모든 것들이 자신의 손이 닿지 않는 거대한 시스템 안에 완전히 편입되어 있는 리스크

---

* 동일본대지진으로 인한 전력부족을 해결하기 위해서 2011년 3월 11일부터 약 2주 동안 관동지역을 중심으로 제한적 전력공급, 즉 계획정전이 실시되었다.

가 한순간에 현실로 나타났다고 할 수 있다.

그해 6월, 나는 도쿄에서 히로시마広島로 전근을 갔고 그곳에서 생각지도 못했던 만남을 경험했다. 시골이 짊어진 영원한 과제인 과소와 고령화라는 어두운 이미지와는 완전히 상반되는 '기운차고 쾌활한 시골 아저씨들'을 만나 지금까지 몰랐던 것들을 알게 되었다.

대표선수 중 한 명, 주고쿠中国지방*의 산속마을 히로시마현 쇼바라시庄原市에 사는 와다 요시하루和田芳治 씨는 취재차 방문한 우리들의 마음을 완전히 사로잡았다. "나는 말이야, 뭔가 하자야"라고 말하기에, "네? 하자가 있다고요?"라고 되묻자 옆에서 부인이 웃음을 터트렸다. 알고 보니 "언제나 뭔가 하자고, 뭔가 해보자고 말하면서 뭔가 시작하거든"이라는 이야기였다. '뭔가 하자' 동지들끼리 개발해서 보급시키려고 하고 있는 것이 뒷산의 나무로 에너지 자립을 꿈꾸는 '친환경 스토브'이다. 동지들은 전국의 시골에서 "이봐, 국수를 만들었어", "이봐, 맛있는 버섯을 땄어"라며 이것저것 보내준다. 그 보답을 어떻게 할지 머리를 짜내던 중에 좋은 아이디어가 떠올랐다며 우리를 근처의 텃밭으로 끌고 갔다. 단호박이 열려 있었다. 하지만 그냥 단호박이 아니었다. 못으로 상처를 내서 메시지를 새긴 단호박이었다. '고맙습니다'나 '웃는 얼굴' 같은 글자가 볼록하게 솟아오른, 세상에 단 하나밖에 없는 선물. 뜻하지 않게 'NHK히로시마'라고 적힌 단호박을 건네

---

* 일본의 가장 큰 섬 혼슈의 서쪽 끝에 위치하는 지역으로 돗토리현, 시마네현, 오카야마현, 히로시마현, 야마구치현의 5개 현으로 구성되어 있다.

숲에서 자본주의를 껴안다

받았다. 우리도 완전히 동지가 되어버렸다.

우리가 목표로 삼을 만한 산촌자본주의의 '하나의 완성체'. 그 자세한 내용은 뒤에서 정식으로 소개하겠지만 조금만 설명하자면, 그것은 그저 단순히 전 세계적으로 유통되는 자원에서 벗어나는 것만이 목표가 아니다. '철과 콘크리트처럼 단단하고 강한 것'을 좋아하던 20세기의 '마초적인 경제' 형태에도 의문을 던지는, 가치관의 전환까지 내포하고 있다.

오히려 시골이
시대를 앞서가고 있다

동일본대지진으로부터 반년이 지난 2011년 늦여름에 NHK히로시마에서 시작된 〈산촌자본주의〉 프로그램의 제작. 그 추진 역할을 부탁한 사람은 바로 전국 방방곡곡을 모두 방문하고 있다는 지역 경제학자 모타니 고스케藻谷浩介 씨였다.

NHK와 모타니 씨의 인연은 모타니 씨가 쓴 『일본 디플레이션의 진실デフレの正体』*를 읽고 감동하여, 그 책에서 설명하고 있는 경제의 상식파괴와 발상의 전환을 프로그램에서 소개하고 싶다고 요청한 것으로 시작되었다. 프로그램은 동일본대지진이 일어나기 전인 2011년 1월 1일 NHK 스페셜 〈2011 일본이 가야 할 길2011ニッポンの生きる道〉이

---

* 2015년 하반기에 국내 출간 예정으로, 제목은 가제이다.

라는 제목으로 방송되었다.

"물건이 팔리지 않는 것은 경기가 나쁘기 때문이라는 상식은 옳은 것일까?"라는 모타니 씨의 질문에 다들 눈이 휘둥그레졌다. 모타니 씨가 제시한 '인구의 파도' 그래프. 한창 일할 나이의 사람수인 '생산연령인구'는 제2차 세계대전 이후에 급격하게 증가했고, 그것이 감소로 돌아섰기 때문에 일본에서 물건이 팔리지 않게 되었다는 '입이 떡 벌어지는 설명'에 감탄을 금치 못했다.

히로시마로 전근을 와서 새로운 상식파괴의 현장을 목격한 나는 직감적으로 '이 이야기를 모타니 씨와 함께하고 싶다'라고 생각해 방송 출연을 타진했다. 곧바로 답이 왔다. "그거야말로 저도 지금 주목하고 있던 겁니다." 동일본대지진 이후에 일본인의 마음속에 자리 잡은 그 무엇, 새로운 발상을 지향하려는 분위기를 만들어가는 제안을 하고 싶다는 마음이었다.

주고쿠산지의 여기저기에서 시작되고 있는 도전, 그 실례들을 살펴보면서 고찰을 거듭했다. 머니자본주의의 반대를 추구하는 '산촌자본주의'라는 신조어도 함께 생각해냈다. 2012년 새해의 NHK 스페셜 〈일본의 부활을 향해!目指せ！ニッポン復活〉에서도 오카야마현 마니와시岡山縣眞庭市의 제재소를 중심으로 진행되는 도전을 소개하고 산촌자본주의의 개념도 소개했다.

주고쿠지방을 다룬 프로그램은 시리즈화되어 프로그램을 하나의 기본 체제로 삼으며 '풀뿌리 네트워크'가 아메바처럼 확대되고 있다.

일본경제가 정체되어 있는 근본적 이유는 '경기'가 아닌 '인구의 파도'에 있다고 제대로 파악해서 우리의 눈을 번쩍 뜨이게 만들어준 모타니 씨. 이번에는 산촌자본주의를 키워드로 어떤 '잘못된 선입견'을 깨트려서 현상을 재인식하고 미래를 향한 한 걸음을 내디딜 전략을 알려줄 것인가? 역시나 날카로운 논리를 보여줄 것이다.

이 책은 현장을 찾아가 산촌혁명가들과 토론을 하면서 그 정수를 뽑아내는 과정에서 시행착오를 거듭하는 NHK히로시마의 방송인 두 명과 일본 전체를 구석구석 돌아보며 자신의 문제의식에 비추어 철두철미하게 고찰하는 모타니 씨의 공동작업으로 진행된다.

지방에 계시는 분들은, 세계의 첨단을 달리고 있다고 스스로 인정해온 도시보다 뒤처졌다고 믿어 의심치 않던 시골이 지금은 오히려 선두를 달리고 있다는 놀라움과 자신감을 느끼게 되기를 바란다.

도시에 사는 분들은, 도시에서도 적용할 수 있는 발상법으로, 증가되고 있는 문제와 불안에 대한 지금까지와는 전혀 다른 해결책으로 써주기를 바란다. 뒤에서 자세히 설명하겠지만 도시의 최첨단 에너지 시스템으로 주목받고 있는 '스마트시티'. 나는 어느 IT기업 담당자와의 토론에서 이 시스템도 실은 완벽히 같은 발상이 기본이 되고 있음을 알게 되어 큰 힘을 얻은 적이 있다.

인류가 100년이나 믿어온 '상식'을 깨는 대담하기 그지없는 제안과 가슴 뛰는 도전의 여정이 지금 시작된다.

글쓴이_ NHK히로시마 취재팀 이노우에 교스케井上恭介

일러두기

· 본문 중 각주는 옮긴이 주이고, 괄호는 지은이 주이다.

· 인명, 지명, 저서명 등의 고유명사는 국립국어원 외래어 표기법을 따랐다.

제1장

세계경제의 최첨단,
주고쿠산지

원가 0엔으로 시작하는 경제재생과 지역부활

21세기의 '에너지혁명'은
산에서 시작된다

　　　　　　　　　　도쿄전력 후쿠시마福島 제1원자
력발전소 사고가 일어난 이후, 모두가 '에너지'에 관심을 가지게 되었
다. 그러나 산촌자본주의가 이야기하는 에너지 문제는 '자연에너지로
전환해서 탈원전을 실현하자'라는 흔한 이야기가 아니다. 20세기, 일
본인이 당연히 가지고 있던 에너지관을 근본부터 뒤흔들 만한 이야기
를 하려고 하는 것이다.

　무대는 바로 오카야마현의 마니와시. 오카야마 시내에서 차를 타고
북쪽으로 1시간 반. 표고 1,000미터 급의 산들이 줄지어 늘어서 있는
주고쿠산지의 산속에 위치한 마을이다. 이곳에서 일본, 아니 세계 최
첨단의 에너지혁명이 진행되고 있다.

　마니와시는 2005년 주위의 9개 마을이 합병되어 만들어졌다. 오카
야마현 내에서도 굴지의 면적을 가지고 있지만 인구는 5만밖에 되지

않으며, 시 면적의 80%를 산림이 차지하고 있는 전형적인 산촌지역이다.

'목재의 도시에 오신 것을 환영합니다' 국도변의 안내판이 자랑스럽게 방문객을 맞이한다.

예로부터 지역을 뒷받침해준 것은 임업과, 베어낸 목재를 가공하는 제재업製材業. 시내를 자동차로 달리고 있으면 통나무를 산더미처럼 싣고 달리는 트럭이 연이어 스쳐 지나간다. 목재를 높게 쌓아올린 집적소를 여기저기에서 볼 수 있다.

시내에는 크고 작은 제재업체가 약 30개 정도 있다. 모두 수십 년 동안 출구가 보이지 않는 주택건설의 침체에 신음하며 어려운 회사 운영을 계속하고 있다. 물론 목재산업이 어려움을 겪고 있는 것은 마니와시에 한정된 이야기는 아니다. 전국적으로 살펴보면 1989년 1만 7,000이었던 제재소의 수는 20년간 지속적으로 감소하여 2009년에는 7,000 아래로 떨어졌다.

그 정도로 어려운 제재업계에서 "발상을 180도 전환하면 사양길의 산업도 세계의 최첨단으로 다시 태어날 수 있다"라고 자신 있게 말하는 인물이 마니와시에 있다. 검은 머리카락이 한 올도 섞이지 않은 찰랑찰랑한 새하얀 백발이 너무나 인상적인 인물. 막 환갑이 지난 나카시마 고이치로中島浩一郎 씨이다.

나카시마 씨는 주택 등의 건축재를 만드는 제조회사인 메이켄공업銘建工業의 대표이사 사장이다. 직원은 200명 정도로 연간 25만 세제곱미터의 목재를 가공한다. 마니와 시내의 제재소 중에서 최대, 서일본

숲에서 자본주의를 껴안다

에서도 최대 규모를 자랑하는 제재업체 중 하나이다.

그런 나카시마 씨가 1997년 말, 건축재만으로는 상황은 더욱 악화될 것이라고 생각하고 일본에서 발 빠르게 도입해 완성한 비밀병기가, 거대한 공장부지의 한가운데 당당하게 자리 잡고 있는 은색의 거대한 시설이다. 높이는 10미터 정도. 무게감이 느껴지는 원추형의 실루엣. 꼭대기에서는 끊임없이 수증기가 하늘로 올라가고 있다.

이것이 지금은 메이켄공업의 경영에 있어서 빼놓을 수 없는 발전시설이다.

'제재소에서 발전?', '에너지원은 무엇?' 이 질문을 듣고 답이 바로 생각난 사람은 자연에너지에 꽤나 관심이 많은 사람이라고 할 수 있다. 정답은 제재과정에서 나온 나뭇조각이다. 전문용어로는 '목질 바이오매스biomass 발전'이라고 부른다.

산의 나무는 베어진 뒤에 통나무 상태로 공장까지 운반된다. 공장에서 나무껍질을 벗기고 사방을 잘라내고 나서 대패질을 해서 널빤지 상태로 만든다. 그때 나오는 것이 나무껍질과 나무토막, 톱밥과 같은 나뭇조각들이다. 그 양은 연간 4만 톤. 지금까지 쓰레기로 취급되어 온 그 나뭇조각이 벨트컨베이어로 공장 전체에서 회수되어 난로로 들어간다. 난로의 무거운 철문을 열어보았다. 작열하는 화염이 보이고 불꽃이 기세 좋게 뿜어져 나온다. 강렬한 열기에 얼굴이 얼얼하다.

발전소는 24시간 풀타임으로 가동된다. 그 작업량, 즉 출력은 1시간에 2,000킬로와트. 일반 가정으로 계산하면 2,000세대분의 전력이다. 그래도 100만 킬로와트라는 엄청난 출력을 자랑하는 원자력발전소와 비교하면 미미한 발전량이다.

동일본대지진 이후에는 이런 이야기를 하면 일단 "그것으로 원자력 발전은 필요 없어지는가?"라는 질문만 잔뜩 받지만, 중요한 것은 그것이 아니라고 나카시마 씨는 힘주어 말한다.

"원자력발전소 1기가 1시간에 하는 일을 이 공장에서는 한 달을 들여서 하고 있습니다. 그러나 중요한 것은 발전량이 많은지 적은지가 아니라 눈앞에 있는 것을 연료로 사용해서 발전을 할 수 있다는 것입니다."

회사와 지역에 얼마만큼의 경제효과가 있는지가 중요한 것이다.

나카시마 씨의 공장은 사용하는 전기의 거의 100%를 바이오매스 발전으로 충당하고 있다. 즉, 전력회사로부터는 전기를 전혀 구입하지 않고 있다. 그것만으로도 연간 1억 엔을 절약할 수 있다. 게다가 야간에는 전기를 그다지 사용하지 않기 때문에 전기가 남는다. 그것을 전력회사에 판다. 연간 5,000만 엔의 수입이 된다. 전기요금 1억 엔을 절약할 수 있는 데다가 전기를 팔아 얻은 수입이 5,000만 엔. 합계 연간 1억 5,000만 엔의 이익을 얻고 있다.

게다가 매년 4만 톤이나 배출되는 나뭇조각을 산업폐기물로 처리하면 연간 2억 4,000만 엔이 든다고 한다. 이것도 제로가 되기 때문에 전체적으로 보면 4억 엔이나 이득을 보고 있는 셈이다.

1997년 말에 완성된 이 발전시설의 건설에는 10억 엔이 들었다. 당시 일본은 거품경제 붕괴 후의 이른바 '잃어버린 10년'에 돌입한 상태였다. 건설용 목재의 수요도 점점 줄어들어 나카시마 씨의 회사는 처음으로 적자를 경험했다. 그런 상황에서 은행에 제시한 친환경발전소 건설에 대한 이야기를 듣고 은행의 융자담당자는 할 말을 잃었다고 한다. 건설투자라고 하면 아직 사업 확대에 투자하는 것이 상식이었기 때문이다.

"은행에서는 전기가 아니라, 예를 들면 생산규모를 키우는 설비나 가공도를 향상시키는 설비 같은, 투자할 곳은 그 밖에도 얼마든지 있지 않느냐고 말했습니다. 에너지 같은 건 최우선 요소가 아니라는 그런 말투였지요."

더욱이 전력회사에 전기를 파는 날이 올 것이라고는 아무도 상상하지 못했던 시대였다. 그래도 나카시마 씨는 어떻게든 은행을 설득해서 발전사업에 착수했다. 그러나 당장은 전기를 팔 수 없었다.

"전기의 매입가격이 타산이 맞지 않았기 때문입니다. 전력회사가 전기를 사겠다고는 말하고 있는데 1킬로와트에 3엔이라는 겁니다. 너무 싸길래 왜 3엔이냐고 물어봤습니다. 그러자 전력회사가 운영하는 석탄화력발전소는 연료가격이 제일 싼데 당신네 전기를 구입하면 사용하는 석탄이 줄고, 가격선정의 기준은 그 감소한 분량뿐이라고 대답하더군요."

일단은 판매가 아니라 자가용을 위해서만 발전을 시작한 나카시마 씨. 그러나 시대는 금방 변했다. 2002년 전력회사의 자연에너지 도입을 의무화하는 법률이 제정되었다. 그로 인해서 반대로 전력회사가 전기판매를 요구하게 되었고, 가격은 순식간에 이익을 볼 수 있는 9엔으로 상승했다. 드디어 전기판매도 시작하게 되었다.

우리가 취재를 위해 찾아간 시점은 바이오매스 발전을 도입한 지 14년째. 감가상각은 한참 전에 끝났고 이미 충분할 정도로 본전을 뽑았다. 하지만 발전시설은 여전히 잘 돌아간다고 한다. 목재는 석유나 석탄으로 발전하는 것에 비해서 훨씬 난로에 가해지는 자극이 적어서, 관리업자가 놀랄 정도로 손상이 적다고 한다.

그래서 나카시마 씨 회사의 경영은 회복되었다. 시대의 가장 뒤에서 달리고 있다고 여겨지던 제재업. 그러나 회생의 힌트는 바로 눈앞에 있었다.

농림수산업의 회생책을 이야기할 때면 반드시 '팔리는 상품을 만들어라'라고 말한다. 부가가치가 높은 채소를 키워서 비싸게 팔라고 요구한다. 아니면 대규모화를 통해서 보다 효율적으로 대량으로 생산할 것을 요구한다.

그것들로부터 발상을 전환해야만 한다. 지금까지 버려져 있던 것을 이용한다. 불필요한 경비, 즉 마이너스를 플러스로 바꾸는 것을 통한 회생책도 있다. 그것이 나카시마 씨 스타일의 경영 재건기술이다.

석유를 대체할 연료가 있다

나뭇조각으로 발전을 해서 경영을 되살린다는 발상도 대단하지만, 나카시마 씨의 놀라운 도전은 그 정도에서 그치지 않는다.

톱밥에서 탄생한 에너지, 펠릿

제재공장에서 나오는 나뭇조각은 앞서 이야기한 것처럼 연간 4만 톤. 실은 발전만으로는 전부 사용할 수 없다. 그래서 생각해낸 사용법이 또 혁명적이었다. 톱밥을 직경 6~8밀리미터, 길이 2센티미터 정도의 원통형으로 압축해서 연료로 판매하기로 한 것이다. 목질 펠릿 pellet 또는 간단히 펠릿이라고도 부른다.

사용하기 위해서는 전용 보일러나 스토브가 필요하지만, 등유와 마찬가지로 펠릿을 연료탱크에 던져 넣기만 하면 되기에 사용법은 간단하다.

게다가 코스트 퍼포먼스cost performance가 대단히 훌륭하다. 등유와 거의 같은 비용으로 거의 동일한 열량을 얻는 것이 가능하다고 한다. 석유를 중심으로 전개되어온 20세기 에너지를 대체할 수 있는 가능성을 가지고 있는 21세기의 연료이다.

메이켄공업은 이 펠릿을 1킬로그램에 20엔 조금 넘는 가격에 판매한다. 고객은 전국에 퍼져 있으며 일부는 한국으로 수출되고 있다. 특히 현지 마니와 시내에서는 일반 가정의 난방 및 농업용 하우스 보일러의 연료로 급속히 확산되고 있다.

그 배경에는 행정의 강력한 후원이 있다. 마니와시에는 자그마치 바이오매스 전문부서, 그 이름도 '바이오매스 정책과'가 있어서, 처음에는 민간의 주도로 시작된 시도를 지원하고 있다. 목재 이외에는 이렇다 할 산업이 없는 지역이기에 끝까지 목재로 활로를 찾아나갈 수밖에 없다는 결단을 내렸다.

먼저 공공시설부터 모범이 되고자 지역의 초등학교와 관공서 그리고 온수수영장 등에 연이어 펠릿 보일러를 도입했다. 2011년, 미마사카히노키美作檜라는 유명한 지역 명물인 노송나무를 아낌없이 사용한 신新청사로 다시 태어난 마니와시청에서는, 펠릿은 난방뿐 아니라 냉방에도 사용되고 있다. 보일러로 냉방을 한다고 하면 일반 사람들은 의아하게 생각할지도 모르지만, 흡수식 냉동기라는 방식을 사용한다. 물을 끓여서 증발할 때 주위로부터 열을 빼앗아가는 성질을 이용해서 냉방을 한다고 한다. 목재를 태워서 난방은 물론 냉방도 할 수 있다니, 목재가 가진 가능성은 두려울 정도이다.

행정의 지원은 그뿐만이 아니다. 좋은 점이 많지만 아직 가격이 비싼 펠릿 전용 보일러와 스토브. 가정이나 농가가 구입할 때 보조금을 주기로 했다. 개인주택용 스토브는 최고 3만 엔, 농업용 보일러는 최고 50만 엔. 시내에 펠릿 보일러를 판매하는 가게도 등장했다. 국도를 자동차로 달리다가 '펠릿 보일러 판매'라는 간판을 발견하는 동네가 달리 또 있을까? 민간 주도로 시작한 새로운 시도에 대해서 행정이 예산조치도 포함해 지원을 한다. 이것이 마니와의 성공을 이야기하는 데 있어서 중요한 점이다.

에너지를 외부에서 구입해온다면
세계화의 영향은 피할 수 없다

펠릿의 도입으로 대체 어느 정도의 경제적 이익이 생긴 것일까? 마니와 시내에서 전업농가를 경영하는 기요토모 겐지淸友健二 씨의 예를 살펴보기로 하자.

스스로를 '농민'이라고 부르는 기요토모 씨는 토마토를 중심으로 다양한 채소를 기르고 있다. 재배한 농작물은 대형 유통업체에는 팔지 않고, 전부 지역의 미치노에키道の駅*나 가족이 경영하는 직판장 등에서 판매하고 있다. 누구보다 지산지소地産地消운동**에 열정적이다. 대표적인 산촌자본주의의 실천자이다.

그러나 해외로부터 값싼 농산물이 유입되는 일도 없고 산지 간의 극심한 경쟁도 없었던 에도시대***와는 달리, '현대의 농민'이 농업만으

---

* 　일본의 도로휴게소로, 휴식시설과 지역진흥시설이 일체화된 도로시설.

** 　지역에서 생산된 농산물은 지역에서 소비한다는 뜻이다.

*** 1603년부터 1867년까지 도쿠가와 이에야스德川家康가 권력을 장악하여 에도江戸(현재의 도쿄)에 막부를 설치해 운영한 시대로, 일본의 근세에 해당한다.

로 생계를 꾸려가기 위해서는 대단한 시간과 노력 그리고 창의적 아이디어가 필요하다. 그래서 기요토보 씨가 시작한 것이 토마토의 하우스 재배. 추운 계절에도 맛있는 토마토를 재배함으로써 높은 부가가치를 얻어왔다.

토마토는 실온이 12도 밑으로 떨어지면 병에 걸려 농사를 망치게 된다고 한다. 농업을 근대화시키려면 당연히 열에너지가 중요해진다.

"에너지를 사용하지 않고 해결할 수 있다면 그보다 좋은 일은 없겠지만, 제철의 채소로는 농민은 살아갈 수 없습니다. 제철보다 빠른 시기에 수요가 있는 것을 생산하지 않으면 결코 농업만으로는 생계를 유지할 수 없습니다."

지금은 우리의 생활 구석구석까지 침투해 있는 글로벌 경제. 아무리 지역에서 생산한 농산물을 지역 내에서 소비하고 있다고 해도, 그것을 생산하기 위한 에너지를 지역 외부에서 구입하고 있다면 세계화의 영향에서 벗어날 수 없다.

기요토모 씨가 펠릿 보일러를 도입한 계기는 2004년부터 세계를 덮친 원유가격의 상승이었다. 당시에 기요토모 씨는 중유 보일러를 사용하고 있었다. 그러나 원유가격은 4년 동안 3배로 뛰며 엄청난 상승을 계속했다. '이대로 연료비가 계속 올라가면 어떻게 되는 걸까?' 그런 불안에 사로잡힌 기요토모 씨는 시험 삼아 설정온도를 1~2도 낮춰버렸다. 그러자 순식간에 토마토에 병이 퍼져서 거의 전멸해버렸다. 경영에 큰 타격을 입었다.

어찌할 바를 모르고 있던 기요토모 씨의 귀에 들어온 것이, 살고 있는 고향, 그것도 자신의 밭 바로 앞에 있는 메이켄공업이라는 기업이 펠릿이라는 원료를 만들고 있다는 정보였다.

"처음에는 펠릿 보일러가 중유 보일러에 비해서 가격이 비쌌기 때문에 주저했지만, 이대로라면 상황은 점점 더 나빠질 거라고 생각했습니다."

행정의 보조가 있다는 이야기도 들어서 결단을 내리고 펠릿 보일러를 도입했다. 결과는 엄청났다. 1킬로그램에 20엔이라는 코스트 퍼포먼스는 물론이고, 무엇보다 연료비가 오르락내리락하지 않았다.

"농사를 시작한 뒤에 중유가격이 오르면 계획을 세울 수 없으니까요. 연료비가 올랐다고 해서 토마토를 비싸게 팔 수는 없습니다. 펠릿은 이 가격으로 계속 살 수 있어서, 이 정도 금액으로 이번 달에 이 정도 지불하면 괜찮겠다는 식으로 계획을 세울 수 있게 되었습니다. 그것이 고마운 점입니다."

2012년, 기요토모 씨는 행정 보조를 받지 않고 세 번째 펠릿 보일러를 도입했다.

세계적인 원유가격은 상품선물시장의 거래가격을 중요한 지표로 삼고 있다. 선물시장은 원래 장래적인 가격변동에 영향을 받지 않고 경제활동을 할 수 있도록 생긴 것이라고 하지만, 지금은 단기마진을 노린 투기자금이 유입되어 가격이 급격하게 변동되고 있다. 실제 수요를 훨씬 뛰어넘는 자금의 이동. 그것은 장기적인 계획을 가지고 견실한 농업경영을 하고자 하는 기요토모 씨와 같은 사람들에게는 괴물 같은 존재일 뿐이다.

실은 우리가 일상생활에서 사용하는 에너지의 대부분은 열이용^{熱利用}이 차지하고 있다. 자원에너지청이 발표하는 '에너시백서(2012년)'에 의하면 2010년도 가정 부문의 에너지사용 항목은 동력과 조명처럼 주로 전기로 해결할 수 있는 것은 34.8%인 데 비해서, 난방 26.8%, 온수 27.7%, 주방 7.8%, 냉방 2.9%와 같은 열이용이 대부분을 차지하고 있다. 열을 손에 넣는 자는 에너지를, 그리고 경제를 손에 넣는다.

마니와시에서는 메이켄공업의 나뭇조각을 사용한 발전과 함께, 펠릿의 열이용으로 눈을 돌린 것이 에너지 자급률을 크게 높이는 데 공헌했다. 시의 조사에 의하면, 시 전체에서 소비하는 에너지 중에서 실제로 11%를 나무에너지로 충당하고 있다고 한다. 11%라는 숫자를 듣고 별로 큰 비율이 아니라고 생각하는 독자가 있을지도 모른다. 그러나 일본 전체에서 태양광이나 풍력을 포함한 자연에너지의 비율은 겨우 1%. 그것과 비교하면 실로 10배나 되며 게다가 그 비율은 계속 증가하고 있다.

1960년대까지 에너지는
전부 산에서 나왔다

산의 나무를 전부 빠짐없이 사용해서, 전기나 석유처럼 지역 외부에서 들여온 에너지공급에 의존하지 않을 수 있는 지역을 목표로 하고 있는 마니와시. 그러나 나무에너지의 이용을 선도하고 있는 나카시마 씨는 그것은 바로 얼마 전까지 일본인이라면 누구나 해오던 삶의 방식을 현대기술로 되살리려고 하는 것에 지나지 않는다고 지적한다.

"1960년대 전까지는 에너지는 전부 산에서 나왔습니다. 목탄 그리고 마른 잎사귀도 주워서 연료로 사용하고 있었으니까요. 그것을 일본 전체에서 실행하는 것은 무리지만, 지역에 따라서는 에너지의 일부를 목재로 해결하는 것은 가능하다고 생각합니다."

옛날부터 일본인은 산의 나무를 이용하는 데 능했다고 나카시마 씨는 말한다. 뒷산에서 장작을 해와서 목욕물을 데우고 밥을 한다. 산속의 숯을 굽는 오두막에서 만들어진 목탄은 태평양전쟁 이후에 석유나 도시가스로 대체될 때까지 중공업이나 도시지역 일반 가정의 에너지원으로 중요한 위치를 차지하고 있었다. 전쟁 중에는 민간의 석유소비를 억제하기 위해서 목탄자동차라는 자동차까지 달리고 있었다.

산의 나무를 철저히 활용하고자 하는 일본의 지혜는 국토면적의 66%가 산림이라는 이 풍부한 자원을 최대한 활용하는 과정에서 성장해왔다고 해도 좋다. 무엇보다 주고쿠산지는 그 선두에 서 있는 지역이었다.

그것은 '다타라 제철'*과 함께 발전했다. 그 역사가 적어도 헤이안 平安시대**까지 거슬러 올라가는 다타라 제철. 주고쿠지방에서 풍부하

---

* 사철과 목탄을 용광로에 녹여서 철을 만드는 제철방식으로, 막부 말기 근대적인 제철방식이 도입되기 전까지 일본의 표준적인 제철법이었다.

** 794년 헤이안쿄(현재의 교토)로 천도한 때부터 가마쿠라 막부가 개설된 1185년까지의 시대.

게 생산되는 양질의 사철砂鐵을 원료로 철을 제련한다. '다타라'라고 부르는 풀무를 사용해서 용광로에 바람을 불어넣기 때문에 그런 이름이 붙었다. 미야자키 하야오宮崎駿 감독의 애니메이션 영화 〈원령공주もののけ姫〉에서 산의 신들과 싸우는 '다타라 부족'이라는 사람들이 경영하고 있는 것이 다타라 제철이다. 여자들 여럿이 달려들어서 힘껏 풀무를 밟던 장면을 기억하고 있는 사람도 많을 것이다. 지금도 시마네현 이즈모야스기島根縣出雲安来 지방에서는 실제로 풀무를 사용한 제철이 이루어지고 있어서 일본도 등의 도검류를 제조하고 있다.

다타라 제철은 다량의 목탄을 연료로 사용한다. 무계획적으로 나무를 벌채하면 순식간에 산은 벌거숭이산이 되어버린다. 실제로 근세 이전에는 보기에도 안쓰러운 벌거숭이산이 되어버린 산도 많았다고 한다.

근세 이후, 주고쿠산지의 산들이 다타라 제철을 중심으로 사람들의 생활영역(산촌)으로 변해간 경위에 대해서는 아리오카 도시유키有岡利幸 씨의 저서 『사토야마里山 1』(法政大学出版局, 2004)가 자세하게 다루고 있다.

다타라 제철은 번藩*이 허가한 '데쓰시鉄師'라는 이름의 업자에 의해서 운영되었다. 그들은 번이 소유한 땅의 일부를 목탄용 산으로 양도받아 산림의 육성이나 관리를 책임지고 있었다. 또 숯을 굽기 위한 '야키코焼子'라는 전문직 사람들을 많이 데리고 있었다고 한다.

---

* 에도시대(1603~1867)의 지방행정단위. 현재의 현縣에 해당한다.

다타라 한 곳에서 1년 동안 소비하는 목탄은 450~750톤. 그 정도의 목탄을 확보하기 위해서는 약 40헥타르의 산림이 필요하다. 당시에는 목탄제조에 졸참나무 또는 상수리나무 등의 활엽수가 사용되었는데 그런 나무들은 적당한 크기로 성장하기까지 30년이 걸렸다. 그 때문에 다타라 한 곳의 운영에는 1,200헥타르나 되는 광대한 산림이 필요했다.

참고로 활엽수는 벌채한 다음 해에는 이미 자른 곳에서 싹이 나와 재생이 시작되기 때문에, 목탄용 나무를 벌목해도 금세 산지는 나무로 뒤덮였다고 한다.

그러나 점차 번에서 받은 산림만으로는 목탄을 만들 수 없게 되어서, 데쓰시는 지역의 백성들로부터도 목탄을 조달받게 되었다. 그 가격을 둘러싸고 문제가 생기는 일도 있었던 것 같지만, 결국에는 백성들의 요구도 존중하면서 끊임없이 목탄을 사들여서 모으는 체계가 만들어졌다. 또한 데쓰시는 목탄의 운송력을 강화하기 위해서 산길을 정비하고, 백성에게 말을 빌려줘서 생산량의 증가를 꾀했다고 한다.

"에도시대 후기 정도부터 메이지·다이쇼시대를 거치며 이즈모 남부지역은 전 지역이 다타라가 활동하는 산이 되었다고 표현할 수 있는 상황이 되었다"라고 아리오카 씨는 결론을 내리고 있다.

이처럼 주고쿠지방에서는 먼 옛날부터 제2차 세계대전이 끝난 직후까지, 산에서 얻은 자원을 철저히 활용하는 지혜를 짜내서 산을 중심으로 지역의 경제를 성립시키고 있었다.

그것을 파괴한 것은 전쟁이 끝나고 바다 저편에서 몰려온 압도적인 물량의 자원이었다. 특히 석유는 대단히 저렴하고 편리하며 사용하기 쉬웠기 때문에 폭발적으로 이용이 확대되어 목탄을 대체하기까지 그리 시간이 걸리지 않았다.

거기에 더욱 박차를 가한 것이 1960년에 시작된 목재의 수입자유화와 목조주택의 수요감소였다. 도시형 생활을 원하는 풍조가 높아진 결과, 철근 콘크리트의 집합주택이 중요시되었고 주택의 건축 건수는 계속 줄어들었다.

그리고 지금, 일본의 산에는 지나치게 성장한 수목들이 활용되지 않은 채 방치되고 있다. 전후에 조성된 약 1,000만 헥타르의 인공림의 대부분이 50년 이상이 경과되어 벌채할 적기를 맞이하고 있음에도, 목재(용재)의 수요는 1973년의 1억 758만 세제곱미터를 정점으로 장기하락을 계속해 2011년에는 7,272만 세제곱미터를 기록했다. 앞으로도 인구감소로 인해 더욱 떨어질 것으로 예상된다.

그와 같은 맥락으로 제재업도 쇠퇴일로의 길을 걸었다. 1970년대를 정점으로 제재회사는 매년 10퍼센트라는 큰 폭으로 폐업이 진행되어 2009년에는 겨우 7,000개의 회사가 남았다.

마니와시는 그러한 목재산업의 쇠퇴와 운명을 함께해왔다.

20세기 세계화의 진전은 자동차와 제철이라는 중앙집약형 산업을 주축으로 삼은 일본에 큰 경제성장을 가져다주었다. 그러나 그 그늘에서 일본인은 가장 가까운 자원인 산의 나무를 사용하는 것을 잊어버리고, 산과 함께 살아온 지역을 빈사상태로까지 몰아갔다.

산을 중심으로 다시 돈이 회전하고
고용과 소득이 생겨났다

오카야마현 마니와시가 추진하고 있는, 산의 나무를 이용해서 달성하고자 하는 에너지의 자립. 그것은 20세기 후반, 세계화의 부정적인 측면을 짊어져온 지방이 다시 경제적인 자립을 쟁취하려는 도전이기도 하다.

도전은 다름 아닌 "쉽게 손에 넣을 수 있는 목재가 지역의 풍족함으로 이어지지 않는 것은 왜인가?"라는 의문에서 시작되었다. 그 시작은 1993년. 당시 20~40대였던 지역의 젊은 경영자들이 모여서 '21세기 마니와학원'이라는 스터디를 시작했다. 스터디의 목적은 '조몬시대*부터 이어져 내려온 풍부한 자연을 배경으로 하는 삶을 미래에 물려주는 것'. 대단히 장대한 목표였다.

처음부터 모임을 이끌어온 사람은 대표직을 맡은 나카시마 씨였다. 스터디에서 주목한 것이 그때까지 쓰레기 취급을 해온 나뭇조각이었다.

"누가 '폐기물을 잘 활용해서 이렇게 저렇게'라고 말하면 언제나 모두가 화를 냈습니다. '폐기물이 아니다, 부산물이다'라고 말이죠. 전부 가치가 있는 것이라고 의논을 통해 결론을 내린 것입니다. 그래도 당시에는 아직 나뭇조각은 부산물이라는 느낌이었습니다. 그러나 지금은 더 나아가 부산물도 아니라 전부 제품이라고, 나무를 전부 사용

---

*　일본의 선사시대 중 BC 1만 3,000년경부터 BC 300년까지의 기간으로, 신석기시대에 해당한다.

하자고 이야기합니다. 나무를 통째로 전부 사용하지 않으면 지역은 살아남을 수 없다고 생각한 것입니다."

진지하게 토론하면 이런저런 아이디어가 나오게 되어 있다. 그때까지는 생각하지 못했던 나뭇조각의 새로운 이용방법이 계속해서 발견되었다. 시멘트회사가 나무의 칩을 넣어서 팔거나 목재로부터 바이오에탄올을 만드는 실험시설을 건립하는 등 구체적으로 여러 가지 사업이 시작되었다.

2010년에는 바이오매스 산업의 더 큰 창출을 목표로 시 내외의 연구기관, 대학 및 민간기업 등이 지역기업과 바이오매스 기술의 공동연구와 개발을 진행하는 것과 함께, 바이오매스와 관련된 인재육성을 위한 거점시설을 세웠다. 빈사상태로까지 몰렸던 마니와는 바이오매스의 도시로 다시 태어났다.

새로운 산업은 고용도 낳는다. 2008년도에 생긴 '바이오매스 집적기지'. 산속에 방치되어오던 간벌間伐한 나무들을 잘게 부수어 연료용 칩으로 가공하는 공장. 떠나기만 하던 젊은이들이 그곳으로 돌아왔다. 그중 한 명인 28세의 히구치 마사키樋口正樹 씨는 고등학교를 졸업하고 나서 고향인 마니와에서 일자리를 찾아봤지만 찾지 못하고 일단 오카야마 시내로 나가서 대기업 자동차판매회사에 취직했었다. 그러나 지금은 크레인을 자유자재로 조종해 간벌한 나무를 운반하고 있다. 수입이 줄었을 것이라 예상했으나, 보너스에서 차이가 있기는 하지만 월급은 거의 차이가 없다고 한다. 그리고 무엇보다 나무 향기에 둘러싸여서 일을 하는 것이 마음에 들었다.

"일을 해보니 많은 것들이 흥미롭습니다. 땀을 흘리고 자연 속에서 살아가는 것이 저에게는 잘 맞는다는 사실도 알게 되었습니다. 목재 산업은 구식이라고 생각했지만, 실은 바이오매스라는, 시대의 최첨단이라는 것을 알고 매우 보람을 느끼고 있습니다."

마니와의 경제가 다시 움직이기 시작했다. 20세기, 세계화 속에서 뒤처져 있던 지방이 목재를 에너지원으로 사용함으로써 지역 외부에서 구입하는 에너지를 줄이고 다양한 산업을 활성화시켰다. 지방의 자립을 향한 21세기의 혁명. 그 중심에서 항상 쉬지 않고 노력하며 사람들을 이끌어온 나카시마 씨는 자랑스럽게 말한다.

"공장을 신규로 유치하는 것은 대단히 어려운 일입니다. 그러나 눈앞에 있는 것을 사용하는 시스템을 만들기만 하면 경제적으로도 순환이 발생해서 지역에도 일자리와 소득이 발생합니다."

2013년 2월, 나카시마 씨는 더욱 큰 프로젝트에 착수했다. 메이켄공업과 마니와시, 지역의 임업·제재업 조합 등의 아홉 단체가 공동 출자한 회사인 '마니와 바이오매스발전 주식회사'의 설립이다. 2015년 가동을 목표로 목재를 연료로 사용하는 출력 1만 킬로와트의 발전소를 건설한다. 나카시마 씨 회사의 발전시설의 5배의 출력. 계산상으로 마니와시의 전 세대가 사용하는 전력의 절반을 충당할 수 있다. 지금까지 나카시마 씨가 혼자서 진행해온 발전사업에 이렇게 많은 단체가 참가한 데에는 전력매입을 둘러싼 환경의 격변도 한몫을 했다. 과거 1킬로와트에 3엔이었던 매입가격은 원자력발전소 사고 이후인 2011년 8월에 제정된 '재생 가능 에너지 특별조치법'에 의해 단숨에 뛰어올랐다. 제재소의 자투리 목재를 활용한 발전은 1킬로와트에 25.2엔, 긴벌로 발생한 목재는 자그마치 33.6엔. 자연에니지를 원하는 국민의 요구에 밀려 전력회사도 받아들일 수밖에 없었다.

총 사업비 41억 엔 중에서 보조금 등을 제외한 23억 엔에 대해서는 대형 은행을 포함한 3개 은행이 바로 융자를 희망하고 나섰다. 과거 나카시마 씨가 첫 번째 발전시설을 건설할 때 융자를 꺼렸던 일을 떠올리면 격세지감을 느끼지 않을 수 없다. 발전소의 가동은 2015년 4월. 가동이 시작되면 지역 전체가 바이오매스 발전에 착수한 전국 최초의 시도가 된다. 더 많은 소득과 고용이 지역에서 발생될 것이다.*

21세기의 새로운 경제 아이템
'친환경 스토브'

마니와와 함께 우리를 매료시킨 혁명의 무대가 있다. 히로시마현의 최북단, 시마네와 돗토리鳥取, 오카야마 세 현의 경계에 위치한 마을 쇼바라시庄原市. 이곳도 주고쿠산지의 깊은 산속에 위치하고 있는 풍요로운 자연에 둘러싸인 산촌이다. 그 말은 곧 전형적인 과소·고령화지역이라는 의미이다. 주민은 4만 명 정도로, 65세 이상의 인구비율을 나타내는 고령화 비율은 40%에

---

* 마니와 바이오매스 발전소는 2015년 4월 10일 준공식을 가지고 시험운전을 거쳐 전력 전송을 시작했다. 연간 최대 발전량 7만 9,200메가와트, 약 21억 엔의 매출을 예상하고 있다.

육박한다.

쇼바라시 안에서도 외곽에 위치한 소료지구^{総領地区}에는 일본인이 옛날부터 중요하게 생각해온 산촌생활을 현대적으로 변화시켜서 진정한 '풍요로운 생활'로 확산시키고자 하는 사람이 있다. 와다 요시하루^{和田芳治} 씨, 70세. 일주일에 한 번, 집의 바로 뒤에 있는 산에 올라가 나뭇가지를 주워오는 것이 일과이다. 최근에는 동네 사람이 소유하고 있던 뒷산의 일부, 1헥타르를 구입했다. 가격은 겨우 9만 엔이었다고 한다.

과거 일본인에게 산은 소중한 재산이었다. 양질의 목재를 산출하고 땔감과 숯 등의 연료를 생산했다. 1970년 전후에는 1헥타르에 90만 엔 정도의 가격이 매겨진 시기도 있었다. 그랬던 것이 산의 나무가 사용되지 않게 되자, 지금은 10분의 1정도의 가격으로 거래되고 있다.

그러나 와다 씨는 산의 가치가 떨어졌다고는 생각하지 않는다. 오히려 무한의 가치를 가지고 있다고 생각한다. 그곳에서 기회를 발견하고 있는 것이다.

"이 뒷산이 전부 연료가 됩니다. 그것이 겨우 9만 엔이에요. 이게 말이 됩니까? 몇 년치 연료에 해당한다고 생각하세요?"

그렇다면 산의 나무를 대체 어떻게 사용하는 것일까? 와다 씨는 30분 정도 걸려서 바구니 가득 나뭇가지를 모으자 집으로 돌아갔다. 그곳에 비밀병기가 기다리고 있었다.

겉모습은 매우 심플했다. 등유를 넣는 높이 50센티미터 정도의 20리터 드럼통 측면에 작은 L자형의 스테인리스 연통이 붙어 있다. '친환경 스토브'라고 한다.

　이 친환경 스토브, 이름은 '스토브'이지만 단순한 난방이 아니라 찜 등의 조리에서도 뛰어난 능력을 발휘한다. 나뭇가지 네다섯 개만 있으면 부부 두 사람의 하루치 밥이 20분이면 완성된다.

　사용법도 지극히 간단하다. 연통 부분에 잘 타는 톱밥 같은 것을 넣어 불을 붙이고 나뭇가지를 넣는다. 그러면 20~30초 사이에 불이 옮겨 붙는다. 화염은 처음에는 수직으로 타오르지만 조금 지나면 자연히 옆으로 방향을 바꿔서 스토브 본체로 들어간다. 연소에너지 전부를 물체를 덥히는 데 사용하는 구조로 되어 있다. 그래서 나뭇가지 네다섯 개면 충분한 것이다.

　친환경 스토브는 직접 만들 수 있기에 제작비도 저렴하다. 드럼통은 주유소 등에서 폐품으로 받을 수 있어서 무료이고, 스테인리스 연통과 단열재로 사용되는 토양개량재는 홈센터에서 구입한다. 다 합쳐서 5,000~6,000엔만 있으면 만들 수 있다. 물론 만드는 법을 배울 필요는 있지만 여자라도 1시간이면 완성할 수 있다.

　싸고 연소효율도 좋고 간단하게 만들 수 있는 친환경 스토브. 와다 씨 집에서는 매일 저녁 이것으로 밥을 짓고 있다. 전기밥솥을 사용하지 않아서 매달 전기요금을 2,000엔 정도 절약할 수 있다. 게다가 완성된 밥은 반짝반짝 윤기가 돌고 맛있다. 집에 찾아온 손님이 "어디 밥 한번 지어봐"라고 하기에 밥을 해서 먹였더니 "맛있다"라고 자신도 모르게 내뱉었다고 한다.

　"바로 얼마 전에 7만 엔인가 8만 엔을 주고 전기밥솥을 샀는데 그것

친환경 스토브의 원리

산촌의 비밀병기 '친환경 스토브'

과는 전혀 달라. 이쪽이 맛있어"라며 속상해했다고 한다.

물론 전기밥솥은 편리하고 빠르다. 그러나 와다 씨는 정성과 시간을 들이는 것이 진정한 삶의 풍요로움을 가져다준다는 사실을 사람들에게 전하고 싶어 한다.

"매번 밥맛이 달라질지도 몰라서 신경을 써야 하는 것, 다양한 나무를 사용해 불을 지피는 것, 이런 것들을 불편하게 생각할지도 모릅니다. 하지만 그런 부분이 즐겁습니다. 그렇게 해서 맛있는 밥이 완성되면 3배는 더 맛있는 겁니다. 이런 것을 사용함으로써 웃음이 넘치는 에너지절약이 가능한 것 아닐까요?"

와다 씨는 이 친환경 스토브를 통해서 일상생활이 즐거워지는 것은 물론, 오랫동안 방치되어온 산을 되살리는 것도 가능하다고 생각하고 있다.

산을 연료의 공급원으로 삼는다면 무제한으로 연료를 얻을 수 있다. 산의 나무는 한 번 베어내도 다시 자란다. 재생 가능한 자원이다. 베어내면 베어낸 만큼 없어진다고 생각할지도 모르지만, 산의 나무는 오히려 정기적으로 벌채해주는 쪽이 환경은 좋아진다.

적당히 간벌된 산에는 나무와 나무 사이에 적절한 간격이 생겨서 햇빛을 충분히 받을 수 있게 된다. 그렇게 되면 수목이나 풀들이 이산화탄소를 최대한으로 흡수해준다. 성장이 멈춘 늙은 나무는 이산화탄소를 별로 흡수하지 않지만 성장 중인 어린 나무는 부지런히 이산화탄소를 흡수하고 산소를 내뿜는다. 그렇게 생산되는 산소의 양은 나무를 연료로 태워서 배출되는 이산화탄소의 양보다도 많다고 한다.

그런 훌륭한 환경을 즐기면서 되찾기 위한 도구가 바로 친환경 스토브이다.

'산을
이용해먹자'

친환경 스토브는 원래 1980년대에 미국에서 발명되어 '로켓 스토브'라는 이름으로 불렸다. 와다 씨가 그 존재를 알게 된 것은 불과 몇 년 전의 일이었다. 동일본대지진이 일어나기 직전의 2011년 새해, 쇼하라 시내에서 개최된 로켓 스토브를 소개하는 모임에 참가했다. 눈이 번쩍 뜨였다.

"이거 재미있겠는데. 이것을 사용하면 산의 나무도 많이 사용할 수 있어서 산이 깨끗해질 거야. '산을 이용해먹을 수 있다'라고 생각했습니다. 맛있는 밥을 지을 수 있다는 것은 산촌생활을 풍요롭게 만드는데 있어서 매우 중요합니다. 그리고 산촌에 살고 있는 사람만이 아니라 모두가 원하는 아이디어라고 직감했습니다."

그러나 로켓 스토브는 어린이의 키만큼 큰 드럼통을 기초로 벽돌을 사용해 만들기 때문에 무거워서 도저히 들어서 옮길 수가 없다. 그래서 동지 중 한 사람이 그것보다 작은 소형 드럼통으로 같은 구조의 스토브를 만들 수 없을까 하며 개량한 결과 지금의 형태가 완성되었다.

무기를 손에 넣은 와다 씨는 산촌생활의 장점을 어필하는 활동에 박차를 가했다. 슬로건은 '산을 이용해먹자'. 일부러 '이용해먹자'라는 표현을 사용하는 것이 바로 와다 씨의 센스이다. 과소화로 사람들이 떠나가서 황폐해질 대로 황폐해진 산. 잊히고 방치되어온 자원이 다시 빛을 보게 만들어 최대한 활용하고 말겠다는 결의가 담겨 있다. 그것은 결코 라이프스타일을 제2차 세계대전 이전으로 되돌리거나 전기가 있는 편리한 생활을 부정하는 것이 아니다. 당연히 문명의 이기들을 사용하면서, 한편으로는 돈을 들이지 않고 행복한 생활을 할 수 있는 방법을 찾아서 주변을 다시 살펴본다. 그러면 아이디어가 계속해서 떠오른다. 그렇게 '원가 0엔'의 생활을 추구해가는 것이다.

와다 씨는 아침이면 가장 먼저 근처의 개천으로 간다. 강에서 자라는 크레송*을 따기 위해서이다. 오코노미야키에 넣거나 수프를 만든다. 들풀은 채소의 근원이다. 자신의 밭에서 재배하는 채소도 농약을 사용하지 않고 베어낸 풀을 비료로 사용한다. 여기에서도 돈은 거의 들지 않는다.

밭에는 친환경 스토브에 버금가는 비밀병기가 있다. 그것은 단호박이다. 단호박은 껍질 표면에 상처가 나면 일주일 정도가 지나 상처가 있던 부분이 솟아오른다. 이 성질을 이용해서 '감사합니다' 또는 '오래오래 사세요' 같은 메시지를 적는다. 이 세상에 하나밖에 없는 메시지가 적힌 단호박은 어떤 고급품보다도 반가운 선물이 된다. 와다 씨는 이것을 여러 물건을 받은 답례로 선물한다. '교환품'이라고 부르고 있다.

---

* '물냉이'라고도 불리는 다년초로, 고기요리 등에 주로 쓰인다.

"직접 만든 이부리각코(훈제한 단무지)나 어묵이나 치즈 같은 것들과 함께 이런저런 선물을 보내준 분들께 감사의 표시로 드리고 있습니다. 물물교환의 무기입니다. 값을 매길 수 없는 기쁨이 있습니다."

돈이 없어서 물물교환을 하는 것이 아니다. 즐겁기 때문에 하는 것이다.

생각해보면 시골생활은 들어가는 돈에 비해 풍요로움이 가득하다. 샐러드를 만드는 채소는 먹기 직전까지 집 뒤의 물가에 담가둔다. 차가운 샘물은 냉장고보다 돈이 들지 않는 데다 풍족하다. 와다 씨는 그 것을 이렇게 설명한다.

"예를 들어, 5월경의 잠들 수 없을 정도로 시끄러운 개구리 대합창이나 휘파람새 부부가 대여섯 쌍이나 있는 계곡, 무릉도원은 바로 이런 곳이라고 생각합니다. 그러나 지금까지는 이런 시골은 희생되어왔습니다. 그것은 얼마를 벌고 있다는 금전적인 잣대만으로 모든 것이 평가되어왔기 때문이 아닐까요? 시골의 희생 위에서 도시의 번영이 이루어지는 그런 일방적인 구도로는 오래가지 못할 거라고, 언젠가 한계가 드러나 버릴 거라고 생각합니다."

오카야마현 마니와시에서도 우리들은 동지를 발견했다. 난방용으로 펠릿을 사용하기 시작한 미야자키 히로카즈^{宮崎浩和} 씨와 야기 구미코^{八木久美子} 씨 부부. 몇 년 전에 나고야^{名古屋}에서의 도시생활을 버리고 이사를 왔다. 정체사^{整体師}* 일을 하면서 집 앞의 100제곱미터 정도의

---

*　지압이나 마사지로 등뼈를 바르게 하거나 몸의 컨디션을 조절하는 치료를 직업으로 삼는 사람.

밭을 빌려서 자신들이 먹을 채소는 스스로 재배한다. 밥은 친환경 스토브가 아니라 왕겨 스토브라고 불러야 할, 벼의 왕겨를 연료로 사용하는 기구로 짓는다. 그리고 감자는 집 앞 수로에서 30분 정도 물레방아처럼 돌리면 껍질이 벗겨지는 기구를 이용해서 껍질을 벗긴다. 이렇게 전기에 의존하지 않는 산촌아이템을 능숙하게 사용하고 있는 것을 보고 있으면, '나는 시대에 뒤처진 생활을 하고 있는 것이 아닐까?'라는 생각이 들기 시작한다. 구미코 씨는 주변에 있는 것들을 활용하며 분수에 맞는 생활을 하는 것에 안심을 느낀다고 한다.

"한 번 더 생활을 되돌아보는 그런 시대라고 생각합니다. 지금은 모두가 굉장히 불안해하면서 살고 있습니다. 좀 더 주어진 자연을 활용한달까, 관심을 가지고 있으면 더 많은 자원이 있고 보물이 있을 거라고 생각합니다."

그들은 결코 문명적인 생활을 버린 것이 아니다. 문명이 잊고 지내온 무언가를 되찾는 생활을 하고 있는 것이다. 그리고 그저 편리하기만 한 생활을 하고 있는 우리들의 눈에는 그것이 왠지 시대를 앞서가는 멋진 생활로 보인다.

아무것도 없다는 것은
무엇이든지 할 수 있는 가능성이 있다는 것

하지만 와다 씨도 처음부터 시골생활을 긍정적으로 즐기고 있던 것은 아니다.

와다 씨의 아버지는 태평양전쟁에서 전사했고, 할아버지도 전쟁이 끝나던 해에 돌아가셨다. 그래서 어머니, 할머니와 함께 셋이서 산의 밭을 일구며 살아갈 수밖에 없는 사정이 있었다. 와다 씨가 고향의 고등학교를 졸업한 것은 1962년, 도쿄올림픽을 2년 앞두고 일본 전체가 고도경제성장에 전념하고 있던 시대였다. 동급생 58명 중에서 자그마치 56명이 졸업하자마자 히로시마와 관서지방 도시에 취직했다. 고향에 남은 사람은 우체국에서 근무하던 친구와 와다 씨뿐이었다. 와다 씨가 살던 마을도 열세 집이 있던 것이 네 집으로까지 줄어들었다.

"도시가 아니면 안 된다는 분위기가 계속 존재했습니다. 편하게 살수 있는 멋진 인생을 추구하고 싶었던 겁니다. 동급생들은 청춘을 마음껏 즐기고 있는데 나는 산속에서 괭이를 들고 밭을 갈고 있다, 한 살 아래의 귀여웠던 그 아이는 지금쯤 도시에서 폼 나게 살고 있겠다는 생각들을 문득 떠올리며, 이런 일을 하고 있는 스스로를 형편없게 생각하던 시절이 있었습니다."

그는 가지고 있던 시골의 열등감을 이렇게 회상한다. 그러나 그 열등감이야말로 현재를 만들어준 와다 씨의 원동력이었다.

"동시에 두고 보자는 생각을 마음에 품게 되었습니다. 안티도쿄는 '도쿄에 대한 동경'의 뒷면이기도 하지만, 그런 생각이 저의 원동력이 되고 있습니다. 콤플렉스를 가지고는 있지만 그것을 원동력으로 삼는 타입인 겁니다."

'시골에는 시골만의, 주민도 모르고 있는 매력이 있는 것이 아닐까?' 농사일과 겸업으로 시작한 관청의 지역부흥사업을 계기로 그런 생각이 들기 시작했다. 지역에서 행정비판을 해오던 와다 씨는 "그렇게 불평을 할 거면 당신이 부흥사업을 해봐" 하는 이유로 기업유치를 담당하게 되었다. 그러나 와다 씨는 기업유치로는 살아남을 수 없다고 느끼고 있었다.

"행정이 현이나 국가에서 보조금을 받을 때 히로시마나 도쿄에 어떻게 말하는가 하면, '우리 마을은 좋은 마을이니 뭔가를 주십시오'가 아니라 '우리 마을은 이렇게 힘듭니다'라고 합니다. 진심인지 아닌지는 제쳐두고 자기 마을을 깎아내려서 보조금을 받아옵니다. 그리고 그 보조금으로 만드는 것은 도쿄나 히로시마 같은 도시지역에 있는 것들의 재탕이나 삼탕뿐입니다. 저는 이 상태로는 언제까지나 꼴등일 것이라고 생각했습니다. 역경의 땅, 과소의 땅에 무기가 없을까 찾아봤을 때, 분명히 아무것도 없었습니다. 그러나 아무것도 없다는 것은 반대로 무엇이든지 할 수 있는 가능성이 있는 것이라고 생각했습니다."

과소를 역으로 이용하자

어느 날 와다 씨는 도시의 사람들에게 어필할 수 있는 이벤트를 기획하라는 지시를 받았다. 뭐가 좋을지 찾아 헤맨 결과 마침내 발견한 것은 그때까지 전혀 가치를 깨닫지 못했던 어떤 꽃이었다. 매년 2월이 되면 마을의 여기저기에 피어나는 별것 아니라고 생각해온 세쓰분소節分草*. 그 꽃이 실은 석회질의 돌이 많으며, 여름에 시원하고 이른 봄에 해가 잘 드는 곳에서만 피는 일본에서도 희귀한 품종이라는 것을 누가 가르쳐주었다.

그래서 개최한 세쓰분소 축제. 겨우 2센티미터 정도의 가련한 꽃을 보기 위해서 예상을 웃도는 많은 사람들이 몰려와, 그때부터 마을의 연례행사가 되었다. 지금은 서일본 제일의 자생지로 유명해지기도 했다. 이 성공체험은 와다 씨에게, 가치가 없다고 믿어오던 것이 실은 마을부흥의 무기가 될 수 있다는, 도쿄에는 없는 것이야말로 도쿄와는 다른 매력을 만들어갈 수 있는 무기라는 깨달음을 주었다. 시골은 잡초로 뒤덮이기 일보 직전이라고들 말하지만, 잘 들여다보니 그 잡초야말로 반짝반짝 빛나는 보석이었다.

산의 매력에 자신을 갖게 된 와다 씨가 지금으로부터 약 30년 전, 1982년에 시작한 것이 '과소를 역으로 이용하는 모임'이었다. 이름 그대로 과소지역이기 때문에 할 수 있는 지역부흥책을 연구하는 모임. "여기 붙어라" 하고 사람들을 불러 모았다. 그러자 소료総領 지역은 물론 인근의 시와 마을에서도 지역부흥에 뛰어든 사람들이 응답해왔다.

"그때까지는 솔직히 저 혼자 열을 내고 있었기 때문에 지역을 살려보자고 이야기해도 '아무도 안하고 있잖아' 또는 '너 혼자 하고 있잖아'라는 말을 듣고 있었습니다. 소료 지역뿐만 아니라 이 부근의 지역부흥에 관심이 있는 사람들이 모두 참여해서 지역부흥의 경쟁이 일어난

---

* 일본을 원산지로 하는 미나리아재비과의 다년초.

다면, 무관심 때문에 겪는 어려움도 줄어들 것이라는 단순한 기대도 있었습니다."

이 말에서, 과소지역의 마을부흥운동이 얼마나 어려운 일인지를 느낄 수 있다. 전통적으로 보수적인 풍조가 강한 시골에서는 눈에 띄는 행동에 대한 시샘도 많다. 그러나 와다 씨는 그런 시샘마저도 에너지로 바꾸어나갔다.

"시대적으로는 우리는 어디까지나 비주류의 위치에 있습니다. 주류는 역시 도시이지요. 그러나 비주류와 역경이 바로 저의 에너지입니다."

그런 경험이 있기 때문인지 아니면 타고난 것인지, 와다 씨는 어떤 부정적인 말도 긍정적으로 해석해서 좋게 바꾸어버린다. 시골생활을 부정적인 이미지로 파악하지 않고 즐거운 것이라고 생각하기 위한 말장난이다.

그런 와다 씨의 어록을 몇 개 소개해보도록 하겠다.

와다 씨는 나이가 많은 사람들을 '고령자高齢者'라고 부르지 않고 '광령자光齢者'라고 부른다.* 인생을 충분히 경험하고 '빛나는 연령에 도달한 사람'들이라는 뜻이다. '시골에는 고령자밖에 없다'라고 하면 '쓸모없는 사람들뿐'이라는 느낌이 강하지만, '빛나는 연령대가 많다'라고 하면 삶의 명인이 많이 있다고 생각된다. 한탄할 일은 아무것도 없다.

---

* 일본어에서 고령자高齢者와 광령자光齢者의 발음은 '고레사'로 동일하다.

에너지절약도 '웃음에너지'*라고 쓴다. 즉, 웃는 에너지라는 뜻이다. 에너지절약이라는 단어에는 아무래도 인내의 이미지가 따라다닌다. 그렇게는 오래 지속되지 않는다. 즐겁게 에너지를 사용하는 것이다. 친환경 스토브를 사용하면 다 같이 웃으면서 불을 사용할 수 있다. 웃음에너지가 발생하면 몸은 물론 마음도 따뜻해진다.

그리고 산촌생활의 동지들은 '지민志民'**이라고 부른다. 시에 사는 '시민市民'이 아니라 '의지를 가진 사람'이다. 그 사람들은 메이지유신에서 활약한 지사들처럼 행정과 정치에만 맡겨두지 않고 사람들을 위해서 지역을 위해서 사회를 위해서 스스로 일하는 사람들, 가지고 있는 것과 제공할 수 있는 것을 흔쾌히 내놓으며 신나게 땀을 흘릴 수 있는 사람들이다. 웃음이 있는 사람은 웃음, 땀을 흘릴 수 있는 사람은 땀, 지혜가 있는 사람은 지혜, 그리고 돈이 있는 사람은 돈. 그런 사람들이 제공한 힘은 '제3의 세금'이 된다. 직접세, 간접세의 뒤를 잇는 금전적이지 않은 큰 힘. 그것이 산촌을 활성화시킨다.

"이런 운동을 '과소를 역으로 이용하는 모임' 등에서 펼치고 있습니다. 물론 정치와 부모에 대한 비난은 어느 시대나 있습니다. 그러나 자기 인생은 자기가 만들어가겠다고 생각하는 쪽이 행복해질 가능성이 크다고 생각하기에, 동지[志民]가 되자고 설득하고 있습니다."

---

* 일본어에서 에너지절약은 '省エネ'(쇼에네)로, '웃음에너지笑エネ'와 발음이 동일하다.
** 일본어에서 지민志民의 발음은 '시민'으로, '시민市民'과 발음이 동일하다.

'풍요로운 생활'을 과시할
도구를 손에 넣었다

근처의 다부사강田総川에 외래어
종인 블루길과 블랙배스가 늘고 있다는 이야기를 들으면, "보통은 맛
이 없어서 못 먹는다고 하지만 한번 제대로 요리해서 맛있게 먹어봐
야지"라고 지역의 어협과 초중등학생들과 협력해서 '다부사강을 통째
로 먹는 모임'을 만든다. 멧돼지나 사슴이 산기슭의 밭을 망가뜨린다
는 이야기를 들으면, 해를 끼치는 그런 동물들의 고기를 이용한 새로
운 전골요리를 고안해서 전골요리 콘테스트에 출전한다.

역전의 발상으로 바라보면 도움이 안 된다고 생각하던 것도 보물
이 되고, 아무것도 없다고 생각하던 지역도 보물이 넘치는 장소가 된
다. 그런 산촌생활의 즐거움을 알려주는 활동을 계속해온 와다 씨와
동지들.

"즐거운 점들만 이야기하는 이유는 즐겁지 않으면 정착해서 살아주
지 않을 거라고 생각하기 때문입니다. 돈을 버는 것에 있어서는 도저
히 도시를 이길 수는 없습니다. 하지만 돈을 쓰지 않고도 풍요로운 생
활이 가능하다면, 오히려 산촌과 지방이 재미있다고 생각합니다."

30년이라는 세월을 거치며 와다철학에 대한 공감은 조금씩 확실하
게 확산되고 있다. 지금 와다 씨의 동지들은 홋카이도北海道부터 규슈九州
와 오키나와沖縄까지 퍼져 있으며, 전국 방방곡곡에서 아이디어를 교
환하며 산촌생활을 더욱더 진화시키고 있다.

그러나 도시지역의 사람들에게 어필하기 위해서는 결정적인 무언

　　　　　　　　　　　　　　　숲에서 자본주의를 껴안다

가가 부족했다. 그런 생각이 들기 시작한 2011년 초에 만난 것이 친환경 스토브였다.

"어느 쪽이냐고 하면, 지금까지는 주로 이벤트를 통해서 산촌생활의 즐거움을 알려왔습니다. 이번에는 도구입니다. 친환경 스토브를 손에 넣음으로써 사람들을 설득할 '좋은 도구'가 생겼다고 생각합니다."

이후로 와다 씨와 동지들은 각지에서 '친환경 스토브 강연회'를 개최하게 되었다. 다 같이 신나게 떠들면서 스토브를 만들고, 불가에 앉아 밥을 짓는다. 참가한 모두가 친환경 스토브의 고성능에 한 번, 그리고 완성된 밥의 맛에 또 한 번, 두 번 놀란다.

그러는 동안에 발생한 동일본대지진. 대도시의 전기공급이 멈추고, 물류가 멈추고, 편의점에서 모든 상품이 사라졌다. 지금까지 당연하다고 여기고 있던 모든 것들이 실은 당연한 것이 아니라는 사실을 깨닫게 되었다.

친환경 스토브 강연회를 요청하는 의뢰도 늘고 참가자도 늘었다. 많은 날은 50명이나 참가했다. 피해지역인 이와테현岩手縣에서도 친환경 스토브를 만드는 법을 가르쳐달라는 의뢰가 도착했다. "편리함만을 추구해온 일본인이 변하기 시작했다"라고 와다 씨는 더욱 자신을 갖게 되었다.

"관심을 가져주는 사람이 늘고 있습니다. 지금까지도 '산촌생활 최고'라고 주장해왔지만 좀처럼 공감을 얻지 못했습니다. 그런데 동일본대지진을 계기로 도시의 전기 의존, 전기를 무제한으로 사용하고 있는 불안한 생활방식, 식량을 구할 수 없는 생활방식에 대해서 고민

해주는 분들이 조금 생긴 것 같습니다. '돈이 제일이다'에서 '돈보다 중요한 것이 있다'로 변했을 때, 친환경 스토브는 좋은 도구가 될 것이라고 생각합니다."

그러나 이렇게 말하고 있지만 와다 씨가 친환경 스토브가 있으면 원자력발전소를 정지시킬 수 있다고 생각하는 것은 아니다.

"'친환경 스토브를 사용하는 정도로 원자력발전소를 정지시킬 수 있어?'라는 식으로 말하는 사람이 있습니다. 매스컴을 통해 알려지고 우리들이 대대적으로 일을 벌이면 벌일수록 특히 그런 사람들이 나타납니다. 과거의 저라면 '가능하다'라고 말할지도 모르지만 지금은 '불가능합니다'라고 대답합니다. 하지만 즐거운 에너지절약, 그리고 웃음에너지를 만들어내는 힘이 친환경 스토브에는 있다고 생각합니다."

미래의 아이들에게 빚을 남기지 않는다. 이것이 바로 와다 씨의 향후 목표이다.

원자력발전소를 정지시킬 수는 없지만, 산촌에서는 전기에 의존하지 않는 생활이 가능하다. 그런 가치를 발견해가는 것이 21세기의 산촌생활이다.

"도시에서는 아무래도 전기를 많이 사용할 수밖에 없지만, 시골에서는 어느 정도는 스스로 에너지를 확보할 수 있습니다. 그런 생활에서 재미를 발견한 분들이 다시 산촌으로 돌아와준다면, 산촌은 깨끗해지고 마을은 활기를 띠게 될 것입니다. 지방이 건강하지 않다면 결국 도시도 건강해질 수 없습니다. 상공업이 발달해도 제품을 구입할 농민이 주변에 없으면 안 되고, 경영자가 돈을 벌어도 소비해주는 국민이 가난하다면 그 경제는 보장받지 못합니다."

저녁이 되자 와다 씨가 외양간을 개조해서 만든 '산촌생활의 거점'으로 하나둘 동지들이 모여든다. 이렇게 되면 이로리囲炉裏*를 둘러싼 술자리가 벌어진다. 물론 친환경 스토브 위에는 윤기가 좔좔 흐르는 밥을 짓는 솥. 강에서 잡은 다슬기로 만든 된장국. 산나물이 듬뿍 들어간 피자가 올라가 있다.

참, 와다 씨에게는 말장난만큼 훌륭한 특기가 있다. 바로 노래이다. 혼자서 작사·작곡까지 해버리니 혀를 내두를 뿐이다. 산촌생활을 찬미하는 와다 씨의 바리톤 노랫소리가 오늘밤도 산촌의 오두막에 울려 퍼진다.

"당신의 땀방울에 건배! 당신의 미소에 건배! 한 목소리 한 마음으로 건~배!"

흥겨운 건배가 끝난 뒤, 웃음이 끊이지 않는 술자리에서 와다 씨는 오늘도 자신의 근본이 되고 있는 지론을 이야기한다.

"노력에 노력을 거듭하고도 고향을 버릴 수밖에 없는 환경을 아들딸들에게까지 물려주고 싶지 않아. 시골에 남은 나는 실패자니까 나처럼 되지 말라는 자기부정도 이제 끝내고 싶어. 새로운 시대가 막을 올리기 시작했으니까 말이야."

글쓴이_ NHK히로시마 취재팀 야쿠 야스히로夜久恭裕

---

* 농가 등에서 마룻바닥을 사각형으로 도려내 흙을 깔고 난방·취사용으로 불을 피우는 일본의 전통식 화로.

21세기형 선진국, 오스트리아

유로 위기의 영향을 피해간 나라의 비밀

잘 알려지지 않은
초우량국가

　　　　　　　　　　2009년 10월, 그리스에서 거액
의 재정적자가 발각된 것을 계기로 시작된 유로 위기. 이탈리아와 스
페인까지 불똥이 튀며 유럽 전체가 큰 혼란에 빠졌다.

　그런 상황 속에서, 아니 그런 상황이었기 때문에 여유자금이 유럽
으로 몰려들었다. 헤지펀드들은 일제히 CDS라는 국채와 연동하는
금융상품을 사들였다. '시장의 평가'라는 대의명분을 내걸고 그리스와
이탈리아 등의 국채를 매수세 이상으로 대량 매각하여 국채를 폭락(금
리는 상승)시켰다. 이로 인해서 각국에서는 어쩔 수 없이 긴축재정을
펼치게 되었고, 높은 실업률에 신음하던 서민들을 더 힘들게 만들었
다. 그러나 정작 그렇게 만든 당사자인 헤지펀드들은 그런 상황은 개
의치 않으며 고급 와인으로 축배를 들고 있다. 머니 몬스터들은 마침
내 국가의 가치마저도 먹이로 삼기 시작했다.

돈의 태풍이 휘몰아친 유럽의 한복판에서 그 피해를 최소한으로 억제하고 있는 나라가 있다. 바로 오스트리아이다.

오스트리아라고 하면 무엇이 떠오르는가? 모차르트나 슈베르트를 낳은 음악의 나라? 자허토르테*로 대표되는 초콜릿의 나라? 아니다. 오스트리아는 실은 그 이상의 실력을 가지고 있다. 경제적으로도 오스트리아는 실로 안정적인 건강우량국이다.

여러 지표가 그것을 보여주고 있다. JETRO(일본무역진흥기구)가 공표하고 있는 데이터(2011)에 의하면, 실업률은 EU 가맹국 중에서 가장 낮은 4.2%, 1인당 명목名目GDP**(국내총생산)는 4만 9,688미국 달러로 세계 11위(일본은 17위)이다. 대내직접투자액은 전년대비 3.2배인 101억 6,300만 유로, 대외직접투자액도 3.8배인 219억 500만 유로로, 대내·대외 모두 리먼 사태 직전의 수준까지 회복되었다.

그렇다면 인구 1,000만도 되지 않는 작은 나라인 오스트리아의 경제가 어떻게 이 정도까지 안정적일 수 있는 것일까? 그 비결은 바로 산촌자본주의이다.

오스트리아는 앞에서 살펴본 오카야마현 마니와시처럼 나무의 철저한 활용을 통해서 경제자립을 손에 넣으려는 시도를 국가차원에서 행하고 있다.

---

* 초콜릿 스펀지케이크에 살구잼을 넣고 진한 초콜릿을 입혀 만든 오스트리아의 대표적인 케이크.

** 물가지수를 고려하지 않고 시장가격으로 평가한 GDP.

국토는 딱 홋카이도 정도의 크기*로 산림면적은 일본의 약 15%에 지나지 않지만, 일본 전국에서 1년간 생산하는 양보다도 많은 양의 통나무를 생산하고 있다. 알려지지 않은 산림선진국 오스트리아의 비밀을 살펴보도록 하자.

오스트리아 사람들은 가장 가까이에 있는 자원인 나무를 소중히 여기며 생활하고 있다.

전통적인 산촌의 생활모습을 볼 수 있다는 이야기를 듣고 오스트리아 북부에 위치한 마을 람자우^{Ramsau}를 방문했다. 알프스산맥의 산기슭에 티롤^{Tirol}풍의 전통 건축물이 띄엄띄엄 늘어서 있는 목가적인 풍경. 대부분의 가정은 겨울철의 스키 관광객을 대상으로 펜션을 경영하면서 소를 기르고 양을 치는 생활을 하고 있다.

모든 집의 처마 밑에는 장작이 쌓여 있으며, 요리도 난방도 장작을 사용해서 해결한다.

"장작오븐으로 고기요리를 만들면 굉장히 맛있답니다." 부인은 자랑하듯 말한다.

일주일에 한 번, 오래된 나무꾼의 오두막으로 동료들을 불러 모아 요들송을 부르며 나무꾼의 아침식사를 하는 노인. 오스트리아에서 쇼바라시의 와다 씨를 발견한 기분이었다.

옛날부터 지금까지 변함없는 생활이 이어지고 있다는 것에 감탄하

---

* 약 8만 4,000제곱킬로미터. 대한민국 전체 면적의 약 80% 정도이다.

고 있자, 의외의 이야기를 해주었다.

"이런 생활을 새발견한 것은 불과 몇 년 전의 일입니다. 오스트리아에서도 10년 전까지는 가스나 석유가 주력 에너지였습니다."

겨울을 나기 위해서, 소유하고 있는 숲의 나무를 베어 장작을 준비하고 있던 남자가 높게 쌓아올린 장작더미 앞에서 자랑스럽게 말했다.

"이것만 있으면 에너지 위기가 발생해도 안심입니다."

임업이 최첨단 산업으로
다시 태어나고 있다

4년에 한 번, 전 세계에서 온 시찰단이 오스트리아의 산촌을 방문한다. 세계 최대 규모의 임업기계 전시회인 '오스트로포머Austrofoma'가 개최되기 때문이다. 전시회라고 해도 일본의 마쿠하리메세나 아리아케 콜로세움* 같은 일반적인 전시회장에서 열리는 것과는 규모가 다르다. 하나의 산을 통째로 전시장으로 이용한다. 오스트리아가 세계에 자랑하는 나무자원을 활용하는 최첨단 기술들이 전시된다. 우리가 취재차 방문했던 2011년에 일본에서도 100명 규모의 목재산업 관계자들이 방문해 있었다.

유럽은 스웨덴과 핀란드 같은 북유럽에서도 임업이 번창하고 있다.

---

* 마쿠하리메세는 일본 지바현 지바시에 있는 회의 및 전시시설이고, 아리아케 콜로세움은 도쿄에 있는 공연장이다.

그러나 이들 나라들에서는 평지에 있는 숲에서 임업이 이루어지기 때문에 그 기술은 험한 산을 보유한 일본이 참고하기에는 적합하지 않다. 한편 알프스를 품고 있는 오스트리아의 산들은 일본과 비슷하게 칼로 자른 듯이 솟아 있어서, 오스트리아에서 개발된 기술은 일본에도 도입하기 쉽다고 한다.

오스트로포머에는 약 1,000개 회사가 전시에 참가하고 있으며, 일본에서는 결코 볼 수 없는 최첨단 기계가 실제로 작업하는 모습을 보여주면서 그 능력을 선보인다.

로프를 매서 산 위에서 대량의 목재를 한 번에 내려보낼 수 있는 타워야더Tower-yarder라는 최신의 기계나, 목재를 차례대로 칩으로 가공하는 치퍼chipper라는 기계 등등. 꼬박 이틀 동안 녹초가 되어서 산을 돌아보는 동안, 오스트리아에서 새로운 기계와 기술이 계속 개발되고 일본인이 모르는 사이에 임업이 최첨단의 산업으로 다시 태어나고 있다는 사실을 절실히 깨닫게 된다.

오랫동안 사양산업으로 취급받아온 일본의 임업관계자들은 하나같이 한숨을 내쉬고 있었다.

산촌자본주의를 최신 기술이 뒷받침한다

다음에 방문한 곳은 오스트리아 굴지의 제재소 '마이어 멜른호프Mayr-Melnhof'. 오스트리아 제2의 도시

그라츠Graz 교외의 레오벤Leoben이라는 도시에 위치하고 있다. 약 3만 헥타르의 산림을 소유하고 연간 130만 세제곱미터에 달하는 목재를 공급한다. 일본에서는 10만 세제곱미터를 초과하면 대기업으로 분류되는데, 자그마치 그보다 13배나 큰 규모이다. 이 회사는 산에서 나무를 베는 것부터 가공, 그리고 바이오매스 이용에 이르기까지 폭넓은 사업을 전개하고 있다. 인구 2만 5,000의 작은 도시의 경제를 든든하게 뒷받침하고 있다. 참고로 레오벤에서는 오스트리아에서 가장 인기 있는 괴서Gösser맥주를 제조하고 있는데, 그 열원으로는 마이어 멜른호프에서 바이오매스 발전을 할 때 생기는 열탕을 파이프라인으로 연결해 이용하고 있다고 한다.

'마이어 멜른호프'가 가진 강점은 제재 규모과 발전시설은 물론, 마니와에서도 이용이 진행되고 있는 바로 그 펠릿을 도시 전체에서 활용하는 시스템이었다.

재미있는 것을 보여주겠다며 안내한 곳은 공장부지 한편에 자리 잡은 유럽 굴지의 펠릿공장. 연간 6만 톤을 생산한다고 한다. 그러나 그들이 보여주고 싶어 한 것은 공장 그 자체가 아니라 시설 옆에 붙어 있는 탱크로리였다. 운반하는 것은 물론 석유가 아니라 펠릿. 게다가 개인주택으로 배송하고 있다고 했다. 펠릿은 작고 가볍기 때문에 마치 가솔린처럼 운반할 수 있다.

이런 이야기를 들으면 실제로 펠릿을 이용하고 있는 집도 보고 싶어진다. 양해를 구해서 그날의 배송처 중 한 곳을 방문할 수 있었다. 흔쾌히 견학을 허락해준 사람은 페터 프렘 씨였다. 4년 전, 집의 신축

펠릿을 개인주택에 공급하는 탱크로리

을 계기로 펠릿 보일러를 도입했다. 도착한 탱크로리는 2개의 호스를 프렘 씨 집의 저장고에 연결한다. "잘 보라고!" 운전수의 말과 동시에 기계가 가동되자, 한쪽 호스를 통해서 기세 좋게 펠릿이 저장고로 흘러 들어갔다. 그 옆에서는 또 하나의 호스가 저장고에서 펠릿의 재를 기세 좋게 빨아올리고 있었다.

우리가 넋을 잃고 보고 있자 기분이 좋아진 프렘 씨는 집 지하까지 보여주었다. 그곳에 자리 잡고 있던 것은 사람 키만 한 사각형의 기계, 바로 펠릿 보일러였다. 그리고 놀랍게도 조금 전에 본 펠릿 저장고에서 지하 보일러까지, 기계제어에 의해서 전자동으로 필요한 양만큼 펠릿이 공급되는 시스템이라고 했다. 그리고 보일러에서 끓인 물은 집 전체에 둘러진 파이프를 타고 각 방으로 보내져서 마룻바닥의 난방이나 온수로 사용된다. 즉, 집주인은 펠릿에 전혀 손을 댈 필요

없이 스위치 하나로 이용할 수 있는 시스템이다.

　프렘 씨에 따르면 한 번에 구입하는 펠릿은 5톤. 1톤에 219유로이니까 합계는 약 1,100유로이다. 이것으로 총 300제곱미터의 난방과 온수를 충당하고 있다. 이전에는 전기를 이용했는데 비용은 거의 비슷하다고 한다. 지역에서 생산되는 목재를 이용한다는 점에 매력을 느껴서 펠릿을 도입한 프렘 씨. "무엇보다 등유 같은 냄새가 전혀 나지 않는 것이 좋아요"라며 웃어 보였다.

슬로건은
'타도! 화석연료'

　　　　　　　　　　펠릿을 쾌적하게 이용할 수 있는 자동시스템이 완성되어 있는 오스트리아. 이어서 보일러 생산업체를 방문한 우리들을 기다리고 있던 것은 반드시 화석연료를 대체하고 말겠다는 의지가 넘치는 현장이었다.

　그곳은 세계유산에 등록된 도시 잘츠부르크로부터 15킬로미터 떨어진 교외에 위치한 빈트하거Windhager라는 회사이다.

　현관에 잔뜩 늘어서 있던 것은 흰색을 기본으로 하면서도 붉은색과 파란색, 회색과의 색의 조합이 세련된 보일러들이었다. 빈트하거가 만드는 펠릿 보일러는 거실에 놓아도 무리가 없을 정도로 아름다운 디자인이 특징이다. 일본에서도 유명한 오프로드 바이크 제조사가 디자인을 담당하고 있다. 시선을 사로잡는 것은 전면에 위치한 유리창.

그곳을 통해서 펠릿이 탁탁거리며 타는 모습을 볼 수 있다. 난로가 있던 시절의 기억을 지금도 간직하고 있는 오스트리아 사람들. 이렇게 불꽃이 보이는 것이 사람들에게 편안함을 느끼게 해준다고 한다.

그러나 중요한 것은 그 심장부.

연소기관의 개발실에서는 20명 정도의 기술자들이 모니터에 나타난 CAD 화면을 보면서 활발하게 토론을 하고 있었다. 모두 오스트리아의 시골에서 세계 최첨단의 기술을 만들어내겠다는 의지가 넘치고 있었다.

치프엔지니어인 남자가 "기업비밀인데"라고 말하면서도 그 놀라운 기술을 설명해주었다. 이 회사에서는 1998년부터 펠릿 보일러의 개발에 착수했다. 그때부터 주력해온 부분은 연소효율의 향상과 배기가스의 억제라고 한다.

펠릿 보일러는 나무를 태워서 나오는 탄화수소와 산소를 혼합해서 연소시킨다. 그 연소온도가 핵심으로, 너무 높아도 너무 낮아도 안 된다. 그렇기 때문에 산소를 섞는 타이밍을 1차, 2차의 두 단계로 나누거나, 탄화수소와 산소의 혼합비율을 조정하면서 시행착오를 반복했다. 그렇게 해서 배출되는 일산화탄소와 탄화수소를 최소한으로 줄이는 일에 성공했다.

가장 주의를 기울인 것은 펠릿이 다 타버린 뒤에 배출되는 재를 최소한으로 줄이는 일이었다. 손님이 어떤 재질의 펠릿을 사용하더라도 유연하게 대응할 수 있도록, 기술자들은 몇 년에 걸쳐서 산에 있는 나무와 폐기목재 등 다양한 나무의 종류를 조사하는 일부터 시작했다고 한다. 그 결과, 어떤 연료인지를 자동적으로 판단하는 기술이 완성되어 재가 0.5% 이상 배출되지 않게 만드는 것에 성공했다.

"제가 입사한 30년 전, 회사는 장작 스토브를 만들고 있었는데 그 연소효율은 60% 정도였습니다. 그런데 지금은 92~93%라는 대단히 높은 연소효율의 실현에 성공했습니다."

지금의 펠릿 보일러는 석유를 상회하는 코스트 퍼포먼스를 실현했다고 한다.

연소효율이 향상되어 2킬로그램의 펠릿으로 등유 1리터 분량의 열량을 얻을 수 있다. 이것을 가격으로 비교해보면 어떻게 될까? 우리들이 취재한 시점에서 등유 1리터의 가격은 약 80센트. 이것에 비해서 같은 열량을 내는 펠릿의 가격은 절반 정도인 약 40센트. 즉, 펠릿은 석유보다 2배의 코스트 퍼포먼스를 발휘할 수 있다. 게다가 이 차이는 최근의 원유가격 상승으로 인해서 더욱 벌어지고 있다.

물론 연료비용만을 비교하는 것은 불공평하다. 유감스럽게도 펠릿 보일러의 본체는 아직 기름을 사용하는 보일러보다 고가의 물건이다. 빈트하거의 표준적인 보일러 한 대의 가격은 1만 유로(집필시의 환율로 계산하면 약 127만 엔이나 되지만 이 한 대로 모든 방의 난방과 온수를 해결할 수 있다). 석유 보일러와의 가격차이는 3,000~4,000유로나 된다. 그러나 가격차이가 없어지는 것도 시간문제라는 것이 빈트하거의 예상이다. 오스트리아에서는 펠릿 보일러에 대한 대폭적인 지원에 힘입어, 각 생산업체가 보일러 가격을 내리기 위해서 전력을 다하고 있다. 이제 앞으로 몇 년만 있으면 본체의 가격은 전혀 문제가 되지 않을 것

숲에서 자본주의를 껴안다

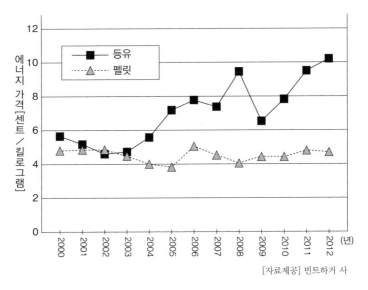

[자료제공] 빈트하거 사

등유와 펠릿의 연간 평균가격

이라고 기술자들은 자신 있게 말했다.

실제로 오스트리아 국내의 보일러의 시장점유율에서도 그 조짐을 볼 수 있다. 10년 전의 석유 보일러 판매대수는 연간 약 3만 5,000으로, 펠릿 보일러는 거의 찾아볼 수 없었다. 지금도 펠릿 보일러의 판매대수는 1만을 조금 넘는 정도이지만, 빈트하거는 5년 뒤에는 판매대수를 연간 3만 5,000까지 끌어올린다는 목표를 내걸고 있다.

그리고 오스트리아를 포함한 서유럽 전체로 눈을 돌리면 400만 대의 난방기구가 있고, 그중에서 바이오매스 보일러는 아직 10만 대에 지나지 않는다.

빈트하거는 앞으로 10년 사이에 이것이 50만 대, 100만 대로 늘어날 것이라는 확신을 가지고 있다고 한다.

"연소효율이라는 점에서는 개선의 여지가 없을 정도로 기술이 완성되고 있기 때문에, 이제는 누구나 보일러를 살 수 있는 가격을 만들기 위해서 모든 노력을 기울이고 있습니다. 펠릿업계는 걸음마의 단계는 이미 지난 상태입니다. 곧 틀림없이 에너지공급의 중요한 위치를 차지하게 될 것입니다."

완벽한 물건을 만들고자 하는 기술자들의 뜨거운 의지. 오스트리아는 원래 세계적으로 높은 기술력을 자랑하는 독일 자동차의 부품제조 등을 통해서 발전해온 나라이다. 따라서 기초적인 기술수준은 대단히 높다. 펠릿 보일러는 유럽에서 독일인 다음으로 성실하다고 평가받는 오스트리아 국민성의 산물이다.

돌이켜보면 일본인도 물론 착실하게 기술을 연마하는 점에 있어서는 세계 톱클래스이다. 그 물건을 만드는 정신이 바로 일본을 세계 제2위의 경제대국으로 끌어올렸다.

다른 모든 나라들이 하고 있는 대량생산과 대량소비의 기술이 아니라, 한발 앞서 가까운 곳에 있는 자원을 활용하는 기술을 개발하고 있는 오스트리아. 일본에게도 그들과 같은 길을 걷는 선택지가 있는 것이 아닐까?

독자적인 기술은
많은 고용을 창출한다

오스트리아가 펠릿 보일러의 기

술혁신에 이 정도로 힘을 쏟아붓는 데에는 어떤 배경이 있는 것일까? 빈트하거에서 15년 전부터 보일러 개발에 참여해, 지금은 개발부장을 맡고 있는 요셉 고이깅거Josef Goiginger 씨에게 그 철학에 대해 물었다.

그 철학에는 오카야마현 마니와시가 추구해온, 외부자원에 의존하는 것을 중단함으로써 실현하는 산촌자본주의의 미래상이 있었다.

"기본적으로 오스트리아는 작은 나라입니다. 그러나 독창적인 인재는 풍부하며, 많은 중소기업은 어떻게 하면 대량생산형 시장에서 벗어날 수 있을지 지혜를 짜내왔습니다. 배경의 하나로 이미 1990년대에 석유(거대 석유업체)도 가스도 곧 고갈된다고 생각했던 것을 들 수 있습니다."

일본과 마찬가지로 지하자원이 빈약한 오스트리아. 원유는 중동의 국가들에, 천연가스는 파이프라인에 의한 러시아의 공급에 의존해왔다. 그렇기 때문에 국제정세가 불안해질 때마다 에너지 위기를 겪어왔다. 외국이 밸브(스위치)를 장악하고 있는 공포를 뼈저리게 알고 있는 것이다.

"석유나 가스의 경우는 지금까지 공급받아온 동유럽의 파이프라인이 앞으로도 괜찮을지, 중동정세가 지금 상태로 유지될지, 아니 근본적으로 원유를 언제까지 채굴할 수 있는지도 알 수 없습니다. 좋든 싫든 간에 화석연료 이후의 시대를 고려해서 준비해야 합니다. 우리 회사는 이런 상황을 큰 기회로 생각했습니다. 향후에는 어떤 형태의 에너지가 되더라도 지금보다 가격이 내려갈 거라고는 생각할 수 없습니다. 오스트리아 사람들에게는 중동에서 탱크로 운반되어오는 원유보다 가까이에 있는 자원이 신뢰할 수 있는 에너지원인 것입니다."

석유와 가스를 펠릿으로 대체함으로써 안심과 안전을 지킬 수 있다고 생각한다.

"다행히 잘츠부르크 주변, 여기서 10킬로미터 정도 떨어진 곳에 이미 펠릿 제조기 회사가 있었습니다. 이것이 완전자동운전 난방을 개발하려는 동기로 이어졌습니다. 펠릿의 원료도 주변지역에서 공급받을 수 있습니다. 톱밥은 농가나 제재소 그리고 가구업체에서 입수합니다. 지속 가능한 공급 체인이 존재합니다. 바로 이 지속 가능이라는 말이 큰 원동력이 됩니다."

펠릿은 노동시장에 있어서도 가스와 석유에는 없는 큰 가능성을 창출했다. 근본적으로 원유와 천연가스를 수입만 하고 있으면 고용은 거의 늘지 않는다.

펠릿과 그것을 이용한 보일러 생산기술은 오스트리아가 다른 나라보다 두세 걸음 앞서 있다. 다른 나라에는 없는 산업을 육성하면 당연히 관련기술도 함께 발전하게 되면서 노동수요가 높아진다.

예를 들어, 보일러의 버너. 오스트리아에는 펠릿 보일러 제조업체가 예닐곱 개 있는데 모두 예전에는 석유용이나 가스용 버너를 사용하고 있었다고 한다. 그러나 연소효율을 추구하는 과정에서 전용 버너가 개발되었다. 지금은 모든 버너가 오스트리아 국내에서 생산되고 있으며 결과적으로 많은 사람이 새로운 일자리를 얻을 수 있었다.

펠릿을 제조하는 기계도 마찬가지이다. 펠릿은 얼핏 보면 간단하게 만들 수 있는 것처럼 보이지만, 실제로는 매우 복잡한 과정을 거쳐서 만들어진다. 목재를 압축하고 다양한 공정을 거쳐서 건조시키고 다시 압축해서 엄격한 규격에 맞도록 완성시키지 않으면 안 된다.

오스트리아에는 전 세계에 펠릿 제조장치를 팔고 있는 큰 회사가 몇 개나 있어서 연간 10만 톤에서 30만 톤의 펠릿 생산을 책임지고 있다. 이를 통해서 잘츠부르크뿐만 아니라 오스트리아 전체에서도 많은 고용이 발생하고 있다.

산림의 육성과 벌채에서 펠릿의 가공, 부수적인 기계의 개발과 생산, 나아가서는 연통청소 등의 애프터케어에 이르기까지. 펠릿산업의 폭이 넓어지면 넓어질수록 더 많은 노동시장이 형성되어갔다.

마지막으로, 빈트하거의 개발부장 요셉 고이깅거 씨는 세계에서 가장 먼저 바이오매스의 세계를 개척해가는 것은 후손들을 위한 책임이라고 잘라 말했다.

"우리들이 바라는지 바라지 않는지는 중요한 것이 아닙니다. 20년 뒤, 30년 뒤 또는 50년 뒤에 화석연료가 있을지 어떨지를 의논해도 아무런 의미가 없습니다. 재생 가능한 에너지를 이용하기 시작한 것이 너무 늦었다고 우리들을 원망하는 세대가 언젠가 틀림없이 나타날 것을 저는 개인적으로 확신하고 있습니다.

재생 가능한 에너지를 위해서 일하는 것은 부담이 아니라 오히려 고용을 창출하는 큰 기회입니다. 오스트리아는 이미 기술을 개발한 상태이며 전 세계가 이 기술을 마스터한 사람을 필요로 하고 있습니다. 소수의 사람들만이 혜택을 누리는 화석연료에 매달려 있는 것과는 정반대의 상황입니다. 500년 뒤의 우리 자손들은 21세기의 인간은 양심에 따라서 행동했다고 평가해줄 것입니다. 그렇게 하지 않으면 부기력한 인간들이었다고 1,000년 뒤의 역사교과서에 실려버릴 것입니다. 우리들은 지금 주어진 기회를 헛되이 해서는 안 됩니다. 용기와 선견지명을 가져야 합니다. 이것은 큰 도전이지만 기회이기도 합니다."

임업은 '지속 가능한 풍요로움'을 지키는 기술

이야기를 듣다 보면 당연히 떠오르는 의문이 있다. 그렇게 산의 나무를 자르고 있다면 오스트리아에서는 실은 산림파괴가 진행되고 있는 것은 아닐까?

일본에서는 특히 1970~1980년대, 급격한 경제성장으로 인해 대량의 목재가 필요해지자 동남아시아와 남아메리카로부터 대량의 목재를 수입했고, 현지의 산림을 연이어 파괴한 것이 사회문제가 되었다. 그래서 지금도 산의 나무를 베는 것은 산림파괴로 이어진다고 생각하는 사람이 많다.

그러나 일본인과 막상막하로 성실한 오스트리아 사람들은 확실한 대책을 마련해왔다. 그것이 바로 산림 마이스터라고 불리는 제도이다.

근본적으로 오스트리아에서는 같은 '임업종사자'라고 하더라도 업무나 역할에 따라서 다양한 자격이 준비되어 있다. 우선 산속에서 벌채, 조재造材, 집재 등의 일을 담당하는 '임업노동자', 즉 고용된 노동자는 임업고등학교를 졸업함으로써 그 자격을 얻을 수 있다. 그리고 산림을 관리하는 사람들이 존재한다. '산림관^Förster'이나 '산림 마이스터^Meister'라고 하는 멋진 직함을 가진 사람들이다.

이 중에서 '산림관'은 500헥타르 이상의 산림을 관리한다. 그 정도의 대규모 산림을 소유하고 있는 것은 대부분 수도원이지만, 그런 경우에도 반드시 '산림관'을 배치해서 관리해야 한다고 법률로 정하고 있다. '산림관'은 되기도 어렵고 매우 높은 지위로 여겨지고 있다. 이에 비해서 산림소유주의 70%를 차지하는 500헥타르 이하의 산림을 가지고 있는 경우, 즉 가족이나 회사 등이 산을 소유하고 있는 경우에는 '산림 마이스터'가 관리하도록 정해져 있다.

그렇다면 구체적으로 무슨 일을 하는 사람들일까? 일반적으로는 산림전체의 자원량 관리, 1년 동안 벌채할 수 있는 목재의 양 결정, 벌채구역의 결정, 그리고 판매처의 확보 등 다양한 일을 담당한다. 학력과 경력, 시험에 의한 자격상황에 따라서 담당면적의 제한이 정해져 있다. 즉, '산림 마이스터'는 산의 나무를 과도하게 벌목하는 것을 막아 지속 가능한 임업을 실현하기 위한 필수직업이다.

실제로 자식이 부모에게서 산을 물려받을 때, 자녀들은 '산림 마이스터'의 자격을 취득한다. 스스로 산의 나무를 베면서 동시에 관리도 하는 것이다.

'오시아흐 산림연수원^Forstliche Ausbildungsstätte Ossiach'은 그런 '산림 마이스터'를 길러내고 있는 오스트리아에 3개밖에 없는 국립산림연수원 중 하나이다. 오스트리아 남부에 위치한, 이탈리아와 슬로베니아 국경과 인접해 있는 카린시아^{Carinthia} 주. 산이 있고 호수가 있고 호숫가에 전통적인 가옥이 늘어서 있는 풍경이 대단히 아름나운 시골도시 오시아흐에 위치하고 있다.

이곳에서는 체인톱의 취급법과 같은 기본부터 시작해, 다른 나무를 상처 입히지 않고 나무를 베어 쓰러트리는 방법이나, 산에 줄을 매서 자른 나무를 운반하는 타워야더라는 이름의 대형기계 취급법까지 임업에 관한 모든 기술을 배운다. 그리고 동시에 산림경영에 필요한 모든 지식을 익히게 된다.

산속에서 이루어지는 수업에 동행했다. 수업 중에 교사들이 입이 아프도록 이야기하는 것이, 임업은 단기의 이익을 추구하는 것이 아니라 지속 가능한 풍요로움을 추구해야 한다는 이념이다.

이 연수원에는 50년간 관리하지 않고 방치해온 구획과, 간벌 등을 통해서 사람이 계속 관리해온 구획이 나란히 준비되어 있다. 학생들은 이 둘을 비교해보면서 건강한 산림이 얼마나 아름다우며 나무도 곧고 훌륭하게 자라는지를 실감할 수 있다. 그리고 어떤 나무를 자르면 되는지, 어떤 나무는 아직 자를 때가 아닌지, 교사와 학생이 토론하면서 공부해간다.

"숲을 가지고 있다면 제대로 관리하지 않으면 안 됩니다. 관리를 통해서 숲은 건강한 상태를 유지할 수 있습니다. 그런 식으로 앞으로도 계속 지켜나갈 수 있습니다. 이것이 오스트리아가 가지고 있는 임업의 철학입니다."

일본에서는 돈이 되지 않는 많은 산림이 간벌도 되지 않고 방치되어 있다. 이에 비해서 오스트리아는 산림소유자가 숲의 구석구석을 관리하도록 의무화하고 있다.

젊은이들이
산으로 몰려든다

그런데 일본에서는 임업종사자 라고 하면 위험하고(dangerous) 힘들고(difficult) 더럽다는(dirty) 소위 3D의 이미지가 있는데 오스트리아는 어떨까?

실은 오스트리아에서도 20~30년 전까지는 임업은 힘들지만 돈이 되지 않는다고 여겨졌다고 한다. 그러나 지금은 이 인식이 크게 개선 되었다고 한다. 산림연수원의 소장 요한 체셔 Johann Zöscher 씨는 그 이 유로 다음 세 가지를 들었다.

첫 번째, 무엇보다 임업종사자의 작업환경이 안전해졌다. 임업에 종사하는 사람은 모두 교육을 받도록 의무화되었기 때문에 배움의 기 회가 늘어나 안정에 대한 인식도 비약적으로 높아졌다.

두 번째, 산을 소유한 산림농가가 산림 및 임업이라는 것이 돈이 되 는 훌륭한 산업이라고 인식하게 되었다. 거기에는 제대로 된 임업교육 을 받으면 받을수록 경제적으로 성공할 수 있다는 생각도 포함된다.

그런 상황을 가속화시키고 있는 것이 바이오매스 이용의 폭발적인 발전이다. 이로 인해서 산림에 새로운 경제적 부가가치가 발생했다. 반대로 말하면 산림소유자가 산림에 관여하는 동기부여가 커졌다.

그리고 이러한 경향은 앞으로도 계속될 것으로 예상된다. 현재 오스트리아의 에너지 생산량의 약 28.5%는 재생 가능 에너지로 충당되고 있다. EU는 2030년까지 바이오에너지의 비율을 34%로 만든다는 목표를 내세우고 있으며 오스트리아도 이것을 목표로 하고 있다. 즉, 국가적으로도 이 분야를 추진해나갈 필요가 있다. 임업에 있어서 큰 추진력이 되는 것은 당연하다.

세 번째, "이것은 대단히 중요한 점인데"라고 덧붙이며 소장이 강조한 것은 임업이라는 일의 내용 자체가 크게 변했다는 것이다. 임업은 '고도로 전문적인 지식이 요구되는 멋진 직업'이 되었다.

지금은 그저 산의 나무를 베기만 하면 되는 시대가 아니다. 임업에 종사하는 이상 경제에 관한 것도 알아야 하며 생태계에 관한 지식도 없으면 안 된다. 게다가 최신 기술도 알 필요가 있다. 그리고 임업이라는 직업이 체계화됨에 따라서 동료나 회사와 협력해서 일을 할 필요성도 높아졌다. 사회적 능력도 필요해진 것이다.

이처럼 고도의 전문성을 가지는 직업에 대한 금전적인 대가가 과거에 비해서 상승하는 것은 당연한 일이다. 임업이라는 직업은 매우 흥미진진한 것이 되었다.

사소한 부분이지만 산림연수원에서 만난 청년들을 보다가 느낀 점인데, 작업복도 필요 이상으로 멋지다. 그런 겉모습도 임업의 이미지를 위해서 개선되어왔다고 한다.

이렇게 산림작업에 종사하는 사람들에 대한 세상의 인식은 완전히 변했다. 오스트리아에는 이제 3D 이미지가 따라다니는 임업종사자는 어디에도 없다.

임업의 철학은
'이자로 생활한다'라는 것

드디어 핵심 질문을 요한 체셔 씨에게 던져보았다.

"산림이 1년 동안 성장하는 양의 100% 이용을 목표로 하고 있는 것이지요? 그런데 100%를 넘어버리면, 다시 말해 지나치게 벌채해버리면 어떻게 되는 겁니까?"

답은 명쾌했다.

"그런 사태가 일어나서는 안 됩니다. 그것을 방지하는 최선의 방법이 바로 교육입니다.

사용할 수 있는 자원의 양을 알고 있다면 자원을 유지하려고 노력할 테니까요. 우리들은 현재 산림의 전체량을 감소시키는 그런 벌채는 하지 않습니다. 어떻게 하는가 하면 숲이 성장한 만큼만 베는 겁니다."

오스트리아에서는 철저한 산림조사를 행하고 있다고 한다. 어느 정도의 나무가 베어지고, 어느 정도의 나무를 심고, 그리고 산림 전체에서 나무가 어느 정도로 늘었는지 같은 상태를 정기적으로 조사하고 있다. 그렇게 함으로써 산림자원의 수지收支를 파악한다. 이 수지를 고려해서 매년 나무를 얼마나 벨 것이지 결정한다. 오히려 오스트리아에서는 철저하게 관리한 결과, 산림면적이 지금도 점점 증가하고 있다고 한다.

요컨대 오스트리아의 임업은 원금에 손대지 않고 이자만으로 생활하고 있다고 할 수 있다. 이것이 바로 그들의 근본 철학이다.

최근에는 단기간에, 게다가 어디에서도 수확할 수 있는 새로운 산림자원의 연구도 시작되었다. 다른 수목보다 빨리 몇 년이면 성장하는 포플러라는 나무가 있다. 에너지용 목재로 사용하기 위해서 이 포플러나무를 여기저기에서 기르고 있다. 오스트리아는 강수량이 많아 몇 년 안에 성장해서 대량으로 수확할 수 있다.

소장인 요한 체셔 씨는 이렇게 단언한다.

"숲의 나무를 모두 베어버릴 수도 있다고 걱정하는 것은 잘못된 인식입니다. 우리들의 방식이라면 가까운 곳에 있는 자원을 고객의 집에 계속 공급할 수 있습니다. 바로 그 옆에서 자원은 새로 자라나기 때문입니다. 오스트리아의 산림은 100년 뒤에도, 지금과 다름없이 건강한 상태 그대로일 것입니다."

제2장 서두에서 소개한, 국가의 국채마저도 먹잇감으로 삼기 시작한 머니 몬스터들. 그들은 시장의 상장 변동이 크면 클수록 그곳에서 가치를 찾아내서는 마구잡이로 사들이고 팔아치우면서 단기이익을 올리려고 한다.

오스트리아의 숲에는 그것과는 정반대의 발상이 뿌리를 내리고 있다. 변동보다 안정, 단기보다 장기. 100년 뒤에도 변함없이 숲에서 수익을 거둘 수 있는 투자를 한다. 그것은 결코 경제적인 정체를 의미하지 않는다.

"좀 더 중요한 것은 산림이 지속적으로 양호한 상태를 유지하도록 하는 것입니다. 산림의 지속 가능성이 주목받게 된 이후, '지속 가능성'은 우리들의 신조가 되었습니다. 미래 세대도 계속해서 맛있는 과일을 먹을 수 있도록 충분한 산림자원을 유지해가지 않으면 안 됩니다.

현재 산림은 우리나라에 있어서 두 번째 외화 수입원이 되었습니다. 목재 관련 산업만으로 연간 30억 내지 40억 유로의 무역흑자를 얻고 있습니다. 산림이 1년 동안 성장하는 양의 70%만 이용하고 있음에도 말입니다.

앞으로는 산림성장률의 거의 100%까지 이용할 수 있을 것으로 기대하고 있습니다. 그렇게 되면 토지소유자와 산림소유자는 물론, 제재업과 제지업 같은 임업에 관련된 모든 산업에 이익이 돌아갈 것입니다. 그리고 오스트리아 전체의 풍요로움에도 공헌할 것입니다. 이것이 우리들의 목표입니다."

오스트리아의 1인당 GDP가 일본을 웃도는 것은 이미 설명했다. 오스트리아처럼 풍부한 산림자원을 가진 일본인이 잊고 있던 산촌자본주의의 본질이 오스트리아 산속에서 살아 숨 쉬고 있다.

산촌자본주의는 안전보장과
지역경제의 자립을 불러온다

지금까지 오스트리아가 산촌자본주의를 진행해온 배경인 에너지 안전보장과 지역경제의 자립이념을 살펴보았다. 그러나 오스트리아에는 잊어서는 안 되는 또 하나의 중요한 이념이 있다.

오스트리아는 헌법에 '탈원전'을 명기하고 있는 세계에서도 보기 드문 국가이다. 1999년에 제정된 새로운 헌법률 '원자력으로부터 자유로운 오스트리아'는 제2항에서 원자력발전소를 새로 건설하는 것과 이미 건설된 원자력발전소를 가동시키는 것을 금지하고 있다. 참고로 제1항은 핵무기의 제조, 보유, 이송, 실험, 사용을 금지하고 있다. 즉, 오스트리아는 군사적 이용이든 평화적 이용이든 상관없이 원자력의 이용 그 자체를 헌법으로 부정하고 있는 많지 않은 나라 중의 하나이다.

그러나 처음부터 원자력발전소를 반대했던 것은 아니다. 실은 1969년, 당시 오스트리아 국민당 정권은 오스트리아의 북동부, 현재의 체코와 슬로바키아의 국경 바로 근처에 위치한 도시 니더 외스터라이히Nieder Österreich 주 츠벤텐도르프Zwentendorf에 원자력발전소의 건설을 결정했다. 1972년에는 건설이 시작되었고 그 뒤에 완성되었다. 그러나 그곳은 지금까지 한 번도 가동되지 않았다. 완성되고 얼마 되지 않아 원자력발전소 반대운동이 오스트리아 전국을 휩쓴 것이다.

계기가 된 것은 1977년, 원자력발전소 건설지 바로 밑에서 지진이 발생할 위험성이 있다는 저명한 지진학자의 지적이었다. '그래도 원자력발전소의 리스크를 감수할 수 있겠는가?' 1978년 11월, 가동 여부를 결정하는 국민투표가 실시되었다. 그 결과는 찬성 49.5%, 반대 50.5%. 반대가 아주 조금 더 많을 뿐이었지만 이것으로 미래가 결정되었다. 다음 해에는 '오스트리아의 에너지공급을 위한 핵분열의 사용금지'라는 법률을 제정했다. 향후의 원자력발전소 건설을 금지하는 것과 함께 이제 막 완성된 츠벤텐도르프 원자력발전소의 가동금지도 포함되어 있었다.

그리고 1986년 체르노빌 원자력발전소 사고가 일어났다. 방사성물질이 유럽 전체로 퍼져나가자 원자력발전소를 반대하는 목소리는 더욱 높아져서 원자력 이용 그 자체를 헌법으로 금지시키기에 이르렀다.

그러나 오스트리아 사람들은 이것으로 만족하지 않았다. 오스트리아에서는 전력의 일부를 다른 나라에서 구입하고 있었는데 그 출처를 알아보니 6%가 다른 나라에 있는 원자력발전소에서 만들어진 전력이라는 것을 알게 되었다.

원자력발전소에서 만들어진 전력은 1와트도 쓰고 싶지 않다. 이런 원자력발전소에 대한 거부반응은 일본에서 발생한 도쿄전력 후쿠시마 제1원자력발전소 사고 이후 더욱 강해져서, 2011년 7월 '친환경전력법'이라는 법률을 개정했다. 풍력과 태양광 그리고 나무에너지를 이용하는 바이오매스 발전을 늘리는 것을 목적으로, 관련 발전기술의 이용확대를 위한 보조금을 지금까지의 연간 2,100만 유로에서 5,000만 유로로 증액했다. 매년 100만 유로씩 감액되지만 2021년 이후에도 최소 4,000만 유로를 계속해서 조성해나가기로 했다.

오스트리아에서는 이를 통해서 가까운 미래에 전력수입을 전부 중단하고 원자력발전소에서 생산된 전력을 완전히 배제할 수 있다고 내다보고 있다(이 항목 여기까지 『반핵에서 탈원전으로: 독일과 유럽 각국의

선택反核から脱原發へ ドイツとヨーロッパ諸國の選擇』, 와카오 유지若尾祐司 · 혼다 히로시本田宏
엮음, 昭和堂, 2012년 참고).

이렇게 원전알레르기라고 할 수 있을 정도로 원자력발전소를 '혐오'
하는 국민성에 덧붙여, 지금까지 등장한 오스트리아 사람들이 입을
모아 주장하고 있던 것처럼 에너지 문제는 자신들의 안전보장을 위협
하는 문제라는 인식이 강하다.

그런 인식이 자리 잡은 큰 계기가 체르노빌 원자력발전소 사고인
것은 틀림없지만, 또 하나의 요인으로는 중앙 유럽 국가들이 파이프
라인을 통해서 러시아로부터 천연가스를 공급받고 있다는 것을 생각
할 수 있다. 2000년 정도부터 러시아는 겨울을 앞두고 종종 파이프라
인의 가스공급을 멈추겠다고 위협하며 유럽 각국에 대한 정치적 영향
력을 강화하려고 해왔다. 그 결과, 오스트리아에서도 몇 번이나 공황
상태가 발생했다. 오스트리아 사람들이 외부로부터의 에너지공급에
대해서 강한 경계심을 가지고 있는 것은 이 영향도 크다.

극빈 상태에서
기적적인 부활에 성공한 마을

산촌자본주의를 철저하게 추구
해갈 경우, 인간은 어떤 풍요로움을 향유할 수 있는 것일까? 이어서
궁극의 산촌자본주의를 이루어낸 한 마을의 도전을 살펴보면서 오스
트리아 사람들이 목표로 하고 있는 경제의 진화형에 대해 생각해보도

숲에서 자본주의를 껴안다

록 하겠다.

바이오매스 분야에서 세계를 주도하고 있는 오스트리아에서도 가장 주목을 받고 있는, 전 세계에서 연간 3만 명에 달하는 시찰단이 쇄도하는 굉장한 마을이 있다. 헝가리와의 국경에 위치한 마을 귀싱 Guessing시이다. 시라고 하지만 인구는 4,000명도 되지 않는다. 조금 높은 언덕 위에 12세기에 지어진 오래된 성이 있고 그것을 둘러싸고 있는 것처럼 집들이 모여 있다. 그리고 마을을 둘러싸고 있는 것처럼 보리밭과 숲이 펼쳐져 있다. 귀싱은 이런 시골마을이다.

왜 이런 작은 마을이 그렇게 주목을 받고 있는 것일까? 그것은 20세기 내내 지극히 가난하며 서방국가들 중에서 가장 뒤처져 있던 마을이 정신을 차리고 보니 세계 최첨단을 달리고 있었기 때문이다.

귀싱성Guessing城과 함께 마을을 방문한 사람의 눈을 사로잡는 것이 거대한 발전시설이다. 부지 안에는 목재와 그것을 잘게 부순 칩이 산더미처럼 쌓여 있다. 귀싱에는 이런 바이오매스 발전기가 3기基 있으며, 그 외에도 바이오매스 관련시설이 30개 가까이 있어서 마을 전체에 전력과 열을 공급하고 있다.

특히 열이용에 있어서는 펠릿과는 다른 시스템을 도입해서 바이오매스가 차지하는 비율을 비약적으로 높이고 있다. 바로 '지역난방'이라는 시스템이다. 지역난방은 발전할 때 나오는 배출열을 난방과 온수에 이용하는 열병합발전시스템cogeneration system이다. 배출열에 의해서 열탕이 만들어지면 마을 지하에 그물처럼 퍼져 있는 배관을 통해서 지역의 가정과 사업소로 보내진다. 말하자면 보일러의 중앙난방

central heating을 지역 전체에 적용시킨 시스템이다.

귀싱은 이 시스템으로 자그마치 에너지 자급률 72%를 달성했다. 물론 인구 4,000이라는 작은 마을이기 때문에 달성할 수 있었던 수치이기는 하지만, 오스트리아가 아무리 선진적이라고 해도 국가 전체로 보면 목질 바이오매스 에너지의 비율은 아직 10%(일본은 겨우 0.3%)이다. 세계 어느 곳을 찾아봐도 이 정도 자급률을 가진 마을은 찾아볼 수 없기 때문에 얼마나 경이적인 수치인지 알 수 있을 것이다.

이 지역난방이라는 시스템은 유럽의 다른 지역에서도 조금씩 확대되고 있다. 실은 최근 일본에서도 오스트리아를 본받아 지역난방을 도입하려는 움직임이 야마가타현 모가미마치山形縣最上町 등, 동북지방의 겨울이 춥고 집들이 비교적 밀집해 있는 지역에서 일어나고 있다. 그러나 그것은 어디까지나 관공서와 같은 공공시설과 료칸旅館 등의 숙박시설에 한정되어 있어서 일반 가정까지는 좀처럼 확산되지 않고 있다.

그런데 귀싱에서는 어떻게 일반 가정까지 포함해서 마을 전체적인 시스템을 만들 수 있었을까? 열쇠를 쥐고 있는 것은 바로 주민 한 사람 한 사람의 결단이다.

에너지 구입지역에서 자급지역으로 전환하다

우리들은 귀싱 교외에 위치한 스

숲에서 자본주의를 껴안다

트렘Strem이라는 마을에 사는 농부 크루트 가르거 씨를 취재할 수 있었다.

가르거 씨는 보리를 재배하고 작은 숲을 소유하고 있는 전형적인 농부이다. 부인과 아이 두 명과 함께 네 명이서 살고 있다. 가르거 씨 가족의 역사를 살펴보면서 이 마을이 걸어온 길을 더듬어 가보고자 한다.

냉전시대가 끝나가던 1980년대, 가르거 씨 가족의 생활은 밑바닥이었다. 귀싱이 서방세계에서 가장 가난한 지역 중 하나였기 때문이다. 당시 공산권에 속한 헝가리와의 국경에 인접해 있던 귀싱. 가르거 씨의 밭도 500미터 앞에 철조망이 둘러쳐지고 병사가 총을 들고 감시하고 있는 상황이었다. 가르거 씨는 어린 시절 부모님으로부터 "사살되니까 가까이 가지 마라"라는 이야기를 귀에 딱지가 앉도록 들어왔다. 그런 환경에서는 마을을 방문하는 사람도 거의 없었다. 외부에서 투자를 유치하지도 못하고 고속도로도 철도도 없었다. 당연히 농업으로 근근이 생계를 이어갈 뿐이었다. 마을 면적의 44%를 차지하는 산림도 전혀 활용되지 못한 채 방치되어왔다. 그러는 동안 젊은이들은 마을을 떠나 빈Wien이나 그라츠 같은 도시로 일하러 가게 되었다. 가르거 씨의 삼촌 부부는 아예 가재도구를 전부 짊어지고 미국으로 이주해버렸다.

하지만 그런 와중에도 젊은 가르거 씨는 욕심만 안 부리면 전업농가로 살아가는 정도는 가능할 것이라고 생각했다.

그리고 1989년, 모두가 기다리고 기다리던 냉전의 종결이 찾아왔다. 베를린 장벽의 붕괴와 함께 헝가리와의 국경에 둘러진 철조망이 철거되고 병사들도 사라졌다. 유럽이 통합을 향해가면서 왕래도 자유로워졌다. 귀싱의 사람들은 이제 자신들의 생활도 풍요로워질 것이라 생각했다.

그런데 그 기대는 맥없이 무너졌다. 세계화로 인해서 또 다른 적, 저렴한 가격의 농산물이 동유럽 각국으로부터 대량으로 쏟아져 들어왔다. 농가는 이에 대항하기 위해서 생산성을 높이고 이익을 올리는 농업을 강요당했다. 그러나 가르거 씨의 농지는 너무나 좁았다.

오스트리아가 EU에 가입하고 통일 통화인 유로를 도입한 1990년에는 이미 가르거 씨를 비롯해 귀싱 사람들의 자그마치 70%가 도시의 공장 등으로 돈을 벌러 가지 않을 수 없게 되었다.

가르거 씨와 마을 사람들이 냉전시대가 나았을지도 모른다는 의심을 품기 시작한 바로 그때, 마을에서는 조용한 혁명이 진행되고 있었다. 1990년, 귀싱 의회는 만장일치로 에너지를 화석연료에서 목재로 대체해가기로 결정했다.

결의의 핵심은 단순하게 에너지 문제로 파악한 것이 아니라 지역경제의 재생을 위한 비장의 카드로 생각했다는 점이다. 당시의 마을 지도자들은 지역 외부에 지불하는 에너지비용을 계산해보았다. 그러자 매년 600만 유로나 되는 돈이 밖으로 흘러나가고 있었다. 이 돈의 흐름을 바꿔 지역 내부에서 순환시킨다면 마을은 좀 더 풍요로워지지 않을까? 산촌자본주의가 탄생하는 순간이었다.

한편 그 무렵의 일본은 거품경제 붕괴 전후. '저팬 애즈 넘버원Japan

as Number One'*으로 세계와의 경제전쟁에서 승리할 수 있다고 생각하던 시대였다. 글로벌 경제를 뚫고 도착한 곳에는 풍요로운 미래가 기다리고 있을 것이라고 누구나 믿고 있었다. 그런 시절인데 굳이 글로벌 경제와 선을 그으려고 생각하는 사람이 과연 얼마나 있었을까?

귀싱에서는 지역발전 계획을 책정하고, 1992년에는 첫 번째 지구地區에서 목질 바이오매스에 의한 지역난방을 개시했다. 1996년에는 반관반민半官半民의 형태로 '귀싱 지역난방회사'가 설립되어 보다 넓은 지역에서 지역난방 체계가 정비되어갔다. 지하에 깔린 열배관熱配管의 총 연장길이는 35킬로미터에 이르며 시가지와 산업시설을 망라하고 있었다. 그리고 2001년에는 열병합발전시스템에 의한 발전을 개시하고 국가의 매입제도를 이용해 전기도 판매하게 되었다. 이런 시스템과 병행해서 태양광발전과 유채씨 기름과 같은 폐유의 에너지 이용 등을 추진한 결과, 탈화석연료 선언으로부터 약 10년 동안 마을은 70% 이상의 에너지 자급률을 달성했다. 1990년에는 600만 유로나 되는 돈이 지역 외부로 유출되던 귀싱이었지만, 2005년을 기점으로 돈의 흐름은 완전히 역전되어 지역 전체에서 1,800만 유로나 벌어들이게 되었다(『100% 재생 가능으로! 유럽의 에너지 자립지역』, 다키가와 가오루滝川薫 엮음, 学芸出版社, 2012년 참고).

---

* 사회학자 에즈라 보걸Ezra F. Vogel의 1979년 발간된 저서명으로, 이 책은 '미국은 현상을 타파하기 위해 일본을 배워라'라는 내용을 담고 있다.

고용과 세금수입을 증가시키고
주민들에게 경제를 돌려주다

　　　　　　　　　　　탈화석연료의 효과는 그때까지
극빈의 생활을 강요받고 있던 가르거 씨 같은 농가에도 찾아왔다.

　가르거 씨를 비롯한 950명이 생활하는 스트렘 지역에서는 2001년
에 지역난방시스템을 건설했다. 가정과 사무소 모두가 각각 8,000유
로씩 돈을 내서 건설비 1,000만 유로의 절반을 마련했다. 나머지는
은행대출로 충당했다. 대형 자본은 전혀 참여하지 않았다. 운영은 조
합방식으로 주민 자신들의 손으로 하고 있다.

　오스트리아는 국가가 탈원자력발전을 결정했을 때도 그러했지만,
인구 수백 명 정도의 작은 마을에서도 중요한 사안을 결정할 때는 반
드시 주민투표를 거친다. 스트렘도 주민투표로 지역난방의 도입을 결
정했다. 자신들이 결정한 일이기 때문에 책임도 뒤따른다. 지역난방
의 관리 및 유지는 가르거 씨를 포함해 네 명의 주민이 교대로 하고
있다.

　연료가 되는 목재도 주민들이 제공한다. 가르거 씨도 그때까지 방
치하던 숲에 들어가 나무를 베어오게 되었다. 목재의 매입가격은 1세
제곱미터에 약 16유로. 목재 매입비는 지역난방 이용료로 지불한다.
이것은 주민의 안정적인 수입으로 이어진다. 자신들의 숲을 이용해서
지역에 공헌하고 있다는 사실을 확실히 알 수 있는 점도 만족스럽다
고 한다.

　그리고 에너지 이용요금도 자신들이 정할 수 있다. 가르거 씨 가족

이 2010년 1년 동안 지불한 광열비는 1,242유로였지만, 연료가 되는 목재를 제공하고 얻은 수입은 1,327유로나 되었다. 85유로의 흑자. 적은 금액이지만 이 사실이 꽤나 자랑스럽다.

에너지를 사용하는 자신들이 에너지의 가격을 결정한다. 국제시장의 원유가격이 계속 상승하는 것은 전혀 개의치 않고, 스트렘 지역에서는 2012년 은행융자의 상환이 종료되자 사용료의 가격인하를 결정했다.

"귀싱에서는 에너지 가격은 내부적으로 컨트롤하고 있습니다. 그렇기 때문에 세계시장의 수급에 의존할 필요가 없습니다. 에너지 가격이 시장가격에 좌우되는 일도 없습니다."

이런 시스템이 완성된 결과, 농업 이외에는 특별한 산업이 없었던 귀싱으로, 저렴한 가격으로 안정된 열과 전기를 얻고자 하는 유럽 전역의 기업들이 찾아왔다. 유럽 유수의 대형 바닥재 회사인 파라도어 Parador도 그중 하나였다. 제품 건조에 많은 열을 필요로 한다는 점과 함께, 바닥재를 가공할 때 나오는 나뭇조각들을 지역난방회사에 팔수 있다는 것이 결정타가 되었다. 엄청나게 들어가던 광열비는 플러스마이너스 제로가 되었다고 한다.

13년 동안 자그마치 50개의 회사가 귀싱으로 찾아왔으며 합계 1,100명의 일자리가 생겼다. 4,000명 인구의 4분의 1에 해당하는 상당히 큰 숫자임을 알 수 있다. 이로 인해서 고향을 떠나 먼 곳으로 돈을 벌러 가는 사람도 크게 줄었다.

반입되는 자재의 검사를 담당하고 있는 파라도어의 20대 여성근무자와 이야기를 나누었다. 1년 전부터 근무하고 있는 이 여성은 귀싱 근처의 올벤도르프^{Olbendorf}라는 도시에서 자동차로 15분 설려서 출근하고 있다. 우리가 "이곳의 일은 어떤가요?"라고 질문하자 먼저 "저는 정말 운이 좋았어요"라는 말로 말문을 열었다. 그도 그럴 것이 귀싱이 속해 있는 부르겐란트^{Burgenland} 주는 아직 일자리를 찾기가 매우 힘들어서 귀싱을 제외한 지역에서는 지금도 빈이나 그라츠와 같은 대도시에 나가서 일하고 있는 사람이 많기 때문이다. 이 여성의 고향 친구들도 평일은 도시에서 생활하면서 일을 하고, 주말은 고향으로 돌아와서 지낸다고 한다.

가르거 씨도 농사일 틈틈이 이 바닥재 회사에서 일하고 있다. 리프트로 제품을 운반하는 일을 하고 있는데, 수입이 10% 정도 늘어서 형편도 꽤 좋아졌다.

기업이 계속 찾아와 고용이 증가하면 당연히 마을 전체의 세금수입도 껑충 올라가게 된다.

귀싱시는 1993년에는 34만 유로였던 조세수입이 2009년에는 150만 유로로 자그마치 4.4배나 증가했다. 그 덕분에 시에서는 도로와 스포츠 시설 같은 각종 공공 인프라의 정비가 진행되어 도시 전체가 말끔해졌다. 취재 도중 우연히 새로운 그라운드에서 열리고 있는 축구대회를 보게 되었다. 경기를 뛰는 사람도 응원하는 사람도 눈이 반짝반짝 빛나고 있었다. 과거 유럽에서 가장 가난했던 도시의 흔적은 이제는 전혀 찾아볼 수 없었다.

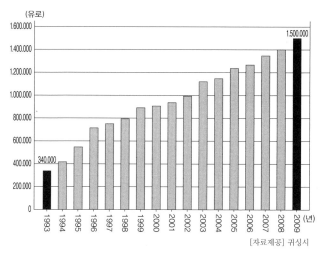

(유로)

340.000

1.500.000

귀싱의 조세수입(1993~2009년)

[자료제공] 귀싱시

귀싱 모델로 알 수 있는
'경제적 안정'

취재 마지막으로 귀싱시의 시장인 피터 발데즈[Peter Vadasz] 씨와 인터뷰를 할 수 있었다. 1990년, 프로젝트를 시작했을 때부터 시장을 맡아서 진행을 이끌어온 발데즈 씨. 자신감으로 가득 찬 풍모를 가지고 있었다.

"에너지 수입은 우리들에게는 아무 이익도 없습니다. 매년 이 도시에서 수백만 유로가 사라져버릴 뿐이기 때문입니다. '몇천 톤이나 되는 목재가 이용되지 않은 채 폐기물로 숲 속에서 사라져가는데, 왜 힘들게 수천 킬로미터나 떨어진 곳에서 천연가스와 석유를 운반해와서 집과 아파트의 난방을 하고 있을까?'라는 의문이 생겼습니다.

세계경제는 우리가 모르는 소수의 사람들에 의해서 조종되고 있습

21세기형 선진국, 오스트리아

니다. 그것은 그다지 건전한 방식이라고는 할 수 없습니다. 우리들이 만들어낸 모델로 지금 당장 시장을 뒤흔드는 투자가를 줄이는 것은 불가능할지도 모릅니다. 그러나 에너지라는 매우 중요한 분야에서 어느 정도의 주도권을 쥘 수 있습니다. 우리는 '경제적 안정'을 향해서 의미 있는 한 걸음을 내디뎠다고 할 수 있습니다."

헤어질 때, 발데즈 시장은 우리에게 몇 번이나 '중요한 것은 주민의 결단과 정치의 리더십이다'라고 강조했다.

귀싱이 만든 새로운 형태의 경제는 현재 '귀싱 모델'이라는 이름으로 유럽 각지에서 도입이 진행되고 있다. 우리들이 취재차 방문했을 때도 이탈리아의 시찰단이 대형버스로 방문해 있었다. 유로 위기의 소용돌이에 휩싸인 이탈리아에서 그 영향을 회피하고 있는 오스트리아로. 그들이 배우고자 하는 것은 무엇일까?

'귀싱 모델'은 단순히 한 지역이 에너지 자립을 위해 노력하는 이상의 의미를 가진다. 그것은 100년을 들여서 이룩해낸 20세기 글로벌 경제에 대항해서, 그 부작용으로 힘들어하는 사람들이 다시 한 번 경제를 되찾아오기 위한 싸움이다.

'열린 지역주의'가
바로 산촌자본주의

되돌아보면 20세기의 100년간 은 경제의 중앙집권화가 철저히 진행되던 시대였다.

숲에서 자본주의를 껴안다

철과 콘크리트라는 중후하고 장대한 산업을 기반으로 발전해가기 위해서는 막대한 투자와 노동력의 집약이 필요했다. 그렇기 때문에 어느 정도는 국가 주도로 대규모자본을 유통시키며 진행하지 않을 수 없었다. 그러나 그 목적은 국민 한 사람 한 사람을 위한 것보다도 약육강식이 계속되는 국제사회에서 국가를 보다 강하게 만드는 것에 있었다. 20세기 초반에는 제국주의정책의 부국강병, 20세기 중반에는 제2차 세계대전 후의 부흥과 그에 이어지는 고도경제성장, 그리고 20세기의 후반은 글로벌 경제의 치열한 경쟁에서 살아남기 위해서였다.

그 과정에서 인류는 지구 반대편에서라도 모든 물건을 빠르게 운반해오기 위해서 육해공에 걸친 거대한 인프라 네트워크를 구축해왔다.

21세기가 되자 사람, 물건, 돈에 그치지 않고 IT혁명으로 정보까지도 순식간에 주고받는 시스템이 확립되어갔다. 그러나 그 중앙집권적인 시스템은 산촌과 어촌처럼 경쟁력이 없는 불리한 입장에 있는 사람들과 지역으로부터 많은 것들을 흡수함으로써 성립되는 시스템이기도 했다. 각 지역의 풍토와 문화는 고려되지 않고 지방의 인간은 그저 착취의 대상일 뿐이었다. 경제성장을 위해서는 긴타로아메*처럼 모두가 획일적인 편이 효율적이었으며, 각 지역의 개성은 필요하지 않았다.

그러나 21세기. 어느 정도 경제성장을 이룩하고 물건이 넘치는 풍요로운 시대가 되자 우리들은 문득 깨닫게 되었다. 전국 어디를 가도

---

* 어디를 자르든 같은 단면이 나오게 만든 일본의 가락엿.

똑같은 모습이 되어버린 일본의 마을을 보고 위화감을 느끼기 시작한 것이다. 각 지역의 풍토와 문화의 가치를 되찾기 위한 운동이 각지에서 시작되었다. 슬로푸드, 지산지소운동, 슬로라이프. 최근 인기를 모으고 있는 향토음식의 챔피언을 뽑는 B-1 그랑프리*도 사람들의 그런 마음을 단적으로 보여주는 예라고 할 수 있다.

산촌자본주의는 '지역'이 경제적으로도 권리를 되찾으려 하는 이 시대의 상징이라고도 할 수 있다. 대도시와 연결되어 빼앗기기만 하는 대상이었던 '지역'과 결별하고, 지역 내에서 해결할 수 있는 것은 지역 내에서 해결하자는 운동이 바로 산촌자본주의이다.

여기서 주의해야 할 것은 자기완결형 경제라 해도 배타적인 것은 아니라는 점이다. 오히려 '열린 지역주의'야말로 산촌자본주의라고 할 수 있다. 그렇기에 산촌자본주의를 실천하고 있는 사람들은 20세기에 만들어진 글로벌 네트워크를 그대로 이용해왔다. 자신들에게 필요한 지혜와 기술을 교환하며 함께 성장해가기 위해서이다. 바로 이런 '유연성'이 중요하다.

제1장에서 소개했던 오카야마현 마니와시의 건설자재회사 사장인 나카시마 고이치로 씨를 다시 한 번 떠올려보자. 1990년대부터 제재 과정에서 나오는 나뭇조각을 이용해 발전사업을 진행시켜온 나카시마 씨. 지금처럼 누구나 '친환경'이나 '탈원전'을 떠들어대기 훨씬 전의

---

* 지역 활성화를 위해 시작된 각 지역의 향토음식경연대회. 'B-1 그랑프리'라는 이름은 고급음식(A급)이 아닌 친근한 B급 음식을 대상으로 하고 있다는 것에서 붙여졌다.

일이었다. 그 발상의 근원은 어디에서 손에 넣은 것일까? 그것을 찾아가면서 산촌자본주의가 가지고 있는 '유연함'에 대해서 생각해보도록 하자.

나카시마 씨의 발상의 근원. 그것은 해외의 마을, 그중에서도 시골 마을과 직접 연결되어 있었다. 나카시마 씨는 빈번하게 오스트리아를 비롯한 바이오매스 선진국 사람들과 교류를 쌓으며 최신의 지식을 습득해왔다.

나카시마 씨의 공장을 방문하면 외국 사람들이 공장 안을 걸어 다니고 있는 광경을 자주 볼 수 있다. 그 대부분은 시찰을 위해서 온 사람들이라고 한다. 좀처럼 믿기 어렵지만 그 인원은 연간 500명이나 된다고 한다. 때로는 오스트리아의 저명한 대학교수를 초대해서 연구회를 열기도 한다. 연구회는 사원들은 물론 지역의 목재산업 관계자와 관공서의 담당자에게도 들려준다. 주고쿠산지의 산속에서 지역 전체가 세계의 최첨단을 배우고 있다.

그와 동시에, 앞에서 설명한 것처럼 나카시마 씨는 빈번하게 해외 선진국을 시찰한다. 유럽만이 아니다. 러시아 극동지역에 거대한 공장이 건설되어 잠들어 있던 목재활용의 움직임이 있다는 이야기를 들으면 '한번 봐둬야지'라는 마음에 비행기와 심야버스를 갈아타면서 현지로 향한다. 환갑이 지난 사장이 말이다. 해외시찰에는 가능한 한 젊은 사원을 동행한다. 젊었을 때부터 세계를 보여줌으로써 미래의 메이켄공업, 아니 일본의 목재산업을 짊어질 인재로 기르고자 하는 것이다. 머지않아 오스트리아의 대학으로 젊은 사원을 유학 보낼 계획도 가지고 있다. 이런 것들은 일반적으로 사양사업으로 여겨지는 분야의 회사 사장이 하는 일은 아니다. 나카시마 씨의 눈은 언제나 미래를 향하고 있다.

여담이지만 나카시마 씨의 회사에는 그런 회사 분위기에 매료되어 도쿄나 오사카 등 대도시에서, 게다가 일류 대학을 졸업한 젊은이들이 취직하고 싶다며 찾아온다. 최근에는 여성도 늘었다. 채용담당자가 "막 대학을 졸업한, 게다가 도쿄 출신의 여자가 주고쿠산지의 산속에서 정말 혼자 살 수 있겠냐?"라며 안절부절못할 정도이다.

만족할 줄 모르는 탐구심으로 최첨단의 지식과 기술을 계속해서 흡수해온 나카시마 씨가 나무에너지 이용에 이어서 지금 새롭게 도전하고자 하는 분야가 있다. 바로 나카시마 씨의 본업인 건축재. 이 또한 오스트리아에서 종래의 상식을 뒤엎는 새로운 기술이 탄생하고 있다.

철근콘크리트에서 목조고층건축으로 변화가 일어나고 있다

나카시마 씨의 이어지는 혁명은 공장 한쪽에서 조용히 진행되고 있었다. 아직 제조라인이 없어서 수공업으로 시제품 제작을 반복하고 있는 건축재.

얼핏 보면 그저 나무판을 서로 겹쳐놓은 것뿐인, 별로 특별한 것도 없는 집성재. 그러나 자세히 살펴보면 보통의 집성재는 섬유방향이 평행이 되도록 나무판을 겹쳐서 만들지만, 이것은 판의 섬유방향이

새로운 집성재 CLT. 콘크리트에 필적하는 강도를 자랑한다

직각으로 교차되도록 서로 다르게 겹쳐 있다.

그 이름도 CLT. 크로스 라미네이티드 팀버Cross Laminated Timber의 약자로, 직역하면 '직각으로 겹쳐진 판'이다. 왜 그렇게 만든 것일까? 실은 단지 이것만으로도 건축재료로서의 강도가 비약적으로 향상된다고 한다.

나카시마 씨가 CLT로 이루고자 하는 것. 그것은 지금까지 건축이 불가능했던 목조고층건축을 가능하게 만드는 것이다. 20세기 경제성장의 상징이었던 철과 콘크리트에 빼앗겼던 분야를 목재가 차지하려고 하는, 귀를 의심할 정도의 장대한 계획이다.

"일본의 건축사에 있어서 오랫동안 목재가 담당해온 분야를 전후戰後 철과 콘크리트 등에 빼앗긴 채로 지내왔습니다. 그러나 이 CLT의 등장으로 4층 건물, 5층 건물 아니 경우에 따라서는 그 이상의 중간 규모의 빌딩까지도 목재로 만들 수 있게 될 것입니다."

이렇게 단언하는 나카시마 씨. 그것은 나카시마 씨가 시도하고 있는 나무에너지 이용에 있어서도 큰 의미를 가진다. 공장에서 시용하는 전기를 전부 해결해주는 나뭇조각 발전. 마을 전체의 에너지를 책임지기 시작한 펠릿. 그 이용을 더욱 확대해가기 위해서는 근본적으로 기반이 되는 건축재의 수요확대가 필요하다. 에너지 이용과 건축재 이용은 일본의 산을 부활시키기 위한 이른바 수레의 양쪽 바퀴이다.

CLT가 탄생한 것은 2000년경으로, 역시 목재 이용의 선진국인 오스트리아에서 만들어졌다. "백문이 불여일견이라고, 직접 그 현장을 보러 갑시다." 나카시마 씨의 말에 이끌려 우리들은 오스트리아를 방문하게 되었다.

런던과 이탈리아에서도 진행되는 목조고층건축

오스트리아의 수도 빈. 자동차를 타고 교외를 향해 달리고 있던 우리의 눈앞에 엄청난 광경이 펼쳐졌다.

눈에 들어온 것은 빌딩의 건축현장이었지만 어딘가 보통의 현장과는 달랐다. 아무리 봐도 철근콘크리트가 아니었다. 눈을 의심하게 되는 순간이었다. 자그마치 7층짜리 고층건물이 틀림없는 나무였던 것이다.

공사관계자의 허가를 받아 건축현장의 내부도 견학할 수 있었다.

숲에서 자본주의를 껴안다

역시 다시 살펴봐도 벽도 바닥도 천장도 목재였다. 신기한 광경이었다. 엘리베이터 주변 일부에 콘크리트가 사용되고 있었지만, 나머지는 전부 목재로 빌딩을 짓고 있었다. 보통 목재건축이라고 하면 기둥과 대들보에 나무를 이용하지만, CLT는 나무를 가로세로로 번갈아 겹쳐놓은 것이라서 거대하고 두꺼운 나무 판이 된다. 그렇기 때문에 기둥이나 대들보 같은 사용법 이외에도 벽 전체, 천장 전체, 바닥 전체를 목재로 만들 수 있다.

지금 CLT로 만든 이런 목조고층건물이 오스트리아 도시지역의 여기저기에 세워지고 있다.

CLT는 본래 1990년대에 독일의 한 회사에서 고안된 것이었다고 한다. 그러나 그 회사에는 제재 부문이 없었기 때문에 1998년 오스트리아 남부에 위치한 카츄 안 데어 무어Katsch An Der Mur라는 작은 마을에 있는 제재소가 그 기술을 채용했다. 그리고 오스트리아 제2의 도시 그라츠에 있는 그라츠공과대학의 협력을 얻어서 기술이 더욱 개량되었다. CLT로 벽을 만들어 건물을 지어본 결과, 철근콘크리트에 필적하는 강도를 낼 수 있다는 것을 알게 되었다. 이 사실은 고층건물은 철과 콘크리트로 만들어야 한다는 상식을 뒤집었다. 그리고 오스트리아 정부의 움직임도 재빨랐다. 목조로는 2층 건물까지밖에는 지을 수 없다고 되어 있던 오스트리아의 법률을 2000년에 개정했다. 지금은 9층 건물까지 CLT로 건설하는 것을 허가하고 있다고 한다.

그 뒤로, 그때까지는 석조건물이 기본이었던 오스트리아의 거리풍경이 목조로 변해가고 있다. CLT건축은 단순히 강도가 뛰어난 것만이 아니라, 여름은 덥고 겨울은 추운 석조건물과 철근콘크리트건물보다 쾌적한 주거환경을 제공했다. 오스트리아의 전형적인 시골마을에서 태어난 기술은 유럽 각지로 전파되었다. 생산량은 전 유럽에서 7년간 20배, 50만 제곱미터로 증가했고 런던에는 자그마치 9층짜리 CLT빌딩까지 등장했다.

일본인이 모르는 사이에 유럽은 이런 세상이 되어 있었던 것인가? 에너지와 마찬가지로 그 속도에는 놀라지 않을 수가 없었다. 그것이 솔직한 감상이었다. 그와 동시에 '나무로 만든 빌딩은 지진이 나면 위험하지 않을까?'라는 당연한 의문 하나가 떠올랐다.

그러나 일본과 마찬가지로 지진이 많이 발생하는 이탈리아에서도 CLT가 급속히 보급되기 시작했다. 이탈리아에 있는 국립임업·목재연구소가 실험을 통해 지진에도 강하다는 것을 증명했기 때문이다. 실은 실험은 일본에서 실시되었다. 2007년 효고현 미키시兵庫縣三木市에 있는 E-디펜스라는 세계 최대 규모의 내진실험시설로 7층 높이의 CLT건물을 가지고 와서 1995년 고베神戸 대지진과 동일한 진도7의 진동을 가했는데 이를 멋지게 견뎌냈다.

300명 이상이 희생된 2009년 중부 라퀼라L'Aquila 지진이 발생한 이후, 이탈리아에서는 대부분의 건물이 CLT로 건설되고 있다고 한다. 밀라노에는 머지않아 13층 높이의 CLT건물도 등장할 것이라고 한다.

화재 대비에도 완벽하다. 내화耐火 테스트도 반복해서 실시하고 있는데, CLT건물의 한 방에서 인위적으로 화재를 발생시켰는데 60분이 지나도 불은 옆방으로 번지지 않았으며 영향은 옆방 온도가 조금

　　　　　숲에서 자본주의를 껴안다

CLT를 사용해 건설 중인 목조고층빌딩

CLT로 지어진 아파트

올라가는 정도에 그쳤다고 한다. 하나부터 열까지 정말 놀라지 않을 수 없다. 우리는 어느새 목소는 화재나 지진에 취약하나는 선입견을 가지고 있었던 것이다. 지금 유럽에서는 오히려 CLT야말로 고층건물에 적합한 건축재라고 여겨지게 되었다.

산업혁명에 버금갈 최대의 혁명이 일어나고 있다

계속해서 마찬가지로 빈 교외에 건설된 5층 건물인 CLT아파트 단지를 방문했다. 나뭇결이 살아 있는 따스해 보이는 외벽을 살리면서 동시에 오스트리아 사람들이 좋아한다는 빨간색과 노란색의 파스텔컬러 디자인을 곁들인 세련된 아파트가 늘어서 있었다. 주민들의 이야기를 들어보니 모두의 입에서 칭찬의 말들이 쏟아져 나왔다.

"천연목재가 사용된 것이 대단히 매력적입니다."

"이전에는 석조주택에서 살고 있었는데 그때와 비교해도 열 손실이 적어서 냉난방비가 적게 든답니다."

이야기를 듣고 일본으로 도입하고 싶다는 나카시마 씨의 마음은 더 강해진다.

"유럽에서 이런 일들이 가능해진 것은 겨우 10년 전부터입니다. 그전에는 없었던 거니까 일본도 반드시 할 수 있다고 믿습니다."

시찰의 마지막으로 방문한 곳은 빈공과대학. 목조건축의 일인자 볼

프강 빈터Wolfgang Winter 교수와 인터뷰를 했다. 빈터 교수는 철근콘크리트에서 목조건축으로의 이행은 단순한 건축양식의 변화가 아니라 산업혁명 이래 가장 큰 혁명이라 해도 과언이 아니라며 열변을 토했다.

"19세기 산업혁명이 있었습니다. 석유와 석탄처럼 무한할 것이라 믿어오던 에너지 자원을 통해서 얻은 것들은 기계, 대규모 유닛, 로지스틱스, 전부 대규모였습니다. 에너지 자원이 산업혁명의 원동력이었던 것입니다. 20세기를 살면서 우리는 시멘트와 철강을 생산하기 위해서 석탄과 석유 등의 많은 에너지를 소비했습니다. 시멘트와 철의 생산에는 엄청난 금액의 투자가 필요합니다. 공장은 거대해서 대부분의 국가는 한 나라에 하나 있을까 말까 한 정도이지요. 20세기의 인류는 그렇게 발전해왔습니다.

그러나 지금은 에너지 자원이 별로 없기 때문에 우리는 이 지구의 자연이 주는 것으로 생활할 수밖에 없습니다. 바로 이러한 사고의 전환이 진정한 혁명입니다. 그리고 그런 혁명에 목재산업은 안성맞춤입니다. 산림은 관리하면서 기른다면 무제한으로 얻을 수 있는 자원이기 때문입니다.

그렇기 때문에 경제는 필연적으로 국가 중심에서 지역 중심으로 변해갈 것입니다. 제재업은 대부분 가족기업입니다. 원료의 조달도 기껏해야 200~300킬로미터 내에서 이루어집니다. 그러나 생산에는 많은 인력이 필요합니다. 한마디로 목재는 적은 금액으로 투자할 수 있는 반면, 지역에 많은 고용이 발생하는 경제적으로도 매우 뛰어난 자원인 것입니다."

일본에서도 CLT산업이
국가를 움직이기 시작했다

　　　　　　　　　그러나 일본에 돌아와보니 CLT를 보급시키려는 나카시마 씨의 꿈 앞에는 큰 벽이 가로막고 있었다. 3층 이상의 목조건축은 건축기준법상의 제약이 많았다. 일본은 유럽보다도 비약적인 경제성장을 뒷받침해준 주역인 철과 콘크리트에 대한 신앙이 두터웠기에, 빈곤의 상징이었던 목조로 의식을 전환하는 일은 쉽지 않았다.

　최근이 되어서야 겨우 2010년에 일본산 국산목재의 보급을 확대하기 위한 '공공건축물 등에 있어서의 목재의 이용 촉진에 관한 법률'이 책정되어 학교 같은 공공건축물의 목조화가 진행되어왔다. 그러나 매년 신규로 착공되는 공공시설 중에서 목조건축은 겨우 8.3%에 머무르고 있어서, 공공시설만으로는 목재수요의 폭발적인 향상은 기대하기 어렵다.

　나카시마 씨는 이런 현상을 타파하기 위해서 2012년 1월 가고시마현과 돗토리현의 제재회사들과 연계해서 '일본CLT협회'를 설립했다. 나카시마 씨 본인이 회장에 취임하여 본격적인 보급을 향해서 움직이기 시작했다.

　"임업과 제재업을 기반으로 하는 일본 목재산업의 새로운 돌파구가 될 것입니다. 지역에도 숨구멍이 트일 것이고 임업과 목재산업에도 새로운 바람을 불어넣어줄 것이라고 믿고 있습니다."

내진실험을 통과한 CLT건물

나가타초永田町와 가스미가세키霞が関* 등으로 발걸음을 옮겨 국회의원과 관공서에 법 개정의 필요성을 호소해왔다.

바이오매스 분야에서 큰 실적을 올려온 나카시마 씨. 조금씩 그 뜻이 전해지기 시작했다. 2012년 2월, 나카시마 씨가 손꼽아 기다려온 실험이 국토교통부의 주도로 실시되었다. 장소는 이바라키현 쓰쿠바시茨城縣つくば市에 있는 방재과학기술연구소. 효고현의 E-디펜스와 함께 일본이 자랑하는 대규모 내진실험시설이다.

실험 대상은 CLT패널을 사용한 3층 건물(중량을 기준으로 5층으로 상정). 건축재는 나카시마 씨가 제공했다. 나카시마 씨는 일부러 진동에 약하다고 평가되는 삼나무로 만든 CLT패널을 준비했다. 실험이

---

* 도쿄의 지역명. 국회의사당과 수상관저가 위치해 있는 지역(나가타초)과 주요 관청이 위치한 지역(가스미가세키)으로, 정계를 뜻하는 단어로 사용된다.

성공하면 일본산 목재의 반을 차지하는 삼나무의 활용에 새로운 길이 열린다고 생각했기 때문이다. 100명 이상의 관계자가 지켜보는 가운데 건축기준법이 내진 기준으로 삼고 있는 진도6약의 진동이 가해졌다. 덜컹덜컹 큰 소리를 내면서 흔들리는 CLT건물. 그러나 마지막까지 쓰러지지 않았다. 전문가들이 시간을 들여서 내부를 확인했지만 눈에 띄는 균열도 발견되지 않았다. 나카시마 씨는 안도의 숨을 내쉬면서도 "좀 더 흔들어주길 바랐는데"라고 장난기 담긴 미소를 지으며 말했다. 실용화를 향한 중요한 한 걸음을 내딛는 순간이었다. 앞으로 내진 및 내화 실험을 계속하면서 2년 뒤의 법 개정과 실용화를 향해 나가게 될 것이다.

이렇게 되자 도저히 가만히 있을 수 없는 나카시마 씨. 법 개정도 기다리지 않고 자신의 공장 한편에 1,500만 엔을 들여서 CLT 전용 제조라인을 만들어버렸다.

"그럼 시작하겠습니다."

2012년 6월, 라인이 완성되어 시험운전이 이루어졌다. 덜컹거리며 처음으로 CLT패널이 기계에서 흘러나왔다.

물론 지금 단계에서는 아무리 CLT패널을 생산하더라도 당장 건물을 세울 수는 없다. 당분간의 목적은 앞으로 진행되는 내진 및 내화 실험에 제공할 재료를 제조하는 것이다. 그러나 건축기준법에는 '장관인정'이라는 제도가 있어서 특별한 절차를 거친다면 건설이 완전히 불가능한 것도 아니라고 한다.

소문을 들은 대형 주택건설업체 등으로부터 벌써부터 문의가 오고

숲에서 자본주의를 껴안다

있다고 한다.

"조금 거창하게 말하자면 산촌혁명은 아니더라도 CLT를 하나의 도구로 삼고 싶습니다. 이것으로 이 지역에서도 소득과 고용을 창출하고 또 확산시켜나가고 싶습니다. 지역에서 시작되는 새로운 혁명이 성공할 수 있을지 기대됩니다."

철과 콘크리트, 석유처럼 20세기를 지탱해온 무겁고 두껍고 길고 큰 산업들과 달리, 그 정도의 대규모 설비투자와 노동력, 지구 반대편에서 자원을 운반해오는 인프라를 필요로 하지 않는 목재산업. 그렇기 때문에 비교적 낮은 리스크로 산업구조를 근본에서부터 변화시켜갈 수 있는 힘을 가지고 있다.

열린 지역주의를 바탕으로 서로의 지혜를 흡수하기 쉽다는 것도 특징이다. 왜냐하면 각 지역이 최고의 산업을 위해서 서로를 상처 입힐 정도로 경쟁하지 않아도 되기 때문이다. 아니 오히려 협조하고 서로 왕래하면서 함께 진화해간다. 그것이 산촌자본주의가 가지고 있는 '유연성'이다.

글쓴이_ NHK히로시마 취재팀 야쿠 야스히로

'산촌자본주의'의
진정한 의미

돈에 의존하지 않는 서브시스템

자원가격 상승으로 인해서
가공무역 입국 모델이 손해를 보는 상황이 되었다

사람이 살아가는 데 필요한 것은 돈일까? 그렇지 않으면 식량과 연료일까?

식량도 지하자원도 자급자족하지 못하는 일본에서는 지금까지 이런 질문을 하는 것 자체가 어리석은 일이었다.

"일본에서는 물도 식량도 연료도 전부 돈으로 구입하는 것이다. 근본적으로 수출산업이 벌어들인 돈이 있으니까 외국에서 식량과 연료를 수입할 수 있다. 원래 풍부한 자원인 물조차 도시에서는 거대한 상수도시스템을 가동시키지 않으면 공급할 수 없으며, 그러기 위해서는 수입한 연료를 태워서 만든 전기가 대량으로 사용된다. 돈이 없다면 이 작은 섬나라에서 약 1억 3,000만 명이 북적거리고 있는 일본인의 생존은 없다.

그리고 그 돈을 계속 벌어들이기 위해서는 경제성장이 반드시 필요하다. 그러나 일본의 경기는 장기 침체에 빠졌으며, 과거 세계 제일이라고 부르짖던 국제경쟁력은 이미 땅에 떨어졌다. 가장 쉬운 방법은 금융완화책을 펼쳐서, 세상에 돈을 더 많이많이 풀어서 빙글빙글 회전시키는 것이다. 계속 돈을 찍어내면 된다. 찍어내지 않아도 일본은행이 국채를 사들이고 일본은행권으로 지불한다면 결과는 마찬가지이다.

뭐라고? 장래세대의 부담이 된다고? 장래에 대한 걱정은 먼저 눈앞의 불경기를 해결하고 나서 할 일이다. 뭐라고? 금융완화는 효과가 없다고? 효과가 없으면 효과가 있을 때까지 하면 된다."

이런 논쟁은 처음부터 다소 지나친 단정으로 시작하는 데다가 뒤로 갈수록 논점이 비약된다. 그러나 동일본대지진으로부터 2년이 지난 일본은, 바로 이런 '돈을 빙글빙글 회전시키면 모든 것이 해결된다'라는 논리에 물들기 시작했다. 자신의 꼬리를 잡으려고 빙글빙글 도는 개처럼, 실제로는 하면 할수록 체력을 잃고 스스로의 목을 조르게 되는 논리인 것을 모르고 말이다.

무엇보다 일본의 국제경쟁력은 전혀 땅에 떨어지지 않았다. 언론보도와는 달리 많은 일본제품은 착실하게 계속 팔리고 있으며, 지금까지의 해외투자도 많은 금리배당수입을 가져왔다. 거품경제 붕괴 이후의 20년 동안 약 300조 엔의 경상수지흑자가 외국으로부터 일본으로 흘러 들어왔다. 그러나 그 돈은 저축되기만 하고 국내소비로 이어지지 않았다. 금융완화도 진행되어 머니터리 베이스^{monetary base}(일본은행이 공급하는 화폐의 양)도 같은 시기의 2.5배로 늘어났지만 명목GDP

의 성장은 완전히 멈춰버렸다. 어쩔 수 없이 정부가 펌프 역할을 자청하고 나서서 국채를 발행하고 저축을 흡수해서 '경기대책'에 쏟아부었지만, 그래도 돈이 스스로 빙글빙글 회전하는 일은 일어나지 않았고 소비도 전혀 늘지 않은 그대로였다. 정신을 차리고 보니 약 1,000조 엔의 차용증서를 써버린 일본정부에게 조세수입으로 들어온 돈은 연간 40조 엔 미만. 매년 조세수입 이상의 금액을 빌려오지 않으면 자금 회전이 이루어지지 않는다. 이럭저럭하는 동안에 국내의 저축이 전부 국채가 되어버리는 상황이 다가오고 있다.

한편 해외에 지불하는 연료비는 매년 증가하고 있다. 일본의 석유, 석탄, 천연가스 등의 수입액은 20년 전에는 연간 5조 엔 미만이었지만, 중국과 인도의 경제발전으로 인해서 세계적으로 자원가격이 상승한 지금은 연간 20조 엔이 넘는다고 한다. 그래도 공업국 간의 경쟁에 있어서는 일본은 강하다. 지진과 유로쇼크, 엔고현상이 이어진 2011년조차도 EU·미국·중국·홍콩·한국·대만·싱가포르·타이·인도에서 합계 14조 엔의 무역흑자를 벌어들였다. 그러나 그 흑자는 전부 아랍 산유국을 비롯한 자원국이 가져가버리고, 최종적으로는 마이너스 2조 엔이라는 31년 만의 무역적자를 기록했다. 자원을 사와서 제품을 만들어 파는 가공무역 입국立國 모델이, 자원가격 상승으로 인해서 물건을 팔수록 적자가 쌓이는 상황이 되어버린 것이다.

돈에 의존하지 않는
서브시스템을 재구축하자

　　　　　　　　　　　　한 번 더 묻겠다. 우리들이 살아
가는 데 있어서 필요한 것은 돈일까? 그렇지 않으면 식량과 연료일까?
　착각해서는 안 된다. 살아가는 데 필요한 것은 물과 식량과 연료이
다. 돈은 그저 그것들을 손에 넣기 위한 하나의 수단에 지나지 않는
다. 수단의 하나? 도시 토박이라면 모르고 있을지도 모른다. 그러나
거의 돈을 들이지 않고 필요한 물과 식량과 연료를 손에 넣으면서 생
활하고 있는 사람들은 일본 전국의 산촌에 무수히 많이 존재한다. 산
의 잡목을 땔감으로 이용하고, 우물에서 물을 긷고, 계단식 논에서 쌀
을, 텃밭에서 채소를 기르는 생활. 최근에는 사슴도 멧돼지도 많이 늘
어나서 사냥을 해도 다 먹지 못한다. 선조들이 산촌에서 부지런히 쌓
아올린 숨겨진 자산에는 아직 사람을 부양할 힘이 충분히 남아 있다.
여기에 '목질 바이오매스 칩의 완전연소기술'이라는 최첨단 기술을 더
하면, 전근대로부터 물려 내려온 잠들어 있던 자산은 한순간에 21세
기의 자산으로 부활한다.
　게다가 동일본대지진을 통해서 절실히 깨달은 사람도 많을 것이다.
돈을 지불하면 먼 곳에서 물과 식량과 연료를 보내주는 시스템. 복잡
한 시스템 자체가 마비되면 아무리 수중에 돈이 있더라도 아무 쓸모
가 없다는 것을 말이다. 분명 그때 한순간 느꼈을 생존을 위협받는 공
포. 정상적으로 기능하는 화폐경제에 지나치게 의존하고 있는 자신의
생명체로서의 연약함에 대한 자각. 그런 감정들을 잊어버리기 전에

움직이지 않으면 안 된다. 돈이라는 수단에만 의지하지 않고 적어도 백업용으로 다른 수단을 확보해두는 방향으로 말이다. 그렇게 어려운 이야기는 아니다. 집의 텃밭, 우물, 잡목림, 석유드럼통 스토브가 있는 것만으로 세상은 완전히 달라진다. 유사시에는 돈으로 맺어진 관계가 아니라 하루하루의 인연과 감사의 마음으로 이어진 인간관계가 있다는 것만으로도 매우 소중한 도움이 된다.

'산촌자본주의'라는 것은 돈의 순환이 모든 것을 결정한다는 전제 하에서 구축된 '머니자본주의' 경제시스템과 함께 돈에 의존하지 않는 서브시스템도 재구축해두고자 하는 사고방식이다. 돈이 부족해져도 물과 식량과 연료를 계속해서 손에 넣을 수 있는 시스템, 이른바 안심과 안전의 네트워크를 미리 준비해두기 위한 실천이다. 오해하지 않았으면 하는 것은 현대인의 생활을 에도시대 이전의 농촌처럼 자급자족의 생활로 돌려놓자는 주의도 주장도 아니라는 점이다. 돈을 매개로 복잡한 분업을 시행하고 있는 지금의 경제사회에 등을 돌리라는 것도 아니다. 쇼바라의 와다 씨도 "돈으로 살 수 있는 것은 사면 된다. 그러나 돈으로 살 수 없는 것도 중요하다"라고 말하고 있다. 제2장의 오스트리아의 예에서 볼 수 있듯이, 숲이나 인간관계처럼 돈으로 살 수 없는 자산에 최신 기술을 더해서 활용하면 돈에만 의지하는 생활보다도 훨씬 안심할 수 있고 안전한, 안정된 미래가 출현하는 것이다.

그러나 산촌자본주의는 누구나 어디서나 충분히 실천할 수 있는 것이 아니다. 머니자본주의 아래에서는 불리한 조건으로 여겨져온 과소지역이야말로, 즉 1인당 많은 자연에너지량을 보유하고 있는 전근대로부터 물려받은 자산이 가동되지 않은 채로 남아 있는 지역이야말로 더 큰 가능성을 가지고 있다. 또한 산촌자본주의는 머니자본주의의 평가지표, 예를 들어 GDP와 경제성장률을 반드시 증가시키지는 않는다. 아니, 오히려 산촌자본주의를 충실히 추구해간다면 이들 지표를 축소시킬 가능성도 있다. 그러나 그것은 바로 "부외자산^{簿外資産}의 활동에 의한 돈으로 환산할 수 없는 활동이, 보이지 않는 곳에서 활발해져서 돈으로 환산할 수 없는 행복을 증가시킨다. 덧붙여 돈으로 움직이는 경제시스템 전체의 안전성도 보이지 않는 곳에서 높아지고 있다"라는 뜻이다.

이 이야기를 조금 더 자세히 설명하면서 산촌이 가져다주는 안심과 안전의 세계를 소개하도록 하겠다.

역풍이 강했던
주고쿠산지

산이 많은 나라인 일본에서 산촌은 특별한 것이 아니다. 무엇보다 국토의 약 70%가 산림이기 때문이다. 그러나 그중에서도 주고쿠산지의 실정은 특히 심각하다. '지방의 산간지역에 활기가 없는 것은 당연하다'라고 생각할지도 모르지만 주고쿠산지의 경우에는 여러 의미로 특히나 강한 역풍을 겪었다. 이에 대해서는 보충설명이 필요할 것 같다.

실은 전근대의 주고쿠산지는 일본산업의 중추적 기능 일부를 담당하고 있었다. 스튜디오 지브리의 애니메이션 〈원령공주〉에도 묘사되어 있지만, 일본도와 고품질의 농기구를 만드는 다타라 제철의 중심지였기 때문이다. 지금도 시마네현 야스기시島根縣安来市에 위치한 히타치금속의 공장에서는 '야스키하가네'라는 이름의 세계 최고 품질의 강철을 생산하고 있으며 그 제품은 해외의 유명 면도칼 업체에서도 사용되고 있다. 그 공장 근처에 위치한 호수 기스이호汽水湖와 신지호宍道湖로 흘러 들어가는 1급 하천인 히이강斐伊川을 따라 상류로 거슬러 올라가면, 스사노오노미코토가 야마타노오로치의 꼬리에서 아메노무라쿠모노쓰루기를 발견했다는 오쿠이즈모초奥出雲町에 도착한다.* 히이강이라는 이름 자체가 '히(불)의 강', 즉 풀무질로 타오르는 불에서 유래된 것이라고 한다. 이 강 유역의 토양에 풍부하게 포함되어 있는 사철과 주고쿠산지 일대 산의 나무로 제조되어 공급되는 목탄이 신화시대부터 끊이지 않고 이어지는 철 생산의 기반이 되어왔다.

주고쿠산지는 준평원이라고도 불리는 침식이 진행된 지형이다. 표고 수백 미터의 울창한 산이 끊임없이 이어지고 작은 계곡이 복잡하게 얽혀 있다. 눈이 내리기는 하지만 도호쿠지방東北地方이나 호쿠리쿠지방北陸地方과 같은 폭설지역은 아니고, 험준한 주부中部산악지대와 기이산지紀伊山地, 시코쿠산지四国山地, 규슈산지九州山地와 비교하면 그래도

---

* 일본 왕실에 전해져 내려오는 세 가지 신성한 물건三種神器 중 하나인 검(아메노무라쿠모노쓰루기)의 유래를 설명하는 신화. 스사노오노미코토라는 신이 이즈모 지역으로 내려와서 꼬리가 8개인 뱀(야마타노오로치)을 퇴치하고 그 꼬리에서 검을 발견했다는 신화이다.

계단식 논을 만들 수 있는 완만한 경사지가 많은 편이다. 이와 같은 지리 조건 때문에 무수히 많은 골싸기마나 소수의 사람들이 정착해서 생계를 꾸려왔다. 마침내 그들은 다타라 제철이라는 큰 고객을 대상으로 눈앞에 있는 산의 잡목을 잘라서 대량의 목탄을 굽게 되었다. 시간이 흘러 그 목탄은 청일전쟁 이후 급속히 발전하게 된 세토나이카이瀨戶內海 연안의 조선공업지대 노동자들의 생활을 뒷받침하고, 나아가 관서지방으로 판매범위를 확대해갔다. 고도성장기 이후 석유와 가스와 전기제품이 보급되기 전까지, 산촌의 산은 현금수입을 낳는 보물과도 같은 존재였다. 그래서 주고쿠산지는 다른 지방의 산지에 비해서 상당히 많은 인구를 먹여 살릴 수 있었다.

그러나 에너지혁명이 목탄이라는 현금수입의 길을 막아버리자, 원래 평지가 부족해서 대규모농업에 적합하지 않은 장소였기 때문에 사람들은 세토나이카이 연안의 공업도시로 빠져나가 인구는 격감했다. 주고쿠산지에서도 특히 임업을 전업으로 하는 이미지가 강한 도시였던 시마네현 마스다시 히키미초島根縣益田市匹見町의 인구를 살펴보면, 1955년에는 7,500명이 넘었지만 2010년에는 5분의 1 이하인 1,400명으로 줄었다. 와다 씨가 사는 히로시마현 쇼바라시 소료초의 인구도 마찬가지로 55년 사이에 5,000명에서 1,600명으로 3분의 1 이하가 되어버렸다. 홋카이도의 탄광도시와 비슷한 또는 그 이상의 현저한 감소율이다. 바로 그 산촌에서 나무를 자원으로 재평가하는 산촌자본주의의 작은 봉화가 피어오르기 시작한 것은 그래서 각별한 감회가 있다.

지역진흥의 핵심조건을 갖추고도
경제는 전혀 발전하지 않았다

고도성장기 이후, 지역진흥을 위한 세 가지 핵심조건으로 언급되어온 것은 고속교통 인프라의 정비, 공장단지의 조성, 관광진흥이었다. 목탄산지로서의 지위를 잃어버린 주고쿠산지는 이들 특효약의 혜택을 입지 못한 것일까? 실은 그렇지도 않다. 주고쿠산지의 한가운데를 가로지르는 주고쿠종관자동차로中国縦貫自動車道가 오사카에서부터 마니와시 등이 위치하는 오카야마현의 북부를 지나 히로시마현 북부의 쇼바라시·미요시시三次市까지 개통된 것은 1978년으로, 오카야마시와 히로시마시를 비롯한 세토나이카이 연안의 인구밀집지역을 연결하는 산요자동차로山陽自動車道의 전 구간이 개통된 1997년보다 20년이나 앞서 있다. 일본의 서쪽 해안을 따라 이어진 야마가타자동차로山形自動車道가 아직도 전 구간 개통이 미정 상태인 것을 고려하면 주고쿠산지는 대단한 우대를 받았다고 할 수 있다.

지금은 많은 사람들이 잊어버렸지만, 각각 150만 명 전후의 인구를 보유한 히로시마 도시권과 오카야마 도시권에는 고속도로가 없고, 인구 15만 명 정도인 쓰야마津山·마니와 지역과, 인구 10만 정도의 미요시·쇼바라 지역에 먼저 고속도로가 개통된 기간이 상당히 오래 이어졌다. 게다가 그사이에는 1980년대 후반의 공장 신·증설 붐도 있었고 거품경제 시기의 리조트 붐도 있었다.

주고쿠산지는 수도권에서도 의외로 가깝다. 오카야마공항은 1988

년, 히로시마공항은 1993년에 각각 시 중심부에 가까운 해안가에서 산속으로 이전했는데, 결과적으로 주고쿠산지의 각 지역에서 하네다공항*으로 가는 항공편의 접근성이 크게 개선되었다. 예를 들어, 히로시마공항에서 와다 씨가 사는 쇼바라시 소료초까지, 오카야마공항에서 메이켄공업이 있는 마니와시 가쓰야마勝山까지는 공항에서 렌터카를 빌리면 각각 1시간 정도면 도착할 수 있다. 하네다공항에서 도쿄의 다마多摩 지역까지 가는 것과 비슷한 시간이다. 그러나 이런 내용 자체는 해당 지역에서조차 화제가 되지 못했다.

왜냐하면 결국 지역진흥의 핵심조건을 갖추고도 주고쿠산지의 경제는 전혀 발전하지 않았기 때문이다. 공장유치는 어느 정도까지 진행되었지만 젊은이들의 유출은 멈추지 않았고 관광지로서도 주목을 받지 못했다. 주고쿠종관자동차도로의 대부분이 개통된 이후인 1980년을 2010년과 비교해봐도 주고쿠산지(여기에서는 산요혼센보다 북쪽, 야마가타혼센보다 남쪽에 있는 12개 시市와 20개 촌락의 합계)의 인구는 17%나 감소했다. 주고쿠지방의 5개 현의 전체 인구가 거의 그대로인 것을 고려하면 분명한 퇴조이다. 원래 주고쿠의 5개 현은 고령화 비율이 25%(4명 중 1명이 65세 이상)라는, 전국적으로도 도호쿠와 시코쿠의 뒤를 이어 고령화가 진행되고 있는 지역이지만, 주고쿠산지의 12개 시와 20개 촌락은 34%(3명 중 1명이 65세 이상)로 한층 더 심각하다. 도로의 발달로 인해서 2시간이면 히로시마와 오카야마, 후쿠야마

---

* 하네다공항은 도쿄 내에 위치한 국제공항이다.

숲에서 자본주의를 껴안다

라는 큰 도시로 나갈 수 있게 되자 지역에 남을 수 있었던 젊은이들까지도 근처 도시에 빼앗겨버린 측면도 있다.

지금 주고쿠산지에 남아 있는 사람들은 유치誘致한 공장에서 일하는 소수의 사람들과 선조 대대로 내려온 집과 경지를 지키는 겸업농민(그 대부분이 고령자)이다. 줄어드는 인구를 상대로 축소균형을 계속하는 건설업과 상업 그리고 서비스업 종사자들. 광역합병으로 인해 한순간에 정리해고 된 지방자치단체 직원들이다. 헤이세이平成 대합병*으로 하나의 시와 6개 마을이 통합된 쇼바라시의 면적은 가나가와현神奈川縣(인구 900만 명) 절반에 필적하지만 살고 있는 주민은 전부 4만 명이다. 과거 9개였던 마을이 통합된 마니와시도 면적은 도쿄23구(인구 900만 명)의 1.3배이지만 주민은 5만 명이 조금 넘을 뿐이다.

최근 각지에서 활발하게 진행되는 농산품의 브랜드화도, 농작지가 좁아서 많은 물량을 안정적으로 공급할 수 있는 공급력을 확보할 수 없기에 큰 진척이 없다. 자연경관을 비롯한 관광자원도 좋게 말하면 전문가 취향, 솔직히 말하면 지나치게 평범하기 때문에 체험형 관광 등의 새로운 관광산업도 대부분 자리를 못 잡고 있다.

역설적이지만 이렇게까지 악조건을 갖추고 있기 때문에 '과소를 역으로 이용하는 모임'의 활동이 오랫동안 지속되고, 전국에서 가장 먼저 목질 바이오매스 연료의 사용이 시작된 지역이 나타나고, 지역에

---

* 1999~2001년에 이루어진 행정개혁으로, 기초 지방자치단체의 숫자를 대대적으로 줄이는 구조조정이 이루어졌다. 그 결과 당시 3,232개였던 일본의 시·군·구가 1,727개로 통합되었다.

남은 뜻있는 사람들 사이에 보이지 않는 네트워크가 점차 확대되기 시작했다고도 할 수 있다. 머니자본주의의 혜택을 지역으로 불러들이는 20세기형 장치인 고속도로나 공장 유치가 제대로 기능하지 않는 것을 전국에서 가장 먼저 뼈저리게 느꼈기 때문에, 산촌자본주의가 21세기의 활로라는 것을 깨닫는 사람들이 최초로 등장하기 시작했다.

전국 어디에서도 따라 할 수 있는 쇼바라 모델

쇼바라의 와다 씨의 동급생들은 두 사람만 빼고는 (구)소료초를 떠나가버렸다고 한다. 선조 대대로 논과 밭을 경작해오면서 마을 관공서의 일도 해왔지만, 이곳은 이른바 도시적인 즐거움은 없는 곳이다. 간선도로에서 떨어져 있어서 지나가는 자동차조차도 없다. 별다를 것 없는 산과 밭에서 나는 적은 양의 수확, 사람들과의 인간관계를 제외하면 놀 거리도 없었다.

그러나 그렇기 때문에 얼마 안 되는 친구들과 함께 철저하게 산과 시골을 맘껏 즐겨보자는 삶의 방식이 만들어졌다. 주변에 모여드는 사람들의 개성이 재미있고, 산에서 얻는 소박한 수확물이 맛있고, 나무를 활용한 생활방식이 부러워서, 이런 이유로 다시 모여드는 사람들이 늘고 있다. 즐겁지 않다고 생각해온 산촌의 가치를 도시 사람들이 침이 마르게 칭찬해주는 경험을 거듭하면서, 도시에서 봤을 때 어디가 매력적인 부분인지도 이제 겨우 알 수 있게 되었다. 그런 경험들

숲에서 자본주의를 껴안다

을 거치며 자신들이 방치해온 주변의 자원을 되돌아보고 더욱 유용하게 활용하기 위한 노력도 하게 되었다.

와다 씨도 물론 돈을 벌며 쓰고도 있다. 원래 오랫동안 관공서 일도 해왔고 연금도 받을 것이다. 고기도 생선도 옷도 구입하고 농업용 자재도 사며 차도 타고 전기도 사용한다. 그러나 잡목을 연기도 내지 않고 완전연소시키는 친환경 스토브(겉모습은 주유소에서 흔히 쓰레기통으로 사용하는 석유드럼통이지만)나 피자를 굽는 장작가마 덕분에, 사용하는 연료비는 도시에 사는 사람보다 상당히 적다. 질 좋은 물도 공짜이다. 선조 대대로 물려 내려온 집은 때때로 보수가 필요하지만 집세는 들지 않는다. 요즘 멧돼지들은 도토리를 잔뜩 먹기라도 하는지, 이베리코 돼지*도 무릎을 꿇을 정도로 맛있는 멧돼지고기 전골을 만들 수 있다. 만약 쇼바라시 시민 전원이 와다 씨 같은 생활을 시작한다 해도, 이 정도의 면적에 이 정도의 인구라면 나무도 물도 농지도 남아돌 정도로 충분할 것이다.

와다 씨는 인간행복학연구소의 소장이라고 자칭하면서 '소장이사'인 부인(소장보다 높다고 추측된다)과 함께 활기 넘치는 동지들을 불러 모아서 쉴 새 없이 계속해서 재미있는 일을 진행하고 있다. 인터넷을 사용하지 않기 때문에, 그가 동지들과 무엇을 계획하고 무엇을 즐기고 있는지는 매월 발행하는 뉴스레터를 구독하거나 실제로 현장에 참가하지 않으면 알 수 없다. 그러나 대체로 능동적이고 불만이 아니라

---

* 도토리를 먹여 키우는 것으로 유명한 스페인 브랜드 돼지.

의지가 흘러 넘쳐서, 말뿐만 아니라(와다 씨가 생각해내는 조어들도 대단히 재미있지만) 행동으로 가득 차 있다. 생산되는 활력을 사용하고 있는 돈으로 나눈다고 하면 실로 좋은 효율이다.

와다 씨를 중심으로 하는 네트워크가 확산되는 도중에 시작된, 지역에서 생산된 흠이 있는 채소를 지역의 노인복지시설의 식재료로 유용하게 활용하는 시도 등은 머니자본주의의 사각지대를 멋지게 활용하고 있다. 지금까지 머니자본주의 안에서는 지역의 농가는 기준에 맞지 않아 시장가치가 없는 농작물을 버리고, 지역 복지시설은 지금까지 지역 외부의 대규모 산지에서 운반해온 식재료를 사서 사용하고 있었다. 전국적인 관점에서 본다면 효율적인 시스템일지도 모르지만, 지역의 관점에서 보면 돈이 지역 외부로 흘러나가는 이야기일 뿐이다. 그러나 버리던 채소를 지역에서 소비하게 되자 복지시설이 지불하는 식비는(최소한 운송비가 절약된 만큼) 싸지고, 게다가 지불한 대금은 지역 농가의 수입이 되어 지역에 남게 된다. 농가 수입이 증가하는 것은 물론, 관계자들은 의욕이 생기고, 버리는 것도 줄어든다. 지역 내 사람들 사이의 유대도 강해진다.

전국적인 관점에서 보면 머니경제가 축소되는 현상이지만, 지역적인 관점에서 보면 이것은 활성화라고밖에는 표현할 길이 없다. 게다가 이것은 농가가 있고 복지시설이 있는 곳이라면, 즉 도쿄나 오사카 같은 도시 한복판이 아니라면 전국 어느 곳에서도 따라 할 수 있다.

숲에서 자본주의를 껴안다

일본에서도 진행되고 있는
목재 이용의 기술혁명

마니와의 나카시마 씨를 중심으로 진행되는 에너지의 지산지소운동도 전국적인 관점에서 보면 지극히 작은 부분에 지나지 않는다. 주고쿠지방은 원래 원자력발전소를 정지시켜도 전력이 남는 지역이기에(동일본대지진 이후 발생한 관서지방의 전력 부족도 주파수가 동일한 주고쿠지방의 송전으로 충분히 보충할 수 있었다), 마니와의 펠릿발전은 전국적으로 봤을 때는 중복투자라고 생각할 수도 있다.

그러나 마니와라는 지역의 입장에서는 돈을 지불해서 폐기물로 처분하고 있던 나뭇조각들이 연료로 변하는 만큼, 지역 외부의 누군가에게 지불하던 기름값을 절약할 수 있다. 그 기름값이 멀리 중동의 산유국까지 흘러가버리는 돈이었을지도 모른다고 생각하면 펠릿발전은 국가적으로도 고마운 이야기이다. 그리고 지역 내에서 생산되는 펠릿의 유통은 지역 내 관계자들의 유대를 강화시킨다. 또한 펠릿이라는 새로운 용도의 등장은 쇠퇴 일로를 걷던 임업의 장래에도 희미하지만 밝은 빛을 던져주었다. 목재 이용의 선진지역을 보기 위해 지역을 찾는 시찰단의 증가도, 미약하지만 지역을 활기차게 해준다.

지금 전국의 관광지를 찾는 사람들은 그 지역에서 난 식재료로 만든 요리를 원하고 있다. 그렇다면 흙과 물은 물론 생산에 사용된 연료까지 지역산인 농작물, 조리에 사용된 에너지까지 지역산인 식사는 더 큰 부가가치가 발생할지도 모른다. 꿈은 더욱 커져간다.

그러나 주의해야 할 점도 있다. 펠릿을 사용한 발전은 제재과정에서 나온 나뭇조각의 재이용으로는 충분히 타산이 맞지만, 처음부터 통나무를 부숴서 조각으로 만들어 펠릿을 제작하는 비용까지는 충당할 수 없다. 그렇기 때문에 지금의 비용구조가 계속되는 한, 펠릿발전은 전국적으로 문제가 되고 있는 간벌재의 활용방안조차 될 수 없다. 마니와를 따라서 펠릿발전에 착수한 지역이 전국적으로 몇 곳 되지만, 대부분은 보조금에 의지하고 있어서 자립적인 경제시스템으로 완성되지 못한 상태이다.

마니와의 훌륭한 점은 지역 에너지의 상당한 부분을 충당할 수 있는 양의 목재폐기물이 나온다는 점에 있다. 이것은 나카시마 씨가 경영하는 메이켄공업이 불황산업의 대표라고 할 수 있는 목재가공 분야에 있어서 예외적으로 경쟁력 있는 기업으로 자리 잡고 있기 때문이다.

어떻게 경쟁력을 유지할 수 있는 것일까? 현역세대 인구의 감소와 더불어 수요가 감소하는 데다가 수입산 목재와 경쟁하고 있는 목조주택용 기둥과 나무판자가 아니라, 감각적인 현대 건축에 사용되는 집성재 제조업체로서 기술을 닦아 전국적으로 판매시장을 개척해왔기 때문이다. 도쿄에서 먼 장소를 예로 들어 죄송하지만, 건물은 물론 보딩브리지boarding bridge까지 목재로 지어진 홋카이도 나카시베쓰공항北海道中標津空港, 고가화高架化를 계기로 목조아치가 아름다운 플랫폼지붕을 갖게 된 고치역高知駅과 미야자키현 휴가시역宮崎縣日向市駅. 이런 곳들을 본 적이 있는 사람이라면 집성재를 풍부하게 사용하는 최신 건축물의 아름다움과 따스함을 알고 있을 것이다. 최근에는 개축된 초등학교와 새로 완성된 작은 홀 등에 집성재를 세련되게 사용하고 있는 도시도 많다.

집성재는 얇게 자른 나무판자를 격자상태로 이어 붙여서 큰 재목처럼 만든 것이다. 같은 크기의 자연목은 물론이고 강철과 비교해도 구부리는 힘에 강하며 몇백 년이 지나도 부식되지 않는다. 강철보다도 훨씬 가볍고, 잘 알려져 있지는 않지만 방화성도 뛰어나다. 그도 그럴 것이 다량의 공기를 내포하고 있기 때문에 단열성이 뛰어나서 화재가 발생해도 한쪽 면만 타고 반대쪽 면은 상온 상태 그대로이다. 그래서 중간에 집성재 칸막이가 들어가 있는 건물에서는 불이 확산되지 않는다. 그에 비해서 강철은 열전도율이 높은 데다가 녹아서 쉽게 구부러져버린다. 나카시마 씨에 의하면 뉴욕의 무역센터 빌딩도 골격이 강철이 아니라 집성재였다면 열 때문에 녹아버리지는 않았을 테니 그런 형태로 붕괴되지는 않았을 것이라고 한다.

이러한 목재 이용의 기술혁신이 일본의 많은 건축물에서 활용되지 않고 있는 것은 유감스럽지만, 반대로 생각하면 앞으로의 보급 여부에 따라서는 전국의 목재산지에 '마니와화'의 길이 열리게 될 것이다.

어쩌다 보니 이 책에서는 지금까지 히로시마현 쇼바라시와 오카야마현 마니와시를 소개하게 되었다. 뒷부분에서는 시마네현 오난초島根縣邑南町와 야마구치현 스오오시마초山口縣周防大島町도 소개하고 있지만 이들은 큰 흐름을 구성하는 일부에 지나지 않는다. 주고쿠산지만 보더라도, '탈출의 도시'라는 이름을 내걸고 도시인들의 이주를 적극적으로 유치하고 있는 돗토리현 지즈초鳥取縣智頭町, 세계유산인 이와미은광

石見銀山으로 유명해졌지만 역사적인 도시풍경 속에 세계와 연결된 소규모기입군이 조용히 입지해 있는 깃으로도 잘 알려진 시마네현 오다시 오모리지구大田市大森地区, 도쿄에서 전국을 대상으로 통신판매를 하는 서점이 이전해온 시마네현 가와모토초川本町 등의 훌륭한 사례가 아직도 많이 있다. 전국으로 시야를 넓히면 더 말할 것도 없다.

대부분의 도시인들과 도시에 집중된 일본의 매스컴이 눈치 채지 못하는 곳에서, 조용하지만 확실한 변화가 진행되고 있다. 이것을 알고 있는 것과 모르고 있는 것의 차이가 21세기의 일본에서 살아가는 것을 즐길 수 있는지 없는지를 결정한다고 말해도 좋을 것이다.

오스트리아는 에너지를 지하자원에서 지상자원으로 전환시켰다

산촌자본주의는 근대화 과정에서 뒤처진 과소지역만의 전매특허는 아니다. 인구 1,000만이 되지 않는 작은 나라이지만 1인당 GDP는 일본을 능가하는 오스트리아에서는 국가적으로 목질 바이오매스 에너지의 활용이 계속 진행되고 있다. 이것은 동서냉전이 종결된 이후부터 십수 년 동안에 일어난 극적인 변화였다.

일본인은 쉽게 국난이나 치열한 국제경쟁이라는 말을 입에 올린다. 그러나 오스트리아 사람의 입장에 서서 생각해보기를 바란다. 과거에는 신성로마제국의 중심국가였으며, 그 멸망 후에도 오스트리아—

헝가리제국이라는 이름으로 지금의 몇 배나 되는 영토를 가지고 있던 유럽의 대국이었다. 그러나 제1차 세계대전의 패전국이 되며 제국은 해체되었고, 제2차 세계대전에서는 하필이면 자국 출신의 히틀러가 이끄는 독일에 가장 먼저 점령당하고 말았다. 일본 주변에서 최근 시끄러운 영토문제의 경우도, 일본 주민들이 쫓겨난 북방영토*를 제외하면 무인도에 관한 다툼이다. 그에 비해서 오스트리아는 대국으로서의 지위뿐만 아니라 수도 빈의 코앞에 있는 영토까지 잃어왔다.

그래도 오스트리아는 냉전기간 동안에는 구소련지역을 향해 부리처럼 튀어나와 있던 위치로 인해서 철의 커튼에 뚫린 작은 구멍으로 (예를 들면, 쇄국시대의 나가사키**처럼), 동서 유럽의 교역거점이었다. 그러나 베를린장벽의 붕괴로 그 특별한 지위도 잃고 말았다.

에도시대에는 가부키, 분라쿠, 우키요에*** 같은 독특한 일본문화가 꽃을 피웠다면, 같은 시기의 오스트리아에서는 왈츠, 교향악, 오페라 같은 유럽문화의 정수가 꽃을 피우고 있었다. 카페에서 커피를 마시는 습관도 프랑스요리의 원형이 된 요리문화도 이 시기의 오스트리아에서 시작되었으며, 20세기 초두에는 클림트로 대표되는 화단畵壇이 전성기를 구가했다. 시간이 흘러 일본에서 시작된 캐주얼문화, 예를

---

* 일본과 러시아의 국토분쟁 지역인 4개의 섬(일본명 북방사도北方四島, 러시아명 쿠릴열도)으로, 현재 러시아가 실효지배 중이다.

** 나가사키長崎는 에도시대 쇄국정책하에서 중국과 네덜란드와의 교역이 허가된 유일한 항구였다.

*** 가부키는 서민 예술로 시작된 음악과 무용·기예가 어우러진 일본의 전통연극. 분라쿠는 일본의 대표적인 전통인형극이다. 우키요에는 서민계층을 기반으로 발달한 풍속화로, 일반적으로 목판화를 말한다.

들면 만화와 애니메이션, 귀여움을 강조한 패션, 영화와 회화, 그리고 일본음식들은 계속해서 세계적으로 평가를 받으며 확산되고 있다.

그러나 오스트리아에서 시작된 현대 문화는 여자들에게 인기 있는 스왈로브스키의 크리스털 유리제품 이외에는 좀처럼 구체적인 이름이 떠오르지 않는다. 오스트리아의 지명 티롤이 들어가 있지만 티롤리언과 티롤초콜릿은 후쿠오카현福岡縣의 특산품이고, 한때 일본에서도 장대한 인기를 자랑한 토니 자일러Toni Sailer* 이후에는 유명인도 나오지 않은 것 같은 기분이 든다고 하면 실례일까? (아놀드 슈왈제네거는 오스트리아 출신이지만 유명해진 것은 미국에 건너간 뒤였다.)

역사적으로 보면 이처럼 정체와 후퇴를 반복해왔지만, 오스트리아는 그럼에도 질적으로도 금전적으로도 상당히 풍요로운 생활을 영위하고 있는 아름다운 민주주의국가이다. 바로 옆 나라인 구유고슬라비아의 내전도 끝나서 이제 겨우 유사 이래(?)의 완전한 평화를 만끽하고 있다. 그리고 제2장에서 이야기한 대로 바로 그곳에서 세계 최첨단 기술을 사용한 목질 바이오매스 에너지 혁명이 일어나고 있다.

오스트리아는 일본과 마찬가지로, 아니 석탄조차 나오지 않기 때문에 일본 이상으로 화석연료자원의 혜택을 받지 못했다. 게다가 내륙국가라서 중동에서 온 거대 유조선이 배를 댈 항구도 없다. 원자력발전소는 가동하기도 전에 스스로 봉인해버렸다. 그럼에도, 아니 그렇기 때문에 머리를 쥐어짜서 전략을 세우고 있으며 자연에너지로 대체

---

* 동계 올림픽 3관왕을 기록한 오스트리아 국가대표 스키선수 겸 영화배우(1935~2009).

　　　　　　　　　　　　숲에서 자본주의를 껴안다

하겠다는 추진자세에 흔들림도 없다. 에너지의 안정 없이는 국제경제 경쟁에서 승리할 수 없다는 것은 원자력발전소 가동을 희망하는 일부 일본인과도 공통되는 의견이다. 그러나 일본 이상으로 불리한 조건을 가진 오스트리아에서 국산 자연에너지 활용이 활발하게 진행되고 있다는 사실에 좀 더 관심을 가져야 한다.

인구 1,000만이 안 되는 작은 국가라서 가능한 일이라고 생각하는 사람도, 도쿄나 오사카는 제쳐두더라도 오스트리아와 동등하거나 그 이상으로 풍족한 산림자원을 가지고 있으며 인구 규모도 비슷한 홋카이도, 도호쿠, 기타칸토北関東, 호쿠리쿠와 고신에쓰北陸甲信越, 주시코쿠中四国, 규슈 등에서 동일한 노선을 추구할 수는 없는지 잘 생각해볼 필요가 있다. 불가능할 리가 없다.

단, 여기에서도 마니와와 같은 문제를 지적하고 넘어갈 필요가 있다. 오스트리아에서 목질 바이오매스 에너지가 급속히 보급되고 있는 것은 펠릿을 만들 수 있는 목재폐기물이 풍부하게 존재하기 때문이다. 즉, 집성재에 의한 건축이 급속히 확대되고 있기에 지하자원에서 지상자원(=나무)으로 에너지 전환을 실현할 수 있었다. 현지시찰을 여러 번 다녀온 나카시마 씨의 이야기에 따르면, 석조건물의 도시라는 이미지가 강한 빈도 과거에는 목조건축이 주류였다고 한다. 산업혁명 이후, 나무를 지나치게 벌목해버린 결과 목재가 없어져서 석조건물의 거리로 변하게 되었지만 최근에는 온기가 느껴지는 목조건축으로의 회귀지향이 강해지고 있다고 한다. 일본과 달리 소방법과 건축기준법의 개정이 진행되어서 중고층의 집합주택에도 집성재의 이용이 가능해졌다. 최근에는 9층짜리 목조아파트까지 완성되었다고 한다. 그렇기 때문에 임업이 부활하고 대량의 목재폐기물도 발생한다. 마니와를 이야기할 때도 언급한 집성재의 내구성과 방화성防火性을 생각하면 놀라운 이야기는 아니지만, 일본의 법제도 아래에서는 아직 실현은 먼 이야기이다.

석회석광산이 많은 일본에서는 시멘트가 유일하게 자급할 수 있는 광물자원이라는 점, 철광석을 자급할 수 없음에도 세계적으로 손꼽히는 제철국이라는 점. 이 두 가지가 법제도의 벽 이상으로 집성재건축의 보급을 방해하고 있는 요인일지도 모른다. 기본적으로 건축에 사용되는 강철은 전기용광로 회사가 국내에서 생산되는 폐자재를 재활용해서 제조하고 있기 때문에 그 이용 자체는 친환경이라고도 할 수 있다. 그리고 유럽과 미국 등지에서는 좀처럼 보기 힘든 '새로운 건축자재'의 개발이 진행되어온 점도 목재를 사용하지 않는 산림국 일본의 현재를 만들어왔다. 바꿔 말하면, 앞으로 일본에서 집성재 이용을 늘려서 목재폐기물을 생산하고, 목질 바이오매스 에너지를 보급시켜서 자연에너지 자급률을 높이는 것은 일본경제의 안정성을 높이는 일임에는 틀림없지만, 많은 산업의 기득권을 침해하는 일이기도 하다.

그렇다면 포기해야 할까? 절대 그렇지 않다. 나라 전체로 봤을 때 화석연료비용으로 인해 무역적자를 겪고 있는 일본은 일부 산업의 기득권을 침해하더라도 자연에너지 자급률을 높이는 것이 중요하다. 그렇게 되면 일본과 마찬가지로 화석연료비용의 상승으로 힘들어하는 아시아 신흥국을 대상으로 바이오매스 에너지 이용기술을 판매하는

숲에서 자본주의를 껴안다

새로운 산업의 전개까지도 기대할 수 있다.

　그러나 기득세력이 단합해서 정책을 망쳐버리는 것은 비단 이 분야만의 이야기가 아니며, 국가적인 방향전환도 하루아침에 이루어지지는 않을 것이다. 바로 그렇기 때문에 상태를 개선하기 위해서는 시와 마을, 각 현, 지역 단위로 먼저 시도할 필요가 있다. 시멘트와 새로운 건축자재를 생산하는 제조업체라도 자사공장이 위치한 현에서 일어나는 목조건축 증가의 움직임에는 새로운 분야로의 진출을 모색하기 위해서 협력할지도 모른다.

　일본에서는 국가가 하지 못하는 일을 지방이 먼저 시도하는 것이 세상을 움직이는 비결이다. 인구 규모에서는 큰 차이가 없는 오스트리아가 된 마음으로, 그 땅의 대처방안을 배워가는 것이 중요한 것 아닐까?

다양성을 인정하지 않는 극단적인 논의의 오류

　　　　　　　　　　앞에서도 언급한 것처럼 우리가 생각하는 '산촌자본주의'는 돈의 순환이 모든 것을 결정한다는 전제로 구축된 '머니자본주의'의 경제시스템과 함께 돈에 의존하지 않는 서브시스템도 재구축해두자는 것이다. 최초의 동기는 위험회피였을지도 모른다. 어떤 문제로 돈의 순환에 정체가 생겨도 계속 물과 식량과 연료가 손에 들어오는 시스템, 말하자면 안심과 안전의 네트워크를 미리 준비해두고 싶다는 마음이 산촌자본주의로 가는 출발점이 된다. 그러나 본격적으로 산촌자본주의를 실천하게 되면 돈으로 해결해온 상당 부분이 돈을 들이지 않고도 가능해진다. 두 가지 생활방식이 공존하게 되는 것이다.

이렇게 두 가지 생활방식이 공존하는 방식, 고도성장기에 뒤처져버린 산촌과 섬마을 등에서 면면히 이어져 내려온 삶의 방식은 어째서 정부의 경제정책처럼 일본의 공공장소에서 펼쳐지는 경제논의에서는 매번 무시당하고 있는 것일까? 일본인의 생활에서 산촌자본주의가 차지하는 부분이 머니자본주의가 차지하는 부분에 비해서 무시할 수 있을 만큼 작다고 생각하는 것도 이유의 하나일지 모른다.

그러나 그것만은 아닐 것이다. 산촌자본주의라는 사고방식 자체가 머니자본주의를 뒷받침하는 몇 가지 기본전제와 상반되는 성격을 내포하고 있는 점. 산촌자본주의의 밑바닥에 머니자본주의의 근간을 거스르는 원리가 깔려 있는 점. 필자는 정부의 경제운영 관계자들이 바로 이런 점들에 말로 표현할 수 없는 위화감을 느끼고 있기 때문이라고 생각한다.

고등학교에서 배운 내용을 기억하고 있는 사람들도 있을 텐데, '모순되는 두 개의 원리를 합쳐서 지양止揚함으로써 한 차원 높은 단계에 도달할 수 있다'라는 사고방식을 변증법이라고 한다. 이 변증법적 사고방식을 낳은 것은 독일어문화권이다. 독일어문화권에 속하는 오스트리아에서 머니자본주의적인 경제성장과 동시에 산촌자본주의적인 자연에너지 이용을 추구하고 있는 것은 당연한 전개처럼 보인다. 그

숲에서 자본주의를 껴안다

에 비해 일본인은 우치다 다쓰루^{内田樹}가 말하는 것처럼 '변경민^{邊境民}'*
이기 때문이라서 그런지 해외에서 수입된 단일 원리의 영향을 받기
쉽다. 이런 사고방식이라면 머니자본주의에 한 번 발을 담그게 되면
산촌자본주의 같은 것은 절대 인정할 수 없을 것이다. 반대로 산촌자
본주의를 선택했다면 돈은 절대 사용해서는 안 된다는 극단적인 논의
도 나오기 쉽다.

아스카시대의 율령제도, 나라시대의 불교, 겐무신정^{建武の新政}**의 이
론적 배경이 된 주자학, 메이지시대의 문명개화, 쇼와시대 초기의 군
국주의, 종전 후의 마르크스주의, 오일쇼크 이후의 케인즈 경제학. 이
모두가 짧은 기간이지만 나라 전체를 물들였던 당시의 국내 트렌드(?)
였다. 헤이세이^{平成}***시대가 시작된 이후, 통화주의 경제학^{monetarist}(화
폐공급량을 중시하는 지금의 근대 경제학의 주류적 학설)이 융성하고 있는
것을 보고 있자니 아무래도 또 같은 일이 반복되고 있는 것 같다.

찬찬히 역사를 들여다보면, 외국의 극단적인 논의를 접하면 순식간
에 폭발적으로 열광하지만 언젠가는 현실의 벽에 부딪혀 환멸로 변하
고, 결국 수입된 원리는 시간을 들여서 일본식으로 변용해가는 것이
일반적이다. 고대 율령의 범주 밖에서 무사계급이 나타나 실권을 쥐

---

*   우치다 다쓰루의 저서 『일본변경론日本邊境論』에서 제시된 개념. 중국을 중심으로 하는 중화질서의 변경
임을 인식하는 것에서 생겨난. 주변국으로서의 문화적 열등감과 이점 등을 포함한다.

**   가마쿠라막부 멸망 후, 1333년 6월부터 1335년 11월까지의 2년 반 동안 고다이고천황後醍醐天皇에 의
해서 전개된 복고정치.

*** 1989년 1월 8일부터 사용되고 있는 일본의 현재 연호.

고, 나라의 대불大佛이 만들어진 이후 500년이 지나 가마쿠라불교가 부흥하고, 에도시대에는 무사도나 상인도와 융합된 일본식 유교가 발달한 것처럼 말이다. 자본가 층을 지지기반으로 하고 있는 장기 정권 자민당이 마르크스주의의 장점인 국민의 복리후생 증진과 지역격차 시정을 공약으로 내건 것도 같은 맥락으로 생각할 수 있다. 물론 제2차 세계대전 때의 군대가 메이지시대에 도입된 초기의 합리주의를 잊어버리고 히요도리고에鵯越*적인 기습공격 지향, 현장의 병사에게 죽음의 각오를 강요하는 정신주의, 핵심 간부들의 잘못 감싸주기가 주도적 원리가 되어버려서 결국 망해버린 것처럼 일본화로 인한 실패의 예도 존재한다.

그럼에도 고이즈미 개혁 이후 융성하고 있는 통화주의 경제학은 아직도 극단적인 수입원리 그대로이다. 귀를 기울여보면 궁극의 국가계획경제를 실현할 수 있다며 '중앙은행에 의한 화폐공급량 조정으로 경기는 상하 어느 쪽으로도 컨트롤할 수 있다'라는 주장을 떠들어대는 무리까지 섞여 있다. 최전성기를 구가하던 구소련에서도 이런 이야기는 나오지 않았다. 그러나 역사를 거울삼아 앞으로의 전개를 생각해보면, 일본에서도 조만간 뼈아픈 실패를 몇 번 경험하기는 하겠지만 미국에서 직수입된 통화주의 경제학이 그대로는 통용되지 않는다는 것을 다들 깨닫게 될 것이다.

---

* 고베시 북부에 위치한 롯코산 서부를 횡단하는 산길. 가마쿠라시대의 무장 미나모토노 요시쓰네가 이치노타니 전투에서 적군의 허를 찌르는 기습작전을 펼친 곳으로 유명하다.

숲에서 자본주의를 껴안다

그렇게 되면 큰 목소리로 "거시경제학의 본질을 이해하고 있는 사람은 나다", "아니다. 나야말로 진정한 이해자다"라고 싸우고 있는 사람들도 다른 수입원리로 눈을 돌리게 될 것이다. 일찍이 마르크스의 진정한 이해자를 자처하며 서로 자기가 잘났다고 경쟁하던 무리들이 어느새인가 전향해버린 것처럼 말이다. 미래에는 현실을 반영한 일본식 변용이 기다리고 있다. 아니, 이미 시작되었다. 산촌자본주의가 내포하고 있는 머니자본주의에 대한 안티테제antithese는 그런 변용을 촉진시키는 원인들 중의 하나이다.

'화폐로 환산할 수 없는 물물교환'의 권리 회복

머니자본주의에 대한 안티테제 ①

앞으로의 전개에 대해 이야기하기 전에 산촌자본주의가 내포하고 있는 머니자본주의에 대한 안티테제를 몇 개 정도 열거해보고자 한다. 그리고 그 모순점들이 앞으로 어떻게 지양되어가는지를 흥미진진하게 지켜보도록 하자.

산촌자본주의가 머니자본주의에게 던지는 첫 번째 안티테제는 '화폐를 매개로 한 등가교환'에 대한 '화폐로 환산할 수 없는 물물교환'의 권리 회복이다. 물물교환으로 유지되어온 원시사회가 화폐경제사회로 이행되면, 한순간에 거래 규모가 확대되고 분업이 발달하고 경제성장이 시작된다. 이 원리 자체는 틀린 점이 없지만 머니자본주의에 대한 서브시스템인 산촌자본주의는 화폐를 매개로 하지 않는 거래도 중요하게 여긴다. 참고로 물물교환에도 두 가지 종류가 있다. 서로에게 백화점의 명절선물을 보내는 것처럼 화폐로 구입한 상품의 교환과, 화폐로 구입하지 않은 물건의 교환이다. 여기에서 말하고 있는 것은 후자이다.

예를 들어, 와다 씨가 NHK라는 글자가 새겨진 단호박을 선물해서 이노우에 프로듀서의 마음을 사로잡은 것도 이 경우이다. 집에서 기른 단호박을 일방적으로 선물한 것뿐이라고 생각할 수도 있지만, 실은 그 대가로 NHK히로시마의 관심을 이끌어냈다. 이것은 대체 얼마짜리 거래인 것일까? 애초에 등가교환이 맞는지도 의심스럽지만 뭔가 측정할 수 없는 가치가 교환된 것은 확실하다. 이렇게 말하고 있는 나 자신도 '의지를 가진 사람[志民]이 되자'라는 멋스러운 문구가 적힌 단호박을 받고 '과소를 역으로 이용하는 모임'을 응원하는 한 사람이 되고 싶다는 마음에 지원금支援金이 아닌 지원금志援金을 송금했다. 이 경우 집에서 기른 단호박이 몇천 엔의 돈으로 변하기는 했지만, 이것을 과연 등가교환이라고 할 수 있을까? 무엇보다 와다 씨와 동지들은 돈보다도 '지원자志援者'가 늘어난(네트워크가 넓어졌다는) 것을 기뻐할 것이다.

와다 씨의 뉴스레터에는 "지원금志援金을 내더라도 어떤 대가는 기대할 수 없지만, 거물이 된 듯한 기분은 느낄 수 있습니다"라고 적혀 있다. 그래, 거물이 된 기분을 느낄 수 있다면 돈을 낸 쪽도 금액이 얼마였는지 같은 것은 중요하지 않다.

나카시마 씨의 경우를 생각해보자. 돈을 들여서 제재소의 목재폐기물을 처리하고 전력을 구입하고 있던 지금까지의 방식을, 목재폐기물을 태워서 발전하는 것으로 바꾼 것은 결국 자사 내부에서 목재폐기물을 전력과 물물교환 한 것이다. 그 결과, 억 단위의 거래가 소멸해 버렸고 그만큼 화폐로 계산되는 GDP도 감소했다. 그러나 이로 인해 마니와시의 경제가 축소된 것은 결코 아니다. 시의 외부로 흘러나가던 돈이 내부에 머물게 된 것뿐이다.

물물교환이라는 것은 이렇게 심오하다. 특정한 사람들 사이에서 물물교환이 반복되면 그곳에는 '유대'와 '네트워크' 같은 것들도 생겨난다. 바로 이 네트워크가 유사시에는 생각지도 못한 힘을 발휘하곤 한다. 그래도 결국 돈으로 환산할 수 없는 부분이라서 아무리 교환이 이루어지고 유대가 깊어진다 해도 GDP에는 반영되지 않는다. 하지만 단지 값을 매길 수 없다는 이유로 그 가치를 부정할 수 있을까?

고등학교 한문 교과서에 실렸던 장자莊子의 이야기, 얼굴에 눈·코·입·귀가 없는 '혼돈'이라는 생명체의 일화가 생각난다. 도움을 주려고 혼돈에게 눈과 코와 입과 귀를 열어주자 의도와는 달리 혼돈은 죽어버린다. 확실하지 않은 것을 확실하게 만들기 위해서 작위적으로 손을 대면 오히려 가치를 잃게 되는 경우도 있다. 일본이 아직 신석기시대였던 시기, 이미 1,000년 이상의 역사를 지니고 있던 중국에서 문명의 시행착오를 거치며 도달한 옛 선현의 교훈을 현대 일본인도 다시 한 번 곱씹어볼 필요가 있지 않을까?

규모의 이익에 대한
저항

머니자본주의에 대한 안티테제 ②

산촌자본주의가 머니자본주의에게 던지는 두 번째 안티테제는 '규모의 이익'에 대한 저항이다. 가능한 한 수요의 합계를 키워서 일괄적으로 대량 공급하는 편이 비용과 낭비는 감소하고 경제는 확대된다. 바로 이런 규모의 이익 원리가 현대 경제사회를 여기까지 성장시키고 최대다수의 최대행복을 실현시킨 근본사상이다. 그런데 이와 반대로 "산에서 개개인이 나무로 불을 때고 농산물을 기르며 생활하는 편이 좋다"라고 주장하니 황당한 이야기이다. 산촌 주민이 몇십만 엔으로 소형차를 살 수 있는 것도 규모의 이익 원리를 따른 대량생산 판매의 결과이기 때문이다.

그러나 마을에서 수확했지만 시장에는 내놓지 못하는 채소를 마을의 복지시설에서 소비하는 것처럼, 얼핏 규모의 이익에서 벗어나 보이는 경영이 앞에서 설명한 것처럼 지역 내 경제순환을 확대시키고 나아가서는 돈으로 환산할 수 없는 지역 내 유대감을 키워주는 것도 사실이다. 자동차는 머니자본주의에 의존해서 싸게 구입하지만 식료품과 연료에 있어서는 자기조달의 비율을 늘린다. 이렇게 장점만 취하는 편의주의야말로 서브시스템인 산촌자본주의의 본질이다. 아니 더 나아가 연료비를 절약한 돈으로 소형트럭을 한 대 더 살지도 모른다.

그뿐 아니라 규모의 이익을 추구하는 데에는 중대한 결점이 있다. 규모가 커지면 리스크도 커진다는 점이다. 시스템이 순조롭게 돌아가

숲에서 자본주의를 껴안다

고 있는 동안은 괜찮지만, 뭔가 문제가 발생하면 대단히 넓은 범위의 경제활동이 타격을 입는다. 동일본대지진이 일어났을 때의 동일본의 전력은 그 전형적인 예라고 할 수 있다. 멀리 떨어진 곳에서 일괄적으로 대량생산되는 전기에 의존하고 있던 수도권의 생활이 쓰나미와 원자력발전소 사고에 의해서 한순간에 얼어붙어버렸다. 그러나 계획정전이 한창이었을 때도, 그리고 지역에 따라서는 일주일에서 한 달 동안이나 전기가 끊겼던 북쪽의 재해지역에서도, 가스발전시스템과 태양광발전시스템을 갖추고 있던 집에만 불이 켜져 있었다. 규모의 이익에 등을 돌린, 평상시에는 비효율적인 백업시스템이 훌륭히 제 역할을 해낸 것이다. 와다 씨에게 친환경 스토브의 노하우를 전수받아 화석연료도 전력도 없는 생활을 잡목을 이용하며 견뎌낸 사람들도 있었다.

동일본대지진이 일어났을 때, 센다이仙台는 전력과 수도는 상당히 빨리 복구되었지만 도로의 파손과 가솔린 부족으로 인해서 물류시스템은 일주일 정도 마비 상태였다. 그러나 상점에서 식료품이 사라졌어도 많은 가족들이 고비를 넘길 수 있었다고 한다. 농사를 짓는 친척이 있는 주민이 많아서, 그런 집은 가을에 1년치의 햅쌀을 한꺼번에 받아두고 있어서 적어도 필요한 열량은 섭취할 수 있었다. 보다 큰 규모의 이익을 위해서 수확한 것을 전부 시장에 출하하는 것이 아니라, 일부는 돈으로 바꾸지 않고 친척들에게 나눠주는 습관이 결국 동일본대지진의 리스크를 줄여주었다.

마찬가지로 도쿄에서 물류시스템이 마비되면 어떻게 될까? 뭐든지 돈으로 구입하는 습관밖에 없는 머니자본주의의 구현자라고 할 수 있는 수도권 시민들은 모두 끼니를 잘 해결해갈 수 있을까? 산촌자본주의적인 요소를 철저히 제거하고 규모의 이익 확대에만 매진한다면, 언젠가 그 대가를 치르는 날이 오지 않을까?

분업의 원리에 대한 이의 제기

머니자본주의에 대한 안티테제 ③

이어서 산촌자본주의가 머니자본주의에 던지는 세 번째 안티테제는 영국의 경제학자 리카도David Ricardo가 발견한 분업의 원리에 대한 이의 제기이다. 분업의 원리라는 것은 개개인이 뭐든지 스스로 해결하는 사회보다 각 개인이 자신이 할 수 있는 일 중에서 가장 잘하는 무엇 하나(비교우위에 있는 분야)에 전념해서 그 성과물을 교환하는 사회가 효율이 높아지고 사회 전체의 복리후생도 향상된다는 매우 함축적인 이론이다.

그러나 산촌자본주의의 실천자들은 현대 경제사회의 근간을 이루는 이 원리에도 돈키호테처럼 도전하고 있다. 와다 씨와 그 동지들을 보면 장작도 패고 논밭도 경작한다. 어렵지 않은 목공일은 직접 하고 요리도 간단히 해결한다. 관광사업자 같은 일을 하는가 하면 마치 통신판매업자 같을 때도 있고, 이곳저곳을 연결해주는 이벤트 프로듀서 같은 일도 한다. 때로는 강연까지 하며 돌아다닌다. 일인다역인 셈이다. 어느 하나도 그것만을 전업으로 하는 사람에게는 이길 수 없을지도 모르지만 양으로는 지지 않는다.

리카도가 보면 과거로의 퇴행이라고 생각할 수도 있다. 그러나 실은 이런 방식이 의외로 효율적이다. 배구나 야구에서 누구의 수비 범위도 아닌 곳에 공이 떨어지는 경우가 있는데, 일인다역으로 서로 보완해주고 있다면 그럴 일은 없다. 항상 바쁜 사람만 바쁜 것도 없어진다. 숙련되면 전문가 10명이 하는 일을 요령 좋은 일인다역의 5명이 해치워버리는 경우도 있다.

즉, 리카도적인 분업은 각자의 수비 범위를 명확히 구분할 수 있고, 수비 범위에 중복과 공백 부분도 없다는 조건이 갖춰진 경우에는 이론대로 유효하다. 그러나 실제로 일이라는 것은 그리 간단히 구분해서 나눌 수는 없고, 좀 더 복잡한 구조로 되어 있다.

그렇기 때문에 현실사회에서는 어설프게 분업을 관철하려고 할 경우, 개인에 따라서 바쁘거나 한가한 차이가 발생하거나 누락이 나오게 된다. 세계에서 가장 효율이 높다고 여겨지는 일본의 편의점 점원의 근무 방식을 생각해보면 이해하기 쉽다. 손님응대를 하는 한편, 창고에서 물품을 꺼내오거나, 진열대를 정리하거나, 화장실을 청소하거나, 쓰레기통의 쓰레기를 처리한다. 소수의 종업원이 일인다역을 해냄으로써 효율성을 올리고 있다. 게다가 그들 대부분은 학생이나 주부 또는 연극단원으로, 편의점 점원 이외에도 직업을 가지고 있는 사람들이다.

이렇게 산촌자본주의적인 일인다역의 세계는 실은 머니자본주의의 궁극의 산물이라고도 할 수 있는 편의점 안에서도 실현되고 있다. 거꾸로 생각해보면, 쇼바라시의 산촌노 편의점에 뒤지시 않느냐.

나카시마 씨의 메이켄공업도 원래는 집성재 생산업체이지만 발전사업자이기도 하며, 목질 펠릿의 제조·판매·수출사업자이기도 하다. 시찰방문을 허락해서 지역 온천의 고객을 늘리고 있는 점은 관광홍보업체 같기도 하다. 어느 사업도 규모는 크지 않다. 그러나 일사다역一社多役이라는 어디에서도 찾아볼 수 없는 조합은 회사에 큰 활력을 불어넣고 있다. 메이켄공업만의 이야기가 아니다. 필자가 전국에서 만난 활력 넘치는 중견 중소기업과 개성 있는 개인사업자들의 경우 오히려 한 사업자가 여러 사업을 진행하는 것을 당연하게 여겼다.

이와 같은 사실들은 경제학의 여러 이론들 중에서도 특히 강력한 힘을 가진 분업의 원리에 모순되는 것처럼 보인다. 과연 둘의 다른 성격이 어떻게 지양될지, 앞으로의 전개가 기대된다.

산촌자본주의는 도시에서도
쉽게 실천할 수 있다

지금까지 산촌자본주의에 대한 글을 읽은 독자들은 어떤 생각을 할까? '시골의 자원을 활용해서 즐겁게 살고 있는 사람이 있구나'라고 생각하는 정도가 많을지도 모른다. 하지만 그저 그뿐이라면 시골생활을 소개하는 텔레비전의 인기 프로그램을 보고 기분이 조금 좋아진 것과 다르지 않다. 그렇다고 모두가 도시를 뛰쳐나와서 시골로 이사를 가는 것도 비현실적이다. 할 수 있는 사람은 꼭 해봤으면 좋겠다고 생각하지만 대부분의 사람들은 그렇지 않을 것이다.

그러나 0 아니면 1로 생각할 필요는 없다. 산촌자본주의는 평화적이고 겸손하기 때문에 맹렬하게 주장을 펼치지 않는다. 그러나 일단 '주의'이기 때문에 산촌에 살지 않는 압도적으로 많은 사람들의 마음속에도 확실히 자리 잡을 수 있다. 도시에서 생활하는 사람도 주변에 산과 밭이 전혀 존재하지 않아도 지금의 생활을 조금만 바꿔서 작은 실천을 할 수는 있다.

예를 들면, 이미 많은 사람들이 하고 있을 것이라고 생각하지만, 평소에 별생각 없이 일상적으로 하고 있는 식료품과 잡화 구입에서 의도적으로 '얼굴이 보이는 것'*, 즉 어느 특정한 장소에서 특정한 누군가가 현지의 자원을 활용해서 만들고 있는 것을 선택하는 것이다. 또는 경영하는 사람의 얼굴을 볼 수 있는 작은 가게를 선택해서 방문해보자. 조금 비쌀지도 모르지만 그 부분은 '거물이 된 기분으로, 돌아오는 것이 없는 지원금志援金을 낸다'라고 생각하면 어떨까? 평소에는 말없이 쇼핑을 하는 사람이라도 가끔은 가게의 점원과 대화를 나눠보는 것도 좋은 방법이다. 돈으로 물건을 산다는 행위와 함께 소소한 웃음과 좋은 기분을 교환해두면 작은 인연이 싹틀지도 모른다.

---

* 일본에서는 식재료의 안정성에 대한 관심이 높아지자 2000년대부터 농산물을 중심으로 생산지뿐만 아니라 생산자의 정보(이름과 얼굴 등)를 기재한 상품이 판매되고 있다. 이는 현재 한국도 마찬가지이다.

또는 어느 지역을 방문했을 때는 그 토지의 재료를 사용해서 그 토지에서 만들어진 상품을 찾아서 사도록 하자. 일률적인 전국 체인섬의 경우라도 그 지방에만 있는 지역 한정 상품을 팔고 있는 경우가 있으니까 그런 상품을 골라보자. 입맛에 맞지 않는 것이 있을 수도 있지만 그때는 거물이 된 기분으로 '지원금志援金을 내줬다'라고 생각하면 된다.

누군가에게 무엇을 선물할 때, '상대방의 취향을 모르니까 전국 어디에나 있는 일반적인 상품을 골라야지' 하고 생각하지 말고 자기가 살고 있는 도시, 가능하면 자신이 살고 있는 근처에서만 손에 넣을 수 있는 것을 고른다. 자기 손으로 직접 만든 것이라면 최고이다. 최근 도쿄 긴자銀座에 있는 빌딩 옥상에서 지역유지들이 만든 비영리단체 NPO가 꿀벌을 기르고 있다. 그 벌이 근처의 가로수나 히비야공원日比谷公園의 꽃에서 따온 벌꿀은 긴자의 오리지널 지산지소 상품으로 인기를 얻게 되었다. 대대로 이어져 내려온 유명 제과점에서도 그 벌꿀을 사용한 케이크가 날개 돋친 듯이 팔리고 있다. 세계에서 일류 상품들이 모여드는 긴자에서조차 이런 일이 일어나고 있다. 여러분의 주변에도 무엇인가 반드시 '이곳에만 있는 것'이 있을 것이다.

그러는 사이에 도시지역이라도 집 근처에 공터가 늘어날지도 모른다. 공터가 늘어난다고 하면 불경기처럼 들릴지도 모르지만 실은 경기와는 관계가 없다. 오랫동안 저출산이 진행되어온 일본에서는 현재 1년에 1%의 속도로 64세 이하의 인구수가 감소하고 있다. 그러나 인구수에 맞춰 국토가 줄어드는 것은 아니라서 매년 토지도 집도 사용하지 않는 곳이 늘어나고 있다. 그런 공터는 처음에는 100엔 주차장이 된다. 100엔 주차장이 수익을 올리지 못하는 곳에서는 월정액 주차장을 만드는 경우가 많지만, 그러다가 월정액 주차장을 이용하는 사람도 없어지면 방치상태가 되어버린다. 주변에 그런 토지를 가지고 그냥 놀리고 있는 사람이 있다면 용기를 내서 이야기를 해보고 일시적으로 빌려서 밭을 만들어보면 어떨까?

집을 구입하지 않고 월세나 부모와의 동거로 지내온 사람. 혹시 미래의 주택 구입을 위한 자금이 준비되어 있다면, 용기를 내서 시골에 세컨드 하우스를 구입하는 것은 어떨까? 아니 그리기 전에 몇 년 동안 시험 삼아 연고가 있는 시골에 집을 빌려서 왔다 갔다 해보고, 정말 마음에 든다면 부동산 구입을 결정해도 된다. '도쿄보다 훨씬 맛 좋은 농산물과 깨끗한 물과 공기가 이렇게 싼 가격에 손에 들어오다니' 하고 놀라게 될 것이다. 굳이 집을 빌리거나 사지 않아도, 농지만 빌려서 주말농업을 하는 방법도 있다.

지금까지 여러 방법의 예를 들어왔는데, 뒤의 난이도가 높은 방법들은 어디서부터 시작해야 좋을지 모르는 사람들을 대상으로 다양한 지원을 해주는 기업, 비영리단체, 동호회가 속속 생겨나고 있다. 잡지도 서적도 인터넷 정보도 풍부하다. 이것은 21세기가 시작되고 나서 나타난 일본의 큰 변화이며, 게다가 동일본대지진 이후 이 움직임은 더욱 커지고 있다. 일시적인 마음에서 시험 삼아 시작해서 더 본격적으로 해보고 싶은 사람은 본격적으로 할 수 있고, 마음에 안 들면 언제라도 발을 뺄 수 있는 부담 없는 시스템이 매년 계속 생겨나고 있다. 이런 시스템들을 이용해보면 어떨까?

당신은 돈으로
살 수 없다

　　　　　　　　　'산촌자본주의는 좋은 것이니 정부 보조금을 써서 계속 추진해줬으면 좋겠다'라고 생각하는 사람이 있을지도 모르지만, 필자는 그렇게는 생각하지 않는다.

일본에서도 어느 시점부터 인터넷 이용이 폭발적으로 증가했다. 모든 사업자가 홈페이지를 가지고 있는 것이 당연해졌으며, 블로그를 가지고 있는 개인이 늘고, 게다가 페이스북이나 트위터처럼 쉽게 이용할 수 있는 시스템이 등장해왔다. 이렇게 이용자가 증가한 것은 보조금을 풀었기 때문이 아니다. 참가하면 재미있고 어떤 만족감을 주기 때문에 많은 사람들이 시간과 노동력을 할애하게 된 것이다. 여전히 사용하지 않는 사람은 사용하지 않는다. 심지어 아예 모르는 사람은 모르고 있지만 강요할 필요는 없다. 진정한 변화는 이렇게 일어난다. 그리고 필자는 산촌자본주의의 보급도 인터넷 이용의 초기 같은 단계에 도달해 있다고 느끼고 있다. 재미있을 것 같으니까, 실제로 해보고 만족감을 느낄 수 있으니까, 그런 마음을 가진 개인이 어느 선까지 늘어나면서 사회 밑바닥에서부터 조용히 혁명의 물결이 일고 있다고 생각한다.

왜냐하면 산촌자본주의를 한 걸음 앞서서 실천하고 있는 사람들은 정말로 즐거워 보이고 만족스러워 보이기 때문이다. 어째서일까? 실은 머니자본주의 대 산촌자본주의 대립의 근저에 인간이라는 존재의 근원에 관련된 문제가 자리 잡고 있기 때문이다. 머니자본주의의 정도가 지나치면 인간이라는 존재까지도 돈으로 환산해버린다. 그러나 그것은 잘못됐다. 사람은 돈으로는 살 수 없다. 당신만이 아니라 부모와 자식도 형제도 살 수 없다. 진심으로 서로 의지할 수 있는 인생의 반려자도 사올 수 있는 것이 아니다. 물론 당신의 부모와 자식과 반려자에게 있어서도 당신은 돈과 바꿀 수 있는 대상이 아닐 것이다.

그러나 머니자본주의에 완전히 물들어버린 사람 중에는 벌어들이는 돈의 금액으로 자신의 존재 가치가 결정된다고 착각하는 사람이 있다. 그뿐 아니라 다른 사람의 가치까지도 그 사람의 수입으로 판단하기 시작한다. 이런 것들은 잘못됐다. 돈은 다른 무언가를 사기 위한 수단이지 소유자의 가치를 측정하는 잣대가 아니다. 필요한 물건을 사서 가지고 있는 돈이 줄어들었다고 해서 사람의 가치가 내려간 것은 아니며, 아무것도 안 하고 절약하면서 돈만 모은다고 해서 누군가가 당신에게 "너무나 소중한 사람이다"라고는 말해주지 않는다.

그렇다. 사람은 누군가에게 "당신은 하나밖에 없는 소중한 사람이다"라는 말을 듣고 싶은 것뿐이다. 아무것도 가진 것이 없어도, 어떤 일에 성공하지 못했어도 "무엇과도 교환할 수 없고 비교할 수도 없는 당신만의 가치를 가지고 있는 사람이다"라고 누군가에게 인정받고 싶은 것뿐이다. 그뿐만 아니라 어떤 이유로 돈이 통용되지 않더라도 돈 이외의 어떤 것의 보호를 받으면서 제대로 살아갈 수 있는 인간이고 싶은 것뿐이다.

그렇다면 필요한 것은 돈이 아니라 무엇보다도 사람과의 유대관계이다. 인간으로서의 중요성을 진심으로 인정해주는 것은 당신으로부터 돈을 받은 사람이 아니라 당신과 마음으로 이어져 있는 사람뿐이기 때문이다. 그런 사람은 가족뿐일까? 만약 그렇다면 가족이 없거나 가족에게 버림받은 사람은 어떻게 해야 할까? 걱정하지 않아도 된다. 사람이라면 누구나 사람과 관계를 맺는다. 산촌자본주의를 실천하고 있는 사람들은 그 점을 실감하고 있다.

두 번째로 필요한 것은 자연과의 유대관계이다. 잃어버린 유대를 회복하는 일이다. 가까운 곳에 자신이 살아갈 수 있을 정도의 풍요로운 자연이 있다는 사실을 알게 되면, 의지할 데가 돈밖에 없었던 사람들의 불안은 어느새 확연히 줄어든다. 산촌자본주의를 실천하는 것은 인류가 몇만 년에 걸쳐서 쌓아온 주변의 자연을 활용하는 방법을 계승하는 것이다.

산촌자본주의 너머에 실은 고대부터 존재한, 돈으로 환산할 수 없는 세계가 펼쳐져 있다는 것을 깨닫고 가능한 한 그 세계와의 교류를 늘려가는 것이 돈으로 환산할 수 없는 진정한 자기 자신을 손에 넣는 시작일 것이다.

글쓴이_ 모타니 고스케

제3장

글로벌 경제로부터의
노예해방

비용과 인력을 투자한 시골장사의 성공

과소의 섬이야말로
21세기의 프런티어

이 책에서는 지금까지 시골을 떠나지 않고 정착해 살면서 지역의 자원을 발견하고 지역순환형 경제를 만들고 있는 사람들을 소개해왔다. 그런데 지금은 오히려 시대의 흐름이 역전되어 대기업을 포기하고 과소지역으로 뛰어드는 젊은이들이 늘고 있다. 그것도 우수한 젊은이들이 말이다. 이번 장에서는 그런 새로운 조류에 대해서 살펴보도록 하겠다.

야마구치현 남동부, 세토나이카이 위에 자리 잡은 스오오시마^{周防大島}는 그런 곳 중 하나이다.

스오오시마는 세토나이카이의 수많은 섬들 중에서 세 번째로 큰 섬이다. 섬은 전반적으로 산악지형의 경사지이다. 600미터 급의 산들이 줄지어 서 있고 해안을 따라 다소의 구릉지가 자리 잡고 있지만 섬의 대부분을 산지가 차지하고 있다. 그러나 한편으로는 작물의 생육에 이보다 적합한 환경은 없을 정도의 온화한 기후를 가지고 있다. 연간 일조시간은 일본 내에서도 톱클래스이며 연산 평균기온은 15.5도이다. 섬에서는 예로부터 경사지와 온난한 기후를 이용한 감귤류 재배가 활발하게 전개되었다. 세토나이카이는 말하자면 일본의 지중해이다.

그러나 고도경제성장기의 일본은 이런 섬들을 제대로 활용하지 못하고 대량생산·대량소비시스템에 포함시키려고 해왔다. 국가는 농업생산의 증대와 합리화를 목표로 1961년에 '농업기본법'을 책정했다. 감귤을 돈이 되는 작물로서 '선택적 확대' 대상으로 지정하고 대규모화를 권장했다. 이것은 이 섬에서 오랫동안 이어져 내려온 소량다품종에 의한 자급자족적인 농업을 파괴했고 결국 모두가 감귤을 재배하게 되었다. 그러나 감귤의 수요는 국가가 기대한 만큼 늘지 않았다. 게다가 오렌지와 자몽의 수입자유화로 상황은 더 악화되었다. 감귤의 과잉생산이 원인이 되어 농가는 감귤을 주스나 통조림 등의 가공용으로 팔지 않을 수 없게 되었다. 그러나 가공용 감귤은 생식용의 10분의 1 이하의 헐값에 매매되기 때문에 대부분의 감귤재배농가는 이익을 낼 수 없게 되었다.

결과는 명백했다. 섬의 생산에서 장래를 찾을 수 없게 된 젊은이들이 차례차례 섬을 뒤로 하고 떠나버렸다. 햇볕이 잘 드는 급경사면을 이용한 감귤재배는 경작지를 한 바퀴 도는 것만으로 상당히 힘든 작업이다. 젊은이들이 없어지자 계단식으로 가파르게 조성된 과수원은 차례차례 황무지로 변해갔다. 그리고 언제부터인가 스오오시마는 인

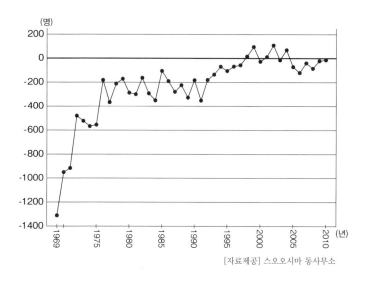

(명)

[자료제공] 스오오시마 동사무소

스오오시마의 인구유출 (전입자 - 전출자)

구에서 65세 이상의 비율을 나타내는 고령화 비율이 47.7%(2012년)
로 일본에서 고령화 비율이 가장 높은 지방자치단체 중 하나가 되어
버렸다.

그런데 최근 10년 사이에 미세한 변화가 나타나기 시작했다. 반세
기 이상 계속되어온 사회증가수(전입자 수에서 전출자 수를 뺀 것)의 감
소가 마침내 멈췄다. 물론 고령화가 진행되어 근본적으로 외부로 나
가는 젊은이 자체가 줄어든 것도 요인의 하나이지만, 최근 섬으로 이
주해오는 사람이 늘고 있는 것이다. 스오오시마에 전혀 연고가 없는
사람이 찾아오는 경우, 한 번 섬을 떠났지만 시간이 지나 다시 돌아온
U턴 등 형태는 다양하다. '산촌자본주의'의 영향을 받아서 지금 세토
나이 지역의 섬들이 젊은이들의 프런티어로 다시 태어나고 있다.

대기업 전력회사에서
'섬의 잼 가게'로

이제부터 소개할 마쓰시마 다다시松島匡史 씨는 스오오시마에서도 선진적인 성공사례라고 할 수 있다. 마쓰시마 씨가 이 과소의 섬에서 도전하고 있는 것은 카페를 병설한 잼 가게인 '세토나이 잼스 가든瀬戸内 jam's garden'이다.

프랑스의 분위기 있는 카페를 연상시키는 바다를 마주보는 건물. 바닥과 기둥에 나무를 많이 사용한 온기가 느껴지는 인테리어. 그리고 카페 공간에는 나무로 만든 테이블이 3개. 그곳에 앉으면 큰 창을 통해서 눈앞에 펼쳐진 바다 위에 섬들이 떠 있는 아름다운 경치를 즐길 수 있다.

하지만 아무리 분위기가 좋아도 야마구치시에서도 히로시마시에서도 떨어져 있는 외진 곳까지 손님이 찾아올지 의심스러워 주말에 방문해보았다. 그러자 눈앞의 주차장은 자동차로 가득 차 있었다. 가족 단위나 커플 같은 많은 손님들로 붐비고 있었다. 모두 수작업으로 만든 계절별 잼을 찾아온 것이다. 봄은 딸기와 체리, 여름은 블루베리, 가을은 무화과 그리고 겨울은 감귤과 사과. 종류도 바닐라, 시나몬, 럼주, 홍차, 초콜릿 등 다양하다. 레퍼토리는 무려 100종류 이상. '이것도 저것도' 먹어보고 싶어지면 오리지널 잼을 시식해보고 살 수 있다. 적당한 단맛에 마음이 편안해진다. 시간도 천천히 흐른다. 아이도 어른도 모두 미소를 짓게 되는 공간이다.

마쓰시마 씨는 원래 교토京都 출신이다. 2006년 근무하고 있던 전력회사를 그만두고 I턴*, 도쿄에서 스오오시마로 내려와서 가게를 열었다. I턴을 결심한 계기는 2011년 신혼여행으로 방문했던 파리의 잼 가게였다. 부인 지아키[智明] 씨가 액세서리 가게에서 물건을 사는 동안 시간을 때우려고 별생각 없이 옆에 있던 잼 전문점을 들여다보았다. 병에 담긴 색색의 잼이 늘어서 있었는데 그 아름다움에 홀린 것처럼 1시간이나 정신없이 구경을 했다. 이미 액세서리를 다 보고 나온 지아키 씨가 어이없어하자 주변 사람들에게 나눠줄 선물이라며 30개 정도를 사서 돌아왔다.

귀국 후 마쓰시마 씨는 과감한 시도를 했다. 사온 잼 대부분의 뚜껑을 따서 직접 먹어보고 맛을 비교한 것이다. 그것으로 완전히 불이 붙어서 갑자기 "잼 가게를 하고 싶다"라는 이야기를 꺼냈다. 물론 지아키 씨는 놀라서 벌어진 입을 다물 수가 없었다. 전력회사라는 가장 안정적이라고 할 수 있는 회사에 근무하고 있는 사람과 결혼했는데 성공할지 아닐지도 모르는 잼 가게를 열겠다고 하니 말이다. 그러나 마쓰시마 씨는 포기하지 않았다. 지아키 씨를 설득하는 데는 3개월이 걸렸다고 한다. 결국 지아키 씨도 허락하게 되었다.

"당연히 3개월 정도는 듣고 흘려버렸어요. 아무리 귓가에서 "잼 잼"이라고 떠들어도, '만들어본 적도 없고 요리도 안 하는 사람이 무슨 소리를 하고 있는 거야?'라고 생각했지요. 치기랄까 단순한 망상이랄

---

* 일본에서 만들어진 신조어로, 도시 출신자가 지방으로 취직 또는 전직하는 일을 말한다. 도시에서 시골로 이동하는 동선이 직선 I자와 같아 이런 이름이 붙었다고 한다.

까, 혼잣말 정도로 받아들이고 있었습니다."

우리들과 지아키 씨의 대화를 옆에서 듣고 있던 마쓰시마 씨가 씩 웃었다. "확실히 망상이라고 하면 망상이죠. 하지만 혁명은 그런 것에서 시작되는 거예요."

잼을 만드는 방법을 기초부터 독학하기 시작했다. 그러자 다음 관문은 가게의 입지였다. 처음에는 세련된 가게를 경영하기에는 당연히 소비지에 가까운 도시지역이 좋겠다고 생각했다. 특히 자신의 고향인 교토라면 관광객을 대상으로 좋은 상품이 되겠다고 생각했다. 그런데 계획을 들은 장인어른(스오오시마에 있는 절의 주지스님이기도 한) 시라토리 후미아키白鳥文明 씨가 황당한 아이디어를 내놓았다. "가게를 스오오시마에서 열어주지 않겠는가?" 앞에서 설명한 것처럼 스오오시마는 젊은 층의 외부유출로 힘들어하고 있었고 마을에서도 젊은 인력이 필요했던 것이다.

부인 지아키 씨는 남편은 절대로 받아들이지 않을 것이라고 생각했다. 그런데 마쓰시마 씨는 이 제안을 흔쾌히 받아들였다. 잼의 원료인 과일나무가 바로 근처에 있다는 것이 결정타가 되었다. 생산지의 한복판에서 잼을 만들어보는 것도 나쁘지 않겠다고 생각한 것이다.

그때부터 마쓰시마 씨의 역전의 발상은 계속 이어졌다. 우선 가게를 열 장소의 탐색. 마쓰시마 씨가 선택한 장소는 편리한 국도변이 아니라 조용한 바닷가였다. 이 결정에는 함께 장소를 탐색하던 장인도 깜짝 놀랐다.

"여기서 계속 살고 있는 사람에게는 바다가 있다는 것은 너무나 당

숲에서 자본주의를 껴안다

연한 일이죠. 다른 곳에서도 바다는 보이니까요. 누구도 이곳이 특별하다고 생각하지 않았습니다."

마쓰시마 씨의 생각은 전혀 반대였다.

"도시지역에서 찾아온 사람이라면 바다가 보이는 곳에서 커피를 마시고 싶다든가 그런 마음이 있잖아요. 여기라면 괜찮겠다는 생각이 들었습니다. 저에게는 말이죠."

현지 사람들도 모르고 있던 섬의 보물들. 마쓰시마 씨의 보물찾기가 시작되었다.

자기 자신과 지역에 이익을 가져다주는 잼 만들기

마쓰시마 씨는 잼을 구입한 손님들에게 어떤 전단지를 나눠주고 있다. 그 전단지에는 '과소와 고령화가 진행되는 섬에서 작은 잼 가게가 생각하는 것'이라는 제목으로 마쓰시마 씨의 생각이 적혀 있다.

지금 시대에 요구되는 것은 지역의 가치를 발견하고 그 지역에 뿌리를 내린 활동을 전개하는 것이 아니겠습니까? 그 토지에서 생산된 농작물을 사용해서, 시골에서는 시골에서밖에 할 수 없는 사업을 실시하는 것이 이상적인 방식이라고 생각합니다. 그것이야말로 지역을 부흥시키고 노인분들을 활기차게 만들고 젊은이들을 다시 불러들이는 비장의 카드인 것입니다. (중략) 토지와 생산자의 혼을 느낄 수 있는 잼 만들기. (중략) 이 것이야말로 우리가 목표로 삼고 있는 잼 만들기입니다.

이것은 다름 아닌 대량생산·대량소비시스템과의 결별선언이다. 지역을 경제성장을 위한 저렴한 노동력과 저렴한 원자재의 공급지로 보지 않고, 지역으로 이익이 환원되는 형태로 상품을 생산한다. 물론 그러기 위해서 개인이 희생을 감수할 필요는 없다. 개개인도 제대로 이익을 얻을 수 있는 시스템을 만들기 위해서 마쓰시마 씨는 열심히 노력했다.

먼저 마쓰시마 씨는 섬을 돌아보면서 생산자와 교류를 쌓아갔다. 도시에서는 절대로 알려주지 않는 잼 만들기의 비법을 농가에서 직접 입수하기 위해서였다. 할아버지 대부터 감귤농사를 짓고 있는 야마모토 고조山本弘三 씨는 그런 마쓰시마 씨의 든든한 조언자 중 한 사람이다. 10월의 조생종부터 다음 해 5월 이후에 제철을 맞는 나쓰미南津海라는 품종까지 10종류 이상의 감귤을 재배하는 것은 물론이고, 감귤 이외에도 레몬이나 네이블오렌지, 뽕깡 등 다양한 감귤류를 기르는 감귤 재배의 명인이다. 야마모토 씨의 생산기술을 배우기 위해서 본고장 유럽에서도 시찰을 올 정도이다.

마쓰시마 씨는 야마모토 씨 같은 현지의 감귤 재배농가와의 대화를 통해서 계속해서 새로운 잼의 아이디어를 얻을 수 있었다. 그중 하나가 초록감귤 잼이다. 그대로는 시어서 도저히 먹을 수 없는 다 익지 않은 초록색 감귤이 잼의 원료이다. 벌레가 꼬이지 않을 정도로 강렬

숲에서 자본주의를 껴안다

한 향기를 가지고 있다는 이야기를 듣고 새로운 잼이 탄생했다.

힌트를 주는 것은 감귤 농가만이 아니다. 스오오시마에서는 옛날부터 도와킨토키^{東和金時}라는 품종의 고구마를 재배하고 있다는 것을 알게 되었다. 그 유명한 도쿠시마^{德島}의 '나루토킨토키^{鳴門金時}'와 같은 품종이지만 나루토킨토키에 비해서 거의 알려지지 않은 숨겨진 특산품이었다. 마쓰시마 씨는 이것도 잼으로 만들기 위해서 시행착오를 거듭했다. 제일 큰 난관은 고구마를 잼으로 만들면 완성된 순간은 맛있지만 식은 뒤에는 그저 그렇다는 것이었다. 바로 이 부분에서 역전의 발상이 힘을 발휘해서 '굽는 잼'이라는 새로운 잼을 개발했다. 빵을 구운 뒤에 잼을 바르는 것이 아니라 잼을 발라서 잼과 빵을 동시에 구워 먹는 것이다. 그러면 따끈따끈한 고구마의 달콤한 향기가 입안 가득 퍼져나간다. 잼 가게의 겨울 대표상품이 되었다.

"도시지역에서 잼을 만든다면 이런 다양한 아이디어는 나오지 않을 것입니다. 현지분들을 접하고 있기 때문에 가능한 잼 만들기이며 비즈니스라고 생각합니다."

마쓰시마 씨는 자신의 사업을 이렇게 평가한다. 물론 이 모든 것은 그의 탐구심과 창의력이 있었기에 가능했다고 할 수 있다.

한편 작물의 새로운 가치를 발견하는 마쓰시마 씨는 야마모토 씨 같은 과일생산자에게 있어서도 고마운 존재이다.

"생산자인 우리들이 가공이라는 분야에 도전하기는 쉽지 않았습니다. 섬에 있는 많은 농가들이 모두 그랬습니다. 생산에는 자신이 있지만 가공·판매에 있어서는 서투르죠. 그래서 노하우를 가지고 있는 사람이 섬으로 와준 것은 큰 힘이 됩니다."

잘 팔리는 비밀은
'원료를 비싸게 사고' '정성을 들이는 것'

어떻게 하면 이익을 농가로 환원시킬 수 있을까? 마쓰시마 씨는 원료가 되는 과일을 비싼 가격으로 구입하기로 했다. 감귤도 1킬로그램에 100엔 이상으로 구입하고 있다. 지금까지 크기나 모양이 규격 외인 가공용 감귤의 대부분은 주스의 원료로서 1킬로그램에 10엔이라는 헐값에 매매되어왔다. 그렇기 때문에 100엔이라는 금액은 야먀모토 씨에게도 충격적이었다.

"우리 사회에는 원료는 싸다는 고정관념이 있기 때문에 10엔 정도밖에는 쳐주지 않습니다. 마쓰시마 씨가 재료를 1킬로그램에 100엔으로 구입하는 것은 대단히 높은 단가입니다. 그러나 그 가격은 우리가 많은 것을 투자해서 농작물을 키웠을 때 받고 싶다고 생각하는 딱 그런 단가였습니다."

그렇게 사들인 원재료를 사용해서 잼을 만드는 과정에도 마쓰시마 씨의 스타일이 반영되어 있다. 먼저 마쓰시마 씨는 균일한 맛을 추구하지 않는다. 병 하나하나의 맛과 풍미가 다른 것은 당연한 일이다. 바로 이것이 셀 수 없을 정도의 시행착오를 거쳐서 도달한 결론이었다.

잼을 만드는 방법은 철저히 수작업을 고수하고 있다. 물론 소비자들이 기계에 의지하지 않고 사람 손으로 만드는 잼을 더 좋아한다는

숲에서 자본주의를 껴안다

이유도 있지만, 그렇게 하는 편이 지역의 고용확대로 이어지기 때문이다. 잼을 만드는 작업장을 들여다보면, 지역 농가의 아주머니들이 재료를 자르거나 껍질을 벗기고 졸이면서 신나게 잼을 만들고 있다. 젊은 사람의 모습도 보인다. 스오오시마로 I턴해서 왔는데 당장은 안정된 수입이 없어서 아르바이트를 하고 있는 중이라고 한다. 그런 사람들이 22명이나 일하고 있다.

물론 원재료나 인건비가 올라가면 상품의 가격도 올라간다. 마쓰시마 씨가 판매하는 잼의 가격은 병에 담긴 155그램이 700엔 전후로, 대기업의 대량생산품과 비교하면 확실히 더 비싸다. 그러나 소량다품종, 획일화되지 않은 개성 있는 맛, 그리고 무엇보다 스오오시마라는 훌륭한 환경에서 얼굴이 보이는 사람들이 만들고 있다는 점이 날개 돋친 듯이 팔리고 있는 비결이다.

"이 섬에 온 뒤로 우리가 할 수 있는 일이 무엇인지에 대해서 생각하게 되었습니다. 단순히 자신의 이익을 최대화하는 것은 좋은 생각이 아닙니다. 지역 전체가 최적화되면 우리에게도 이익이 돌아옵니다. 바로 그런 이유에서 먼저 지역을 개선하기 위해서 노력해가려고 합니다."

섬으로 향하는 젊은이들이 늘고 있다

스오오시마에서 활약하고 있는

젊은이는 마쓰시마 씨만이 아니다. 20대부터 40대의 힘찬 인력들이 계속해서 섬에서 잠자고 있던 보물을 발굴해 새로운 비즈니스로 이어가고 있다.

후쿠오카에서 조리사로 일하던 20대의 가사하라 다카후미^{笠原隆史} 씨는 스오오시마로 돌아온 뒤, 과일나무가 많은 섬에서는 양질의 벌꿀을 얻을 수 있을 것이라는 생각에 양봉업으로 직업을 바꿨다. 양봉에서 병에 담는 작업까지 전부 가족들끼리 담당하며, 미치노에키(도로휴게소)처럼 직접 관리할 수 있는 범위 내에서 판매하는 철저한 소규모 경영 방침으로 순조롭게 이익을 늘려가고 있다.

40대인 야마사키 고이치^{山崎浩一} 씨는 18세 때 스오오시마를 떠났다. 히로시마, 프랑스, 도쿄에서 요리사로서 솜씨를 닦은 뒤에 U턴해서, 항상 손님이 넘치는 인기 레스토랑을 섬 안팎에서 몇 군데나 경영하고 있다. 껍질째 먹을 수 있는 무농약 감귤을 사용한 감귤전골을 고안하며 섬의 새로운 특산품을 만들기 위해 노력하고 있다.

이런 예는 아직 더 많다. 30대 신무라 가즈나리^{新村一成} 씨는 히로시마의 식품가공회사에서 근무하고 있었지만, 결혼을 계기로 섬으로 돌아와서 가업인 수산가공회사를 이어받았다. 2010년 마쓰시마 씨와의 만남을 계기로 지금까지는 이리코*에 적합하지 않아 폐기되어왔던 크기가 큰 정어리를 오일드 사딘^{oiled sardine}**으로 만드는 아이디어를 얻

---

* 멸치 등 잔물고기를 쪄서 말린 식품.

** 일본에서 만든 신조어로, 올리브유에 담가 놓은 정어리를 말한다.

숲에서 자본주의를 껴안다

어 판매를 시작했다. 일본에서 유통되는 대부분이 수입산 오일드 사딘인 가운데, 100% 일본산 오일드 사딘은 점차 인기가 높아져 현재는 생산이 따라가지 못하는 상태이다.

도시에서 과소지역으로. 도쿄 시부야에 본점을 두고 오랫동안 젊은층의 창업을 지원해온 NPO법인 'ETIC.'는 이런 움직임이 전국적으로 확산되고 있다고 보고 있다.

ETIC.에서는 1년에 여러 차례 '일본 전국! 지역해결사 마켓^{日本全国!} 地域仕掛け人市'을 개최해왔다. 지방에 가서 창업 등에 도전해보고 싶어 하는 젊은이와 이를 받아줄 단체의 짝을 찾아주는 이벤트이다. 2011년 가을, 우리가 취재차 찾아갔을 때는 도쿄 시내의 이벤트회장은 220명이 참석해 활기가 넘치고 있었다. 대부분 구직활동 중인 대학생이나 이직을 생각하는 젊은이들이었다.

"홋카이도에서 왔습니다!" 홋카이도에서 오키나와까지 전국에서 온 22개 단체의 대표들, U턴 또는 I턴으로 창업한 선배들이 참석자들 앞에 나와 지역에서 일하는 매력에 대해 열변을 토한다.

그중에서도 외딴 섬에서 온 단체가 대단히 열정적이었다. "요코미조 세이시橫溝正史의 소설 『옥문도獄門島』의 모델이 된 섬입니다"라고 소개한 섬은 오카야마현 가사오카제도笠岡諸島에 있는 섬 무시마六島. 마을이장의 주도 아래, 도요타와 소니에서 일하던 젊은이들이 협력하여 지금은 대표적인 지역부활의 상징으로 자리 잡은 시마네현 오키제도隱岐諸島의 아마초海土町도 와 있었다. 섬은 본토에서 떨어져 있기 때문에 지역사회가 내부적으로 완결되어 있어서 산촌자본주의를 실천하기에는 절호의 환경이다.

스오오시마에서는 잼스 가든의 마쓰시마 다다시 씨와 동지인 오노 게이지大野圭司 씨가 참석했다. 오노 씨는 U턴을 한 사람이다. 히로시마의 고등학교, 오사카의 대학교, 그리고 도쿄에서 사회인으로 지내며 11년간 섬을 떠나 있다가, 고향으로 돌아와서 지역부흥의 리더로 활약해왔다.

스오오시마의 부스에서 두 사람에게 잼 사업의 성공담을 들은 대학교 2학년인 여대생 두 명은 입을 모아 칭찬했다.

"그런 섬이 있다는 것 자체를 몰랐어요. 굉장히 멋지다고 생각했습니다. 섬 안에 사회가 존재한다고 해야 하나? 외부에 의지하지 않고 자기들끼리 해결하는 것이 좋네요. '멋지다, 가고 싶다!'라는 생각이 들었습니다."

"하고 싶은 일을 할 수 있을 것 같은 분위기였어요. 사람들이 직장인들처럼 지쳐 있지 않고 즐겁게 이야기하고 계셨거든요. 자기 자신만을 생각하는 것이 아니라 지역을 먼저 생각하면 할 수 있는 일이 더 있을 것 같아요."

ETIC.의 대표이사 미야기 하루오宮城治男 씨는 트렌드를 다음과 같이 분석한다.

"최근 몇 년 동안 이런 움직임이 매우 분명해지고 있습니다. 어떤 기업이라도 탐낼 만한 인재가 아무렇지 않게 회사를 그만두고 지방으로 내려가는 일이 여기저기에서 일어나고 있는 것입니다. 번듯하고 좋은 회사에서 근무하면서 많은 월급을 받는 사람이 연수입이 절반

숲에서 자본주의를 껴안다

또는 3분의 1로 줄어드는 것은 개의치 않고, '지역으로 돌아가고 싶다, 지역에서 일하고 싶다'라고 말합니다. 이 자리에는 그런 사람들이 많이 있습니다."

ETIC.가 창업을 고려하는 젊은이들을 대상으로 실시한 의식조사 결과에 의하면, 지금 젊은이 다섯 명 중 한 명은 농업이나 어업과 같은 '1차 산업'에 도전해보고 싶어 한다고 한다. 한때 이상적인 창업으로 여겨졌던 'IT 산업'의 2배 이상의 수치이다.

"물질적인 풍요로움이나 정보 면에서의 풍요로움에 비해서 만족감이 클 것이라 생각합니다. 오감으로 리얼리티를 느낄 수 있는 재미를 추구하는 것 아닐까요? 최고의 리얼리티는 다른 사람과의 유대감이나 정이라고 할 수 있습니다. 그리고 자연을 접하면서 일할 수 있다는 점도 대단히 매력적인 부분이라고 생각합니다."

'뉴노멀'이 시대를 바꾼다

물론 여전히 연수입을 비롯해 돈을 중요시하는 풍조가 강한 것도 사실이다. 그러나 남들보다 먼저 산촌자본주의의 가치를 깨달은 젊은이들은 그런 가치관과는 다른 부분에서 자신의 인생을 선택하기 시작했다. 새로운 시대가 도래하고 있는 것이다.

미쓰비시三菱 종합연구소의 아베 준이치阿部淳一 씨는 그런 관점에서

이 문제를 연구하고 있는 사람이다.

아베 씨는 농일본대지진 이후 나타난 젊은 층의 새로운 소비경향을 '뉴노멀New Normal 소비'라고 명명하고 분석을 진행해왔다.

'뉴노멀'은 리먼 사태를 계기로 미국 맨해튼의 금융가를 중심으로 등장한 새로운 개념이다. 더 이상 계속적인 성장을 전제로 한 투자를 기대할 수 없게 된 투자가들의 인식을 나타내는 표현이다. 그 개념에 대해서는 아직 확실히 정의되지 않았으며 본토 미국에서는 여러 논의가 계속되고 있지만, 이 개념을 이용해서 젊은 층의 소비동향을 파악한 것이 '뉴노멀 소비'이다.

자신을 위한 소비(명품 브랜드나 고급품)를 원하는 것이 아니라 유대 소비(가족이나 지역, 사회와의 유대를 확인할 수 있는 물건)를 원하며, 새로운 물건을 손에 넣는 소유가치가 아니라 지금 있는 것을 어떻게 사용할 것인지 사용가치에 중점을 두게 되었다. 그리고 이러한 움직임은 일회적인 것이 아니라 장기적이고 지속적인 변화이며 되돌릴 수 없는 소비경향으로 여겨지고 있다.

아베 씨는 이런 트렌드가 지금 등장한 것이 아니라고 주장한다. 1990년대의 거품경제 붕괴를 계기로 싹을 틔우고 수면 아래에서 조금씩 성장해온 것이 리먼 사태로 한순간에 표면화되고 동일본대지진으로 가속화된 것이다. 2012년은 '소비의 뉴노멀화' 원년이 되었다. 이것을 조용한 혁명이라 부르는 사람도 있다.

숲에서 자본주의를 껴안다

52%, 1.5년, 39%라는 숫자에서
알 수 있는 사실

　　　　　　　　　　　　뉴노멀의 반대로 '올드 노멀'은
'성장은 옳은 것이다'라는 인식이다. 제2차 세계대전 이후, 일본기업
의 매출은 분명히 증가해왔지만 실은 이익은 그다지 늘지 않았다. 즉,
매출의 성장이 곧 이익으로 직결되지는 못한 것이다. 일본기업은 축
소되는 시장 속에서 맹렬한 기세로 성장하는 아시아의 기업들과 소모
전을 반복해왔다. 아베 씨는 그 결과 발생한 세 가지 현상을 상징적인
숫자와 함께 소개하고 있다.

　먼저 '52%'. 이것은 발매일로부터 2년 이내에 사라지는 히트상품의
비율이다. 자그마치 이 세상에 새롭게 등장하는 상품의 반 이상이 발
매 이후 2년을 버티지 못하고 사라지고 있다(중소기업연구소 '제조업판
매활동실태조사' 2004년). 1990년대까지 이 수치는 겨우 8%였다고 한
다. 바꿔 말하면 90% 이상의 상품이 발매 이후 2년 이상 시장에 남아
있었다.

　다음 숫자는 '1.5년'. 이것은 새로 발매된 상품이 이익을 얻을 수 있
는 기간(경제산업성 '연구개발촉진세제의 경제파급효과에 관한 조사' 2004
년)이다. 첫 번째 수치와도 관련이 있지만, 요즘 세상에는 금세 사라
지는 상품이 너무나 많다. 그러나 연구개발은 몇 년이나 걸린다. 즉,
아무리 열심히 개발해도 순식간에 더 이상은 이익을 기대할 수 없는
상황이 일어나고 있다. 1970년대까지는 개발 후 25년 정도는 버텼다
고 한다. 당시는 개발자가 히트상품을 하나 만들어내면 정년퇴직 때

까지 생계를 보장받을 수 있었다.

최근 일본기업은 이렇게 무모한 신제품 경쟁을 해오고 있는데, 이것은 조직과 인재를 피폐하게 만드는 결과로 이어지고 있다. 그것을 보여주는 것이 바로 세 번째 숫자이다.

일의 만족도 '39%'(노동정책연구·조사시리즈 No.5 '종업원의 의식과 인재 매니지먼트의 과제에 관한 조사' 2007년). 단, 이것은 동일본대지진이 일어나기 전인 2007년의 조사결과로, 지금은 더 떨어졌을 것으로 추정된다.

"2008년 초기, 고바야시 다키지小林多喜二의 『가니코센蟹工船』(게 가공선)이 베스트셀러가 되었다. '가니코센'의 시작 부분에서 주인공은 '이봐, 지옥에 간다는데!'라고 말한다. 요즘 젊은이들이 취직할 때의 심정은 이것과 상당히 비슷할 것이라고 생각한다. 잊어서는 안 되는 것은 최근 급증하고 있는 젊은 층의 우울증이다. 그 원인 중에 피폐해진 조직과 인재가 있는 것은 아닐까?"라고 아베 씨는 지적한다.

사람들은 기업의 매상을 올리기 위한 상품이 아니라 지역과 사회와의 유대감을 느낄 수 있는 상품을 원하기 시작했다. 물건을 만드는 쪽에서도 그런 상품을 제공하고 싶어 하는 사람들이 나타난 것은 당연한 일이다.

숲에서 자본주의를 껴안다

시골에는 시골만의
발전방법이 있다!

　　　　　　　　　　과소와 고령화가 진행된 지역에
는 아이디어만 있다면 훌륭한 보물로 거듭날 수 있는 것들이 아직도
잔뜩 묻혀 있다. 리스크도 적다. 부동산가격이나 인건비 같은 초기자
본이 거의 들지 않으니 시작부터 거금의 대출을 감수할 필요도 없고,
생산과잉으로 인한 재고를 걱정할 필요도 없기 때문이다. 그리고 무
엇보다 젊은이가 돌아왔다는 그것만으로도 지역 사람들은 고맙게 생
각한다. '지역'은 지금 젊은이들을 매료시키는 새로운 일자리이다.

　그러나 아무리 젊은이가 과소지역에 정착하려고 해도 그곳은 처음
접하는 토지. 물론 힘든 부분도 많다. 시골에는 외부인에게 경계심을
가지는 풍조도 남아 있어서 유감스럽게도 때로는 문젯거리로 발전하
는 경우도 있다.

　스오오시마에서는 젊은이들을 받아들이는 태세를 더욱 확충하기
위한 움직임이 계속되고 있다. 마쓰시마 씨를 비롯한 섬사람들은 I
턴, U턴해온 젊은이들의 네트워크를 결성해서 '시마쿠라스島くらす'*라
는 이름을 붙였다. 우선적으로 섬의 정보를 창업희망자에게 제공하고
편의를 도모하며, 때로는 지역 주민들과의 중재도 담당한다. 이미 성
공을 거둔 회사에서 인턴사업을 하기도 하고, 창업 후의 안정된 수입
을 위해서 아르바이트 일자리를 제공하기도 한다. 이와 같은 활동에

＊　'섬에서 생활하다', '섬 클래스class'의 두 가지 뜻으로 해석할 수 있다.

는 선배들이 개척한 길을 걷는 후배들이 자신들과 같은 벽에 부딪히는 일 없이 순조롭게 섬에 정착하기를 바라는 마쓰시마 씨와 동지들의 바람이 담겨 있다.

젊은이들의 이런 움직임에 자극을 받아 지방자치단체도 움직이기 시작했다. 2011년 4월, 젊은 기업가에게 사업용 공간을 빌려주는 이른바 챌린지숍Challenge Shop 제도가 시작되었다. 도시지역의 상점가 등지에서는 종종 볼 수 있지만 과소의 섬에서 좀처럼 보기 힘든 제도이다. 2~3평의 다소 좁은 면적이지만 월세는 월 1만 엔. 게다가 연간 28만 명이 방문하는 '미치노에키' 바로 앞에 자리하고 있어서 손님을 모으기에는 발군의 위치이다. 벌꿀을 판매하는 가사하라 다카후미 씨도 이곳에서 가게를 열고 단골손님을 늘려가고 있는 중이다.

스오오시마의 촌장 시이키 다쿠미椎木巧 씨의 이야기를 들어보았다.

"저는 행정조직에 속한 인간이지만, 가장 부족한 부분은 의욕은 있지만 아이디어가 별로 없다는 점입니다. 스스로도 반성하고 있지만, 전혀 다른 사고방식을 가진 외부 여러분들의 아이디어를 들을 수 있다면 좀 더 재미있는 일이 가능할 것으로 기대하고 있습니다."

2012년 4월부터는 섬의 이곳저곳에 늘어가는 빈집을 이주희망자에게 파격적인 가격으로 빌려주는 사업도 시작했다. 이것은 전국 각지에서 시작되고 있는 사업이지만, 대부분 관공서가 단독으로 진행하는 경우가 많아서 젊은이들은 좀처럼 정보에 접근하기가 어려웠다. 그러나 스오오시마에서는 '시마쿠라스'와 연계해서 정보공유를 도모하며 효율적으로 세입자를 찾아내고 있다.

가속화되는 스오오시마의 움직임. 시이키 촌장은 과거 대기업 유치 등을 시도했다가 실패한 경험을 반성하고 있다.

"도시하고 같은 개념으로 발전시키는 것은 무리라고 생각합니다. 우리 시골은 시골에 어울리는 발전, 지역에 부합하는 만족감과 발전을 고려할 필요가 있습니다."

우리가 마쓰시마 씨와 동료들을 취재한 내용이 방송된 것은 2012년 3월. 방송이 나간 후, 마쓰시마 씨에게는 그 이념에 감동한 사람들의 방문과 편지가 이어졌다.

야마구치현 이와쿠니시山口縣岩国市에서 왔다는 50대 남성분은 가게에 들어서자마자 "만나고 싶었네! 고맙네! 고마워!"라고 말하면서 마쓰시마 씨에게 악수를 청했다고 한다. 이야기를 들어보니 도쿄에 취직한 아들이 도시생활과 일에 적응하지 못하고 시골에 돌아왔는데 '시골생활은 재미없다'라며 취업활동도 하지 않고 방에 틀어박혀 있었다고 한다. 그런데 우연히 보게 된 방송에 감동해서 몇 번이나 다시 보는 동안, 마침내 시골에는 시골의 훌륭함이 있으며 시골에서 노력하는 삶의 의미를 깨달았다고 한다. 우울증으로 약 2년간 휴직 중이던 여성분에게 '방송을 보고 다시 취업활동을 시작할 결심이 섰다'라는 연락이 오는 등 마쓰시마 씨 본인도 용기를 얻게 되는 사연들이 계속해서 도착하고 있다.

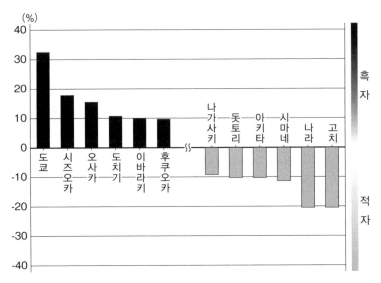

[자료] '2008년도 현민경제계산'에서 산출

감수 : 호리코시 요시아키堀越芳昭 야마나시학원대학山梨学院大学 대학원 교수

도도부현의 수지 (지역 내 총생산에 대한 수지의 비율)

지역의 적자는
'에너지'와 '물건'의 구입 대금

이어서 마쓰시마 씨와 동지들의
활동을 고찰하는 데 매우 중요한 숫자를 소개하겠다. '역제수지域際收
支'라는 것을 각 지역별로 나타낸 그래프이다(184쪽). 역제수지는 상품
과 서비스를 지역 외부에 팔아서 얻은 금액과, 반대로 외부에서 구입
한 금액의 차이를 나타낸 수치이다. 그래프는 국가 단위로 이야기하

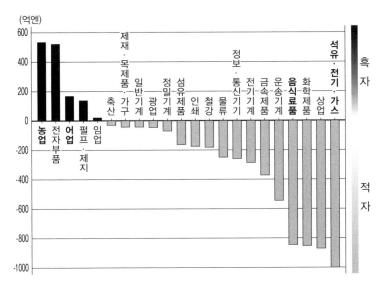

[자료] '2005년도 고치현 산업연관표'에서 산출
감수:호리코시 요시아키 야마나시학원대학 대학원 교수

고치현 수지 명세

는 무역흑자 또는 무역적자를 도도부현^{都道府縣}*별로 나타낸 것이다.

　그래프는 일목요연하다. 도쿄와 오사카를 비롯한 대도시권이 모두 플러스인 것에 비해서, 고치^{高知}와 나라^{奈良}처럼 농어촌을 다수 포함하고 있는 현은 유출금액이 거대하다. 이런 지역은 왜 가난한 것일까? 그것은 아무리 일하고 또 일을 해도 돈은 지역 외부로 흘러나가 버리기 때문이다.

---

* 　'도도부현'은 일본의 광역 자치 단체인 도^都, 도^道, 부^府, 현^縣을 묶어 이르는 말이다.

과거 그 불균형을 메우기 위해서 고안해낸 것이 공공사업과 공장의 유치 그리고 보조금과 같은 재분배의 방법이었다. 수십 년 동안 막대한 돈을 지방에 투입하며 어떻게든 평균을 올려왔다. 그러나 일부가 지방 주민들의 수입으로 이어지고 있어도, 결국 그 일부마저 최종적으로는 도시로 흘러들어갈 뿐이었다. 게다가 장기적인 경기침체로 이제는 도시도 그 정도의 금액을 지방에 지원할 여유가 없어져서, 방법 자체가 한계에 달한 상태이다. 지역의 쇠퇴는 정말 멈출 수 없는 것일까?

그렇지 않다. 앞의 그래프를 봐주기 바란다(185쪽). 이번에는 역제수지가 최하위인 고치현을 각 품목별로 어떤 것이 적자이고 어떤 것이 흑자인지를 나타낸 것이다. 돈의 흐름에 대한 건강검진 결과라고 할 수 있다.

농업, 어업, 임업 등의 1차 산업은 흑자로 매우 건강한 상태인 것에 비해서, 전자부품을 제외한 2차 산업 제품은 모두 적자이다. 특히 그 중에서도 압도적인 적자를 기록한 것이 석유, 전기, 가스와 같은 에너지 부문이다. 그리고 의외의 결과가 음식료품 부문이 적자라는 점이다. 농어업 등의 1차 산업이 활발하게 전개되고 있는데도 그것을 가공한 2차 산업 제품은 외부에서 구입하고 있는 것이다. 이것이 현 전체의 적자폭을 끌어올리고 있다.

산촌자본주의는 이런 적자 부문의 산업을 육성함으로써 외부로 흘러나가는 돈을 줄이고 지역 내부에서 순환시킬 수 있는 경제 모델이

숲에서 자본주의를 껴안다

라는 것을 설명해왔다. 최근 유행하는 '6차 산업화'도 생산부터 가공과 판매를 전부 지역에서 담당함으로써 적자품목을 줄이고자 하는 시도이다. 스오오시마에서 마쓰시마 씨와 동지들이 시도하고 있는 것도 바로 도시지역이 제공하는 도움에 의지하지 않고 지역의 힘을 키우는 새로운 방법이다.

마니와 모델이
전국 최하위 지역에서도 시작된다

역제수지 그래프에서 전국 최하위를 기록한 고치현. 그래프를 잘 살펴보면 임업은 흑자이지만 그것을 기반으로 하는 제재업은 적자인 것을 알 수 있다. 이런 상태를 개선하면서 에너지 부문의 압도적인 적자를 조금이라도 줄여보려는 움직임이 고치현 현지사의 주도로 시작되고 있다.

2011년 9월, 고치현청에서 프로젝트의 발족식이 열렸다. 그곳에 모습을 드러낸 사람은 제1장에서 소개한 오카야마현의 건설자재업체의 사장 나카시마 고이치로 씨였다. 나카시마 씨가 구축한 '마니와 모델'을 고치에도 도입하기 위해서 고치현의 오자키 마사나오尾崎正直 현지사가 직접 나카시마 씨를 2년 동안 설득했다. 지사는 기자회견에서, 잠자고 있는 산림자원을 활용하는 것이 고치현이 살아남는 길이라고 역설했다.

"고치현은 산림면적비율이 84%를 차지하고 있다. 이 84%나 되는 숲을 건강하게 유지할 수 있는지의 여부는 고치현 전체와 관련된 큰 문제이다. 고치현의 나무를 더욱 역동적으로 활용해갈 수 있기를 바란다. 산에서 나무를 잘라와서 부가가치를 붙여 현 외부에도 판매해가는 것이다."

영광스럽게도 마니와 모델의 도입지로 결정된 곳은 바로 고치현 동북단, 시코쿠산지四国山地 한가운데에 자리 잡은 오토요초大豊町. 인구 4,662명. 택시 운전사가 "10년 후에는 이 마을은 없어져버릴 겁니다"라고 자조적으로 말할 정도로 과소와 고령화가 진행된 마을이다. '한계취락限界集落'*이라는 표현을 처음으로 제창한 사회학자 오노 아키라大野晃 씨가 일본 최초의 '한계취락'으로 제시한 곳이 바로 오토요초였다.

"평지가 전혀 없으니까요."

촌장인 이와사키 겐로岩崎憲郎 씨는 마을의 최대 산업인 임업이 쇠퇴하고 있는 것에 위기감을 느끼고 있었다.

마을 면적의 90%는 산과 임야로 그중 70%가 인공림이다. 전쟁이 끝난 뒤, 재산이 될 것을 기대하며 심은 삼나무가 푸르게 자라고 있다. 그러나 목재 가치의 폭락으로 주민들은 산에 나무를 남겨둔 채로 마을을 떠나갔다. 남겨진 산림은 너무 자라서 결국 마을을 삼켜버리고 말았다. 전쟁이 끝나고 이 마을로 시집을 와서 숲 조성에 관여해왔다는 80대 여성은 촌장에게 슬픔을 호소하고 있었다.

"옛날에는 산과 함께 생활할 수 있었지만 지금은 할 수 없다. 이곳

---

* 극단적인 과소 상태로 인해서 사회적 공동생활을 유지하기 힘든 취락.

숲에서 자본주의를 꺼안다

에서는 수입을 얻을 수가 없다. 푸른 삼나무 천지라서 보기 좋지만….
내가 죽을 때까지는 어떻게 해줬으면 좋겠다."

2012년 7월, 오토요초의 건설예정지에서 시공식이 거행되었다. 뒤를 이을 후손이 없어서 지난해에 폐업한 제재소 부지를 포함한 4만 제곱미터의 토지. 이와사키 촌장이 마련한 마을에서 제일 넓은 평지이다. 고치현의 현지사를 비롯해 고치현 목재관계단체의 수장 등 많은 관계자가 시공식을 지켜봤다. 물론 그 중심에 있던 것은 나카시마 씨였다.

2013년 4월, 이곳에 대규모 제재소가 건설되었다. 생산량은 연간 10만 세제곱미터. 고치현 전체의 연간 목재생산량 40만 세제곱미터의 4분의 1에 해당하는 규모이다. 노동력은 현지에서 55명을 채용할 예정으로, 물론 그 경제효과는 위로는 임업부터 아래로는 판매와 운반업까지 미칠 것이다.

나뭇조각을 이용한 발전소도 함께 건설된다. 나카시마 씨는 한발 더 나아가 가능하다면 '장관인정'을 받아서 CLT건축에도 도전하고 싶어 한다. 먼저 사원기숙사를 CLT로 지으려고 생각하고 있다. 이 꿈이 실현된다면 일본 최초의 CLT건물이 될 것이다.

오토요초에서 시도되고 있는 '마니와 모델'의 실천은 지방의 적자체질을 개선하고 일본경제 전체의 최저 수준을 끌어올릴 수 있는지 그 여부를 판단하는 좋은 기준이 될 예정이다.

현지사가 직접 설득했음에도 2년 동안 협력할지 말지를 계속 고민하고 있던 나카시마 씨. 그러나 이왕 할 바에는 최선을 다한다. 망설

임은 완전히 사라져 있었다.

"저의 지론입니다만, 일본인은 원래부터 나무 사용법이 대단히 능숙한 민족이랄까, 역사를 가지고 있습니다. 지금은 어쩌다 보니 실력이 떨어진 것뿐입니다. 잠시 잊어버리고 있던 것들을 다시 한 번 살펴보고 현대적으로 응용하면 됩니다. 조금이라도 새바람을 불어넣고 싶습니다."

일본은 '오래된 미래'를 향해 가고 있다

주변에서 잠자고 있던 자원을 활용하고, 가능한 한 돈도 지역 안에서 회전시켜서 지역을 풍요롭게 만들고자 하는 산촌자본주의. 다양한 지식인들이 의논에 참가하고 지역에서 활약하는 사람들이 공명하면서 서로를 자극하는 관계를 맺고 있다. 인류사회학의 전문가 히로이 요시노리広井良典 지바千葉대학 교수는 인류는 '오래된 미래'를 향해 가고 있다고 지적했다. 쇼바라의 와다 씨, 마니와의 나카시마 씨, 스오오시마의 사람들과 이야기를 나누던 도중에 자연스럽게 나온 말이었다. 인류는 지금, 그립지만 실은 새로운 미래를 개척해가는 도중이라는 것이다.

'오래된 미래Ancient Futures'는 스웨덴의 여성 환경활동가 헬레나 노르베리 호지Helena Norberg-Hodge가 한 말이다. 세계화의 파도가 밀려드는 인도 히말라야의 라다크Ladakh라는 오지 마을에 들어가 그곳에서 부지

숲에서 자본주의를 꺼안다

런히 영위되는 전통적 생활모습을 목격하고, 21세기는 바로 이런 가치관이 도상국뿐만 아니라 선진국에 있어서도 중요하다는 생각에 이 단어를 만들어냈다(헬레나 노르베리 호지 지음『오래된 미래: 라다크로부터 배우다Ancient Futures: Learning from Ladakh』참고). 히로이 교수는 산촌의 혁명가들과 이야기를 나누면서 이 단어를 떠올렸다.

히로이 교수는 자신의 주장을 피력했다. 인간의 오랜 역사를 되돌아보면 물질적인 양의 확대가 계속되는 시대와, 생활의 진정한 풍요로움처럼 질적인 부분으로 사람들의 관심이 옮겨가는 시대가 반복되어왔다. 지금 우리가 보고 있는 것은 다름 아닌 그 전환기라고 말이다.

"공업생산의 시대에는 자동차든 무엇이든 간에 전국이나 세계에서 같은 것이 유통되는지, 그리고 그런 획일적인 것들이 얼마나 있는지에 따라서 앞서 있다 또는 뒤처졌다는 평가를 받았다. 앞과 뒤라는 시간 축으로 모든 사물을 판단하는 시대였다. 그러나 이제 성숙의 시대에 들어서자 각 지역의 풍요로움과 다양성에 점차 사람들의 관심이 쏠리기 시작한 것이 아닐까?"

토론 중에는 이런 일도 있었다. 히로이 교수는 사람들이 돌보지 않아서 황폐해진 마쓰타케산マツタケ山을 재생시키기 위해서 활동하는 사람들을, 단기이익만 생각하는 현재의 경제에서 긴 안목으로 성과를 평가하는 시대로의 전환이며 그 결과라고 설명했다. 그러자 마쓰타케산 재생연구회의 소라다 아리히로空田有弘 회장이 '그렇지 않다'라고 입을 열었다. 무엇보다 자신들은 반드시 성과를 얻기 위해서 일하는 것이 아니라는 것이다.

"성과가 있으면 좋지만 없어도 상관없다. 다 같이 산에 들어가서 산을 깨끗이 정리하는 일이 즐거웠다. 70대의 노인들이 볼이 빨개질 정도로 땀을 흘리고 산을 돌보는 일에 전념하는 즐거움, 상쾌함. 그런 것들이 있으면 충분하다."

그 이야기를 듣는 동안 히로이 교수의 얼굴에는 환한 웃음이 떠올랐고 '감명을 받았다'라고 대답했다. "그렇군요. 장래의 성과를 위해서 현재를 평가하는 것이 지금의 경제입니다. 그러나 그런 방법으로는 현재는 언제까지나 수단일 수밖에 없습니다. 그런 사고방식에서 벗어나야 하는 것이군요"라면서 다시 말을 이어나갔다.

수만 년의 인류역사를 고찰하는 학자와 표고버섯(마쓰타케)을 많이 수확할 수 있는 산을 되찾고 싶어서 땀을 흘리는 남자가 이렇게 같은 무대에서 의견을 나누고 서로에게 자극을 주는 것. 바로 이것이 진정한 산촌자본주의라는 것을 깨닫는 순간이었다.

'셰어'의 의미가
변한 것을 눈치 채라

작은 두 지역이 어느 한쪽은 착취하는 쪽이고 어느 한쪽은 착취당하는 쪽이라는 관계가 아니라, 대등한 입장에서 정보를 교환하고 함께 성장하는 경제형태는 글로벌 경제와는 부합하지 않고 대립되는 것일까? 국제경제의 거시적 분석 전문가 하마 노리코浜矩子 도시샤同志社대학 교수는 그렇지 않다고 지적한다. 하마 교수는 지금 우리들이 믿고 있는 '글로벌 경제상'은 케케묵은 경제로, 실상은 그것을 벗어나 빠르게 진화하고 있으며 우리는 그런 사실을 빨리 깨달아야 한다고 말했다. 글로벌 사회를 '정글'에 비유한 하마 교수의 설명은 '약육강식의 생존경쟁만이 존재한다'라는 우리의 고정관념을 한순간에 부수어버렸다.

"저는 글로벌 시대는 강한 사람만이 살아남는 시대라는 사고방식 자체가 오해라고 생각합니다. 많은 상대를 물리친 사람이 가장 훌륭하다는 식으로 글로벌 시대를 바라보는 사람들의 사고방식은 시대착오적입니다. 우리들은 글로벌 정글에 살고 있습니다. 정글은 강자만 존재하는 세계가 아닙니다. 백수의 왕인 사자부터 작은 동물들, 초목, 나아가서는 박테리아까지 존재합니다. 강자는 강자 나름의, 약자는 약자 나름의 다양한 개성과 기능을 가지고 생태계를 유지하고 있습니다. 이것이 바로 글로벌 시대라고 생각합니다."

하마 교수는 글로벌 사회 자체가 그런 방향으로 진화해가고 있는 것을 보여주는 예로 최근 '셰어'라는 단어의 사용법이 변하고 있는 것을 꼽았다.

"과거 셰어라는 말은 시장점유율로 받아들여졌습니다. '시장의 셰어 넘버원이 되고 싶다'라는 표현이 대표적이지요. 그러나 지금은 어떻습니까? 지금은 서로 나눠가진다는 의미로 사람들에게 받아들여지고 있습니다. 180도 다른 의미로 사용되기 시작한 것입니다. 글로벌 시대, 성숙경제에 대한 이해가 확산되고 있는 증거가 아니겠습니까?"

그렇다면 사람들의 그런 '무의식적인 변화'는 실제로 무엇을 어떻게 변화시키고, 어떤 가능성을 제시하기 시작한 것일까? 주고쿠지방이 안고 있는 또 하나의 큰 '짐'이며 '과제'인 '경작포기농지'를 둘러싼 최근의 움직임을 살펴보면서 생각해보도록 하자.

'식량자급률 39%'의 국가에 확산되는 '경작포기농지'

왜 선조가 힘들게 땀 흘리며 개척한 논밭을 잡초가 무성하게 방치하고 있는가?

그것도 여기저기에 말이다. 여름철 주고쿠지방의 산속을 달리다 보면 숨 막힐 듯한 풀숲의 열기와 함께 살벌한 풍경이 눈에 들어온다. 끊임없이 의문이 떠오르고 가슴이 아파온다.

바로 '경작포기농지'이다. 2005년도 통계에 따르면 주고쿠지방은 전체 경지면적 중에서 '경작포기농지'가 차지하는 비율이 히로시마현이 전국 4위, 시마네현이 9위로 전국에서도 손꼽히는 '경작포기지대'이다. 50% 이상이 방치되고 있는 마을도 눈에 띈다(히로시마현에서는 7곳, 야마구치현에서는 6곳의 지자체가 방치율이 50%가 넘는다. 그런 경향은 세토나이의 섬에서 특히 현저하게 나타난다. 예를 들어, 에타지마시江田島市 83%, 가미노세키초上関町 87%, 스오오시마초 52%이다).

그러나 그것은 어쩔 수 없는 일이라고 설명한다.

과소지역에서 고령화가 진행되어서 경작할 사람이 없어졌다고, 젊

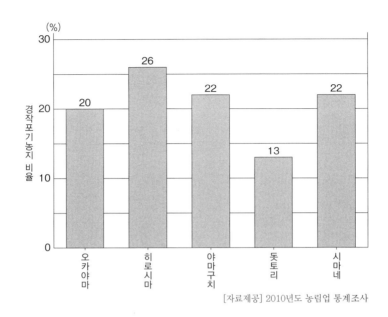

(%)

주고쿠지방 각 현의 경작포기농지 비율

[자료제공] 2010년도 농림업 통계조사

은 사람들은 모두 직업과 생활을 위해서 산을 내려와버렸다고 말이다.

하지만 그것만으로는 납득할 수가 없다. 모처럼의 토지가, 물만 끌어오면 벼농사를 지을 수 있는 논이 너무나 아깝다. 뭔가 사용할 방법을 강구하지 않는 것일까? 사용해보려고 하는 사람은 정말 아무도 없는 것일까?

이런 이야기를 하면 "일본에서는 쌀이 너무 많이 수확되어 남아돌고 있다. 그래서 농사짓는 것을 자제하고 있는 것이다"라는 답이 돌아온다. 너무 많이 생산하면 쌀의 가격은 떨어지고, 지금 벼농사를 짓는 농가들까지 곤란하게 만든다는 것이다. 분명히 경작포기농지는 '감반

정책^{減反政策}*을 계기로 증가했다.

대부분의 사람들이 어쩔 수 없다며 여기에서 포기해버렸다. 그러나 산촌자본주의를 표방하는 우리들은 그렇게 간단히 물러설 수 없다. 조금 더 버텨보려고 한다.

식량자급률이 낮은 일본에서 그런 이야기를 하는 것은 이상하지 않은가? 농림수산성의 홈페이지를 들여다보면 실은 똑같은 말이 적혀 있다. 2011년도의 칼로리 베이스, 즉 '일본인이 섭취하는 영양 중에서 몇 %를 자국산으로 충당하고 있는가'라는 기준에 의하면 일본의 식량자급률은 39%이다. 국가는 벌써 한참 전부터 자급률을 좀 더 높이자고 호소하고 있다. 그러나 수치는 15년 동안 거의 제자리걸음을 하고 있으며 개선의 조짐도 보이지 않는다. 1965년에는 70% 이상을 자국산으로 해결하고 있었는데도 말이다.

조금 더 자세히 살펴보도록 하자. 쌀의 자급률은 96%. 이렇게까지 농지면적을 줄였는데 100%가 아니라는 것에 일말의 위화감이 느껴지는데, 국가 정책상 매년 외국에서 어느 정도 쌀을 구입하고 있다고 한다.

문제는 그 밖의 작물이다. 밀의 자급률 11%, 유지류^{油脂類} 13%. 전후^{戰後} 빵의 소비가 증가했고 최근에는 파스타 같은 면류를 먹는 일이 많아진 점, 튀김처럼 기름을 사용한 식생활이 확대된 것 등을 고려하

---

* 　전후^{戰後}의 일본에서 쌀의 생산량을 조절하기 위해서 실시된 농업정책의 하나로, 벼농사의 농지면적을 줄이는 정책이다.

면 전체 자급률을 떨어트리는 큰 요인이라고 할 수 있다.

또 하나 신경이 쓰이는 수치가 있다. 축산물에 관한 수치이다. 완전히 자급하고 있는 것은 16%로, 수입사료에 의한 생산량이 48%에 달한다. 한마디로 고기와 달걀 자체는 국내산이지만 먹고 있는 사료는 해외에서 수입한 것이라서 자급하고 있다고 말할 수 없다는 이야기이다.

이런 사정을 알게 되면 될수록 다시 의문이 자꾸만 솟아난다. 경작포기농지에서 사료를 길러보겠다는 사람은 없는 것인가?

이번에도 당장 반론이 돌아온다. 미국 같은 수입산 사료와 가격에서 도저히 경쟁할 수 없다고. 그리고 미국 중서부 곡창지대의 웅대한 영상을 보여줄 것이다. 넓은 부지의 농지에서 이루어지는 효율적인 작업, 거대한 콤바인. 비좁은 계단식 논밭에서 일일이 손으로 농사를 지어서는 절대로 이길 수 없다. 서둘러 대규모농업을 보급시키지 않으면 일본농업에 미래는 없다고 설명할 것이다.

이것이 이른바 '상식적인 과제 인식과 해결을 향한 접근'이다. 그러나 그 상식이 정말로 옳은 것일까?

'매일 우유의 맛이 변하는 것'이
브랜드가 되었다

일본 유수의 경작포기지대에 속하는 시마네현 산속에서 우리는 새로운 시도를 취재했다. 그리고 깜짝 놀랐다. '일반적인 상식'이 없는 세계에 살고 있는 사람들을 연이어 만나게 된 것이다.

스하마 마사아키洲浜正明 씨, 29세. 수풀이 무성한 경작포기농지를 빌려서 소를 방목하고 있다. 24시간 365일, 소들은 매일 마음대로 풀밭을 돌아다니며 마음에 드는 장소에서 풀을 뜯는다. 젖이 불면 우사로 찾아와 젖을 짜고 다시 풀밭으로 돌아간다.

소는 곡물은 전혀 먹지 않지만 젖이 나온다. 풀만 먹으니까 맛이 없을 것이라 생각할지도 모르지만 전혀 그렇지 않다. 마셔보면 깜짝 놀랄 정도로 맛이 진하다.

경작포기농지는 공짜로 빌려 쓰고 있다. 어차피 쓰지 않는 곳이니 풀을 베는 수고를 덜어주는 것만으로 충분하다는 것이다.

물론 팔고 있는 우유의 양은 많지 않다. 날에 따라서는 양에도 차이가 있다. 하지만 자연 그대로의 우유라는 점 때문에 기뻐하며 구입하는 사람들이 있다. 수제 아이스크림도 호평이다.

무엇보다도 매일 들어가는 경비가 거의 제로. 생활할 수 있을 정도의 수입은 충분히 확보하고 있다.

우리가 무엇보다 매력을 느낀 것은 스하마 씨의 평온한 표정과 느긋한 말투였다.

"잡초라고 하면 쓸모없는 것이지만 그 쓸모없는 것들이 우리에게는 고마운 소의 사료랍니다"라고 조용히 웃으면서 이야기하고는, 이어서 "소도 스트레스가 적은 것 같아요"라고 말했다.

그것은 확실하다. 아름답게 되살아난 경작포기농지. 소가 자유롭게 노니는 풀밭은 무성하게 자란 풀을 소가 열심히 먹어치운 덕분에 지금은 상쾌한 바람이 불어오는 방목지가 되었다. 느긋하게 앉아 있거나 풀을 씹거나 각자 마음대로 지내는 소들은 정말 스트레스라곤 없어 보였다.

우리는 문득 생각했다. 어째서 매일 뉴스에서 보고 있는 '곤경에 처한 낙농업'과 이다지도 다를까?

수입산 곡물가격의 상승으로 인해 불어난 사룟값. 그런데도 시장에 풀린 우유의 양이 너무 많아서 오히려 내려가고 있는 우유의 매입가격. 폐업으로 내몰리는 낙농업자가 늘어나자 이번에는 버터 부족현상이 일어난다. 남아돌고 있다고 생각했는데 갑자기 부족해지는, 이해하기 힘든 사태.

물론 일본의 모든 낙농업자가 스하마 씨처럼 소를 기를 수는 없다. 그렇게 되면 일본 전체의 수요를 감당할 수 없을 것이다. 그러나 지금 낙농업이 당연히 여기고 있는 상식은 의심해볼 필요가 있다.

그 하나가 '곡물을 먹이지 않으면 진한 우유는 생산할 수 없다'라는 것이다. 우리들은 취재를 통해 지금까지 몰랐던 사실을 알게 되었다. 풀만 먹여서 생산한 우유는 틀림없이 진했다.

스하마 씨는 당연하다는 듯이 말한다.

"먹고 있는 사료의 종류가 많답니다. 얼룩조릿대부터 쑥까지 수백 종류 정도는 먹고 있을 겁니다. 일반적인 사료라면 이 정도까지 할 수는 없습니다. 혼합사료라고 해도 식물 종류로 보면 몇 종류에 지나지 않지요. 그래서 진한 겁니다."

이야기를 듣고 보니 납득이 갔다.

'우유 가격을 저렴하게 유지하지 않으면 팔리지 않는다'라는 상식도 의심스럽다. 스하마 씨가 팔고 있는 우유는 시판가격의 5배나 된다. 하지만 팔리고 있다. 당연한 일이다. 이렇게 건강한 환경 속에서 자연 그대로의 사료를 먹은 소에서 짠 우유는 누구라도 마시고 싶을 것이다. 기본적으로 많은 양을 팔지 않기 때문에, 비싸서 못 사겠다고 말하고 있는 동안 다 팔려버린다.

스하마 씨의 농장에는 가격을 유일한 척도로 삼아서 대량으로 생산해 단가를 낮추고, 팔리지 않으면 우유를 버려서 시장의 과잉현상을 회피하는, 도저히 납득하기 힘든 경제상식은 존재하지 않는다.

스하마 씨는 더욱 대담한 '상식파괴'를 시작하고 있다. 자연방목에서는 피할 수 없는 '매일 우유의 맛이 변하는 것'을 장점으로 이용하려고 하는 것이다.

상식적인 낙농업자라면 불같이 화를 낼 만한 도전이다. 왜냐하면 대부분의 농가는 일정한 품질을 유지하는 것을 시장경쟁력이라고 믿으며 그 달성을 위해서 노력에 노력을 거듭하고 있기 때문이다. 그러나 시장 아니 우리 소비자들은 정말 그것을 원하고 있는 것일까?

'상식'이 상정하는 품질불균등에 대한 시장의 반응은 "어제와 같은 가격이 붙어 있는데 오늘 우유는 묽었다. 나는 손해를 봤다. 어떻게 보상할 것인가?"라는 것이다. 그러나 과연 자연방목으로 생산된 우유에 그런 불만을 토하는 사람이 있을까?

스하마 씨의 계획을 들은 뒤 "그날그날에 따라 다른 우유 맛을 즐겨

보세요"라는 권유를 받아 우유 맛을 비교해본 모타니 고스케 씨는 한마디로 그 '상식파괴의 가치'를 표현했다.

"우유를 짠 날의 빈티지로군요."

바로 그것이다. 우리에게는 '균등한 것을 많이' 이외의 가치관도 존재한다. 예를 들어, 와인의 세계에서는 유일한 특징을 가진 와인이 소량 존재하는 것에 '빈티지 상품'이라는 이름을 붙여서 가치를 부여한다. 지금까지 우리는 그저, 그런 가치관을 우유에 적용시키는 것을 꿈에도 생각하지 못했던 것뿐이다.

상식에 얽매이지 않는 스하마 씨는 앞으로 매일매일 맛이 다른 우유를 더 많이 팔고 싶다고 말한다. 맑은 날, 풀밭을 가로질러 숲에 들어가 얼룩조릿대를 배부르게 먹은 소의 우유. 풀밭에 허브가 자라는 계절에 짠 은은한 향기가 나는 우유.

확실히 그렇게 하는 편이 자연방목만의 '스토리'를 전할 수 있다. 듣고 있는 것만으로도 기대로 가슴이 뛰기 시작한다. 그리고 우유는 공업제품이 아니라는 것을 새삼 실감할 수 있다.

이것이야말로 '균등'하게 만드는 것이 당연해져서 반대로 불균등한 것의 가치, 즉 개성을 중요하게 여기게 된 지금 시대이기 때문에 인정받을 수 있는 '상식파괴'이다.

'경작포기농지'는
희망조건을 모두 갖춘 이상적인 환경

매일 콧노래를 부르며 소형 승합차에 올라타 경작포기농지를 개척해서 만든 밭으로 향하는 젊은 여자들. 이들은 '농사짓는 셰프'들이다.

시마네현 오난초邑南町가 개설한 마을관광협회가 직접 운영하는 이탈리안 레스토랑에서 일하고 있다. 경작포기농지를 사용해서 농사를 지으며 그곳에서 수확한 채소를 자신들이 직접 요리해서 손님들에게 내놓는다.

그녀들은 농업에 대해서는 잘 모른다. 아니, 문외한에 가깝다. 그 한 사람 아다치 도모코安達智子 씨, 25세. 대학을 졸업한 뒤, 요코하마橫浜에서 웹디자이너, 즉 홈페이지 등을 제작하는 일을 하고 있었다.

자연 속에서 생활하는 것과 농업에 흥미가 없었던 것은 아니다. 주말에는 일부러 이바라키茨城까지 가서 시민농원을 빌려서 채소 기르는 것을 즐기고 있었다고 한다.

실은 도시가 아니면 일자리가 없어서 생계를 이어나갈 수 없다는 '상식'이 틀렸다는 것도 절반은 눈치 채고 있었다. 우리가 취재하기 1년 전, 도시에서 시골로 떠나는 젊은이들을 후원하는 NPO의 중재로 아무 연고가 없는 시마네현 오난초에서 '전직할 일자리'를 발견했다. 처음에는 시마네현과 돗토리현을 구별하지도 못할 정도로 예비지식이 없는 상태였다.

오난초로 이사 온 아다치 씨를 보고 현지 사람들은 "아니 왜 이런

숲에서 자본주의를 껴안다

곳에?" 하며 놀라움을 금치 못했다고 한다. 처음에 '농사짓는 셰프'라는 콘셉트를 생각해내고 사람들을 모집한 장본인인 오난초 상공관광과 주임 데라모토 에이지寺本英二 씨마저도 "모두들 이곳에 올 리가 없다고 말했습니다"라고 털어놓는다.

반대로 아다치 씨는 그런 말을 하는 것이 이상해서 참을 수가 없었다. '전직할 일자리'는 아다치 씨가 꿈꾸던 희망조건을 모두 갖춘 이상적인 환경이었기 때문이다.

자유롭게 사용할 수 있는 토지가 바로 근처에 있었다. 도시의 텃밭은 거리가 멀어서 왕복하는 것 자체가 힘든 경우가 대부분이었다. 게다가 도시에서는 당연히 지불하던 상당한 금액의 임대료도 이곳에서는 필요하지 않았다. 이것도 기르고 싶고, 저것도 기르고 싶고, 유기농업도 하고 싶다고 희망사항을 말하면 가르쳐줄 베테랑 농가를 흔쾌히 소개해준다. 도시에서 '선생님의 수업'은 정해진 시간뿐이지만, 여기에서라면 주변에 가르쳐줄 사람이 얼마든지 있다. 농사의 달인이 넘쳐나는 마을이다.

게다가 수확한 채소로 요리를 만들어 내놓을 장소도 있다. 눈앞에서 맛을 보고 감상을 말해주는 사람까지 있다. 그것도 돈을 내면서 말이다. 농사짓는 셰프의 레스토랑을 방문하는 손님은 연간 1만 7,000명. 단순 계산으로도 하루 50명에 달한다. 자기처럼 아무 경험도 없는 사람에게 이렇게 풍족한 기회를 준 오난초는 믿을 수 없는 별세계였다.

이것이 바로 그녀들이 느낀 그대로의 감상이다.

성실하게 공부해 대학에 들어가서 열심히 취업활동을 해도 기업의 합격통지를 받는 것은 하늘의 별 따기이다. 당신의 이 부분이 나쁘다, 매력이 부족하다는 혹평을 받으며 자신감을 잃어가는 일들의 연속이다. 엄청난 경쟁률을 뚫고 간신히 취직한다 해도 반드시 대우가 좋은 것은 아니다. 장시간의 근무와 그에 비해 기대에 못 미치는 월급. 지금까지 이런 것들이 당연한 세상에서 살아왔다. 이런 '별세계'가 있다고는 꿈에도 생각하지 못하고 말이다.

매일 아침 새소리를 들으면서 눈을 뜨고, 상쾌한 공기를 마시며 밭으로 출근하는 하루하루. 지역 사람들에게 경작포기농지는 가급적이면 건드리고 싶지 않은 화제인지 "그런 곳에서 일하는 거야?"라며 눈살을 찌푸린다. 그러나 나쁜 선입견이 없는 아다치 씨는 왜 그러는지 상상도 할 수 없다. 오히려 마음대로 사용할 수 있는 장소가 주변에 얼마든지 있다는 것이 신기할 뿐이다. 게다가 오랜 시간 방치되어서 농약도 화학비료도 포함되지 않은 토지는 유기농업을 시작하기에는 절호의 조건이다.

"풀을 베고 '아, 힘들다' 하고 얼굴을 들면 시원한 바람이 불어와서 기분이 좋습니다. 자연 속에서 이 정도의 인구밀도에서 살고 있어서 스트레스가 적습니다."

아다치 씨가 그렇게 말하고 있는 맞은편에서 옛날 그대로의 초등학교 수업종이 여유롭게 울리고 있었다.

아무리 생각해봐도 아다치 씨가 정상이고 지금까지의 상식이 비정상이다. 토지라는 것은 사용하고 싶은 사람이 많으면 가격이 올라가

숲에서 자본주의를 껴안다

고 적으면 떨어진다. 그 가격이 극한까지 떨어진 토지가 '공짜로 사용할 수 있는 경작포기농지'이다. 그런데 공짜가 되어도 아무도 사용하려고 하지 않는다. 정보만 제대로 전달된다면 분명히 사용하고 싶어할 잠재적 희망자는 정보를 알 수 없는 곳에 위치해 있다.

왜 이런 일들이 빈번히 발생하고 또 방치되고 있는 것일까?

경작포기농지 활용의 핵심은 즐기는 것이다

마쓰에시松江市 교외에 위치한 경작포기농지에서는 최근 재미있는 현상이 일어나고 있다. 아마추어들이 즐겁게 농사를 짓는 모습을 보고 프로 농가의 의욕이 부활한 것이다.

시마네현의 현청 소재지인 마쓰에시에서도 밭이 없는 도시주민들 중 스스로 채소를 기르고 싶어 하는 사람이 늘고 있다고 한다. 어디에 마음 편히 사용할 수 있는 장소가 없는지 찾다 보니, 자동차로 20분 정도 떨어진 곳에 경작포기농지가 있었다. 시민들은 NPO를 설립하고 시에서 토지의 활용허가를 받아서, 황폐해진 땅을 열심히 농지로 되돌리고 채소 등을 기르기 시작했다.

완전한 문외한들도 많았다. 그래서 그만큼 감동도 크다. 열매가 열렸다고 소란을 피우는 광경을 여기저기에서 볼 수 있게 되었다. 슈퍼에서 사서 먹는 것과는 느껴지는 고마움이 천지차이이다.

밭에 가는 것이 즐거워서 참을 수가 없다. 쉬는 날에는 자식들과 손자손녀들을 데리고 하루 종일 이곳에서 지내는 사람도 있다. 아이들의 탄성이 울려 퍼진다. 경작포기농지가 순식간에 즐거운 장소가 되었다.

황폐해질 대로 황폐해졌던 토지가 변모해가는 모습을 근처의 농가 사람들이 지켜보고 있었다. 그리고 감명을 받았다고 했다. 중요한 무언가를 잊고 있었다는 생각이 들어서 자신들도 황무지 한구석에 차묘목을 심었다. 나무가 자라서 찻잎을 따게 되는 그날을 즐겁게 기다리기로 했다.

돗토리현의 산속, 야즈초八頭町에서는 지금까지 진행되어온 경작포기농지의 활용을 둘러싸고 대단히 흥미로운 토론이 펼쳐졌다. '우리들은 돈을 벌기 위해서 하고 있는 것인가, 즐겁기 때문에 하고 있는 것인가?'에 대해서 진지하게 의견을 교환했다. 그렇게 내려진 결론이 대단히 멋스럽다. 즐기는 것이 가장 중요하다는 것을 다 함께 확인한 것이다.

그들이 진행하고 있는 것은 어떤 물고기의 양식이다. 경작포기농지가 된 논을 20센티미터 정도 파고 용수로에서 물을 끌어와서 혼모로코라는 물고기를 기르고 있다. 혼모로코는 길이가 10센티미터 정도 되는 비와호琵琶湖의 특산어로, 예로부터 교토의 고급 음식점 등에서는 고급 식재료로 귀하게 여겨져왔다. 숯불에 굽거나 설탕과 간장을 넣고 달짝지근하게 졸여서 먹는다. 고급스러운 맛의 흰 살 생선이다.

숲에서 자본주의를 껴안다

2000년경, 돗토리대학에서 담수어를 연구해온 시치조 기이치로七條 喜一郎 씨는 혼모로코가 논의 웅덩이 같은 환경에서도 자라는 물고기라는 점에 착안해서 야즈초의 경작포기농지에서 양식을 시작했다. 시작해보니 양식은 순조롭게 진행되었다. 초여름에 어린 물고기를 웅덩이에 풀어놓는다. 먹이는 연못에서 자라는 물벼룩 등의 플랑크톤이다. 깻묵이나 밀을 뿌려두면 그것을 먹이로 하는 플랑크톤은 자연스럽게 늘어나고 혼모로코도 성장한다. 성어가 되면 제대로 된 먹이가 필요하지만 그때까지는 거의 손이 가지 않는다. 먹으면 맛있고, 논에서 물고기가 자란다는 것 자체가 굉장히 즐거운 일이다.

대대로 이어져 내려온 논을 황폐해질 대로 황폐해진 상태로 방치하고 있는 것을 내심 꺼림칙하게 생각하고 있던 농가가 앞장서서 논을 연못으로 바꿔갔다. 참가자는 매년 증가해 지금은 마을 전체에서 51명이나 된다. 혼모로코 양식 붐은 주변 마을과 다른 현으로도 퍼져나갔다.

그러자 문제가 발생했다. 신규 참가자 증가로 인한 산지 간의 경쟁이었다.

혼모로코는 분명히 교토에 가지고 가면 비싸게 팔린다. 고도古都의 주방이라 불리는 니시키시장錦市場에 가면 달착지근하게 졸인 혼모로코가 100그램에 1,500엔이 넘는 가격에 팔리고 있다. 그러나 이런 담수어를 귀하게 여기며 즐겨 먹는 문화를 가지고 있는 것은 교토 주변뿐이다. 모두가 교토의 시장에 혼모로코를 내다 파는 그 순간 경쟁이 발생하고 가격이 떨어져버린다.

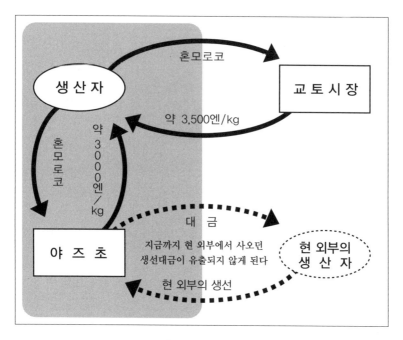

혼모로코의 경제효과

'야즈초 혼모로코 공화국'이라는 손으로 쓴 간판이 내걸린 본부에 주요 멤버들이 모여서 의논의 시간을 가졌다.

고급 어종으로서의 브랜드를 유지하기 위해서 무엇을 해야 할까? 시장의 확대를 노릴 수는 없을까? 의논 내용을 잠자코 듣고 있던 시치조 씨가 입을 열었다.

"원래 무엇을 위해서 시작한 것인가?"

시치조 씨는 이렇게 설명했다. 선조 대대로 내려오는 논밭이 황폐해진 것을 보는 것은 가슴 아픈 일이다. 활용하지 못하고 있는 토지에서 할 수 있는 일을 찾다가 시작한 것이 혼모로코의 양식이었다. 처음

숲에서 자본주의를 꺼안다

부터 돈을 벌겠다고 또는 타산이 맞는지를 생각하고 시작한 일이 아니다. 즐겁기 때문에 하고 있는 것이다. 그것으로 충분하지 않느냐고, 이것 때문에 싸우는 것은 말도 안 된다고 말이다.

시치조 씨에게는 '즐겁다'라는 것 말고도 또 하나 중요하게 생각하는 것이 있다. 그것은 '지역을 자랑스럽게 생각하는 마음'이다.

우리의 논에서 고급 어종이 자란다. 그 자체가 긍지가 된다.

모두 함께 모여서 맛있게 먹는 방법을 이것저것 궁리하고 함께 술잔을 기울이면서 그 맛을 자화자찬한다. 그리고 혼모로코를 모르는 사람에게는 먹는 방법을 소개하면서 이렇게 맛있는 물고기가 잡히는 우리 고향을 자랑하는 것이다.

지역에 대한 긍지는 아이들에게도 퍼져 있다. 혼모로코를 급식에서 사용하게 된 뒤로 아이들이 마을을 자랑스럽게 생각하게 되었다. 시치조 씨는 몇 번이나 초등학교를 방문해서 혼모로코는 깨끗한 물에서 자란다는 것, 그런 환경에서 우리가 살고 있다는 것을 반복해서 가르치고 있다.

"그것으로 충분하지 않아? 아이들이 자기가 사는 지역을 좋아해준다면 말이야."

'반드시 시장에서 팔아야 한다'라는 환상

이러한 사례는 사물의 본질을 홀

룽하게 보여주고 있다. 지금까지 경작지라는 대상을 옭아매고 있던 상식을 벗어버리면 길을 의외로 쉽게 열린다.

그 상식이라는 것은 무엇인가? 그 첫 번째는, 경작지에서 기르는 이상 '그에 상당하는 금액의 돈으로 형태를 바꾸는 경제행위여야만 한다'라는 상식이다. 달리 말하면 반드시 '시장이라는 곳'에서 팔아 돈과 교환해오지 않으면 안 된다는 상식이다. 이런 상식에 얽매여 있는 사람은 돈으로 바꾸면 잃어버리는 가치가 있다는 것은 모르고 있다.

왜 자기가 먹으면 안 되는가? 자신이 즐겁게 기른 것을 자기 자신이 먹는 것이야말로 가장 즐거운 일이며 만족감도 얻을 수 있다.

왜 자기가 요리해서 사람들에게 대접하면 안 되는가? "이거 내가 만든 거야" 하고 내놓은 음식을 사람들이 먹어주는 것은 얼마나 기쁘고 만족스러운 일인지 모른다.

그런데도 우리는 경작지를 사용할 경우, 수확한 것은 반드시 외부의 시장에 가지고 가서 팔지 않으면 안 된다고 믿어왔다. 그래서 기르는 것의 품질과 양에 끊임없이 집착하고, 다른 산지에 지지 않기 위해서 가격경쟁을 해왔다. 수입산이 더 싸다는 말을 들으면 유유낙낙 '가격인하에 맞춰온 것이다.'

그 결과 '경쟁력 없는 상품'밖에 수확할 수 없는 경작지에는 아무것도 기르지 않는다는 선택을 해왔다. 경작지를 방치하고 먹는 것을 외부로부터 사오면서 자급률을 떨어트렸다.

이런 일들이 지역의 생활비를 끌어올려서 결과적으로 지역의 생존을 위협하고 있다. 기본적이지만 다시 한 번 확인해둘 필요가 있다.

숲에서 자본주의를 껴안다

계속해서 수확되는
시장 '밖'의 '부산물'

경작포기농지에서 채소를 기르고 있는 시민은 그만큼 슈퍼에서 채소를 살 필요가 없다. 이것은 우리에게 중요한 질문을 던지고 있다.

"언제부터 우리들은 '취미'를 돈으로 살 수 밖에 없어진 것일까? 취미를 포함해 생활의 모든 부분은, 일이라는 '직업'을 통해서 얻은 돈을 쪼개서 손에 넣어야 한다는 일방통행시스템을 금과옥조金科玉條로 여기고 있는 것은 왜인가?"라고 묻고 있다. 취미로 채소를 기르는 만큼 돈 쓸 일이 줄어든다면 그보다 좋은 것은 없지 않을까? 아니, 지출만 줄일 수 있다면 실은 그리 수익성이 높지 않은 '직업'을 선택하는 것도 가능해진다.

지역의 연못에서 기른 혼모로코를 급식에 사용하면 마을 외부에서 물고기를 사올 필요가 없다. 똑같이 대금을 지불하고 있지만 그 의미는 전혀 다르다. 외부의 물고기라면 돈은 마을 밖으로 흘러나가 버린다. 하지만 지역에서 생산된 혼모로코라면 돈은 지역 안에 머무른다. 지역 안에서 순환하게 되는 것이다.

표면적인 경제활동은 축소된다. 그러나 현실은 풍요로워진다. 이것이 바로 산촌자본주의의 심오한 부분이다.

게다가 손에 들어오는 '풍요로움'은 금전적인 것만이 아니다. '즐거움'과 '긍지'라는 '부산물' 또한 '수확'할 수 있다.

부산물은 그 외에도 많이 있다. '농사짓는 셰프'를 만들어낸 오난초

상공관광과에 근무하는 데라모토 씨가 이런 이야기를 해주었다.

"아다치 씨가 처음 이곳에 왔을 때는 지쳐 있었습니다. 지각만 했지요. 하지만 조금 지나자 기운을 찾았습니다. 아마 도시에 있을 때는 몇백만 명 중의 한 사람이었을 겁니다. 이곳에 오면 1만 명 중의 한 사람이 되죠. 존재감이 전혀 다릅니다."

그것을 여실히 보여주는 지표가 있다. '고맙다'라는 말을 듣는 횟수가 압도적으로 늘어난 것이다. 덧붙여 말하면 아다치 씨가 '고맙다'라고 말하는 횟수도 늘었다. 감사의 커뮤니케이션은 사람을 건강하게 만들어준다. 그것이 도시에서는 점점 줄어들고 있다.

아다치 씨는 자신이 기른 채소 이외에도 농사를 가르쳐주고 있는 농가를 비롯해 몇 곳의 농가를 돌면서 채소를 구입하고 있다. 농가를 방문하면 몇 가지 질문을 한다. 어떤 이름의 채소인지, 맛있는 채소를 기르는 방법, 구분하는 방법, 맛있게 먹는 방법 등…. 물어볼 때마다 농가의 사람들은 대답해준다. 대부분이 당연하게 여기던 것들이기 때문이다. 하지만 전혀 싫은 마음은 들지 않는다. 싫기는커녕 대답해주는 것이 즐거워서 어쩔 줄 모를 정도이다. 매일 아다치 씨가 빨리 왔으면 좋겠다고, 이야기를 나누고 싶다고 생각하게 되었다고 한다.

그렇다. 채소에 대해 이야기하는 것은 즐거운 일이다. 이렇게 즐거운 일은 왜 지금까지 하지 않은 것일까? 그것을 아다치 씨가 알려주었다. 그리고 오늘도 아다치 씨는 "감사합니다"라고 말하며 돌아간다.

바로 이것이 내일은 없다고, 도시로 나갈 수밖에 없다고 모두가 믿어온 시골에서 잠자고 있는 진짜 '실력'이다.

숲에서 자본주의를 꺼안다

그것을 아다치 씨는 이렇게 표현했다.

"'굉장히 맛있는 물도 있고, 숲도 있고, 전부 있잖아요. 좋잖아요'라고 말해도 지역 사람들은 막연히 '젊은 사람은 역시 슈퍼처럼 여러 가지 물건을 살 수 있는 장소가 있는 편이 좋지 않을까?'라는 생각을 가지고 있는 것 같습니다. 하지만 저는 그런 것이 아니라 지역 사람들이 가지고 있는 다양한 지혜나 자립해서 살아갈 수 있는 힘 같은 것들이 필요해서, 그것을 배우고 싶어서 이곳에 와 있는 것입니다."

아다치 씨의 말이 상식이 된다면 지방은 격변할 것이다. 도시에 사는 사람들도 포함해 일본 전체가 크게 변화될 것을 우리는 확신하고 있다.

글쓴이_ NHK히로시마 취재팀 이노우에 교스케
야쿠 야스히로

제4장

'무연사회'의
극복

복지선진국도 배우고 있는 '과소마을'의 지혜

'조세와 사회보장의 일체개혁에
의지'하는 것에 대한 반기

         정말 그 정도로 막대한 금액의
돈을 우리들의 힘으로 충당할 수 있을까? 선거에서 어떤 정당이 승리
하고 아무리 훌륭한 개혁이 이루어져도 결국은 우리의 지갑 문제로
직면하게 되는 것이 '조세와 사회보장'의 문제이다.

   그리스에서 그런 일이 일어난 것은 그 나라가 무책임했기 때문이라
고 생각하고 싶은 마음을 모르는 것은 아니다. 하지만 그것은 보기 싫
은 것에서 눈을 돌리고 있는 것에 지나지 않는다. 국가의 돈이 없어지
고 연금과 사회보장을 포기한 것은 그리스만이 아니다. 프랑스에서도
같은 일이 일어났다. 국민들의 맹렬한 반대를 누르고 최악의 상황이
닥치기 전에 자신들이 허리띠를 졸라매는 결단을 내렸다. 덕분에 프
랑스의 재정은 당분간 파산은 피할 수 있게 되었다.

   일본은 국가와 지방자치단체를 합쳐서 1,000조 엔에 달하는 빚을

안고 있다. 앞으로 언제까지 어떻게 해서 갚을 것인지 전혀 대책이 없는 데다가 고령화는 점점 더 진행되고 있다. 일할 수 없게 된 뒤 생활의 의지가 되는 연금, 병들었을 때의 의료비, 혼자서 생활할 수 없어졌을 때를 위한 간병보험. 노인들로 가득 찬 나라가 되고 있기 때문에 필요한 돈은 그저 불어날 뿐이다. 위험은 커져만 간다.

정말 그런 고통을 끌어안을 수밖에 없는가? 고령화로 인한 사회비용을 전부 충당할 수 있는 막대한 자금을 준비하거나, 노후의 생활수준을 낮추고 지출을 줄여서 모아야 할 자금의 총액 줄이거나, 선택할 수 있는 방법은 이 둘 중에 하나밖에 없는 것일까?

이런 상식에 의문을 품고 다른 방법의 가능성을 찾고 있는 것이 바로 산촌자본주의이다. 노인들은 돈만 잡아먹고 거치적거리는 존재라고 왜 쉽게 단정 짓는가? 연금이 없어지면 정말 굶주릴 수밖에 없는가? 산업력이 없는 시골은 쓸모가 없다고 어째서 단정 짓는가?

이 질문들은 일본사회를 좀먹고 있는 '무연사회無緣社會'를 향한 질문이기도 하다. 고향을 떠나 도시로 나왔지만 일이 잘 풀리지 않아서 지연과 혈연으로부터 분리되어 독립된 사람이 혼자 쓸쓸히 세상을 떠나는 경우가 급증하고 있다. 그들이 가장 마지막에 매달리게 되는 것은 부모의 연금인 경우가 많다고 한다.

'최후에 의지하는 생명줄이 연금이라는 점'이 지금의 현실을 상징적으로 나타내고 있다. 예로부터 내려온 지연과 혈연의 안전망은 케케묵은 것이라고 몸서리를 치면서 그곳에서 벗어나 풍요로움과 행복을 추구했던 시대. 그 궁극적인 형태가, 누구에게도 신세를 지지 않고 젊

숲에서 자본주의를 껴안다

었을 때 준비한 대비책으로 유유자적한 노후를 보내는 연금시스템이다. 유감스럽게도 이 시스템은 경제성장이 언제까지나 계속되는 것을 전제로 하고 있다. 게다가 노인들만 증가하는 사회를 상정해서 설계되지도 않았다. 논의가 계속되고 있는 '조세와 사회보장의 일체개혁'*은 그러한 설계를 일종의 '세부조정'을 통해서 극복하려고 하는 것이라고 할 수 있다.

그러나 지금 우리들이 본격적으로 시작해야 하는 것은 새로운 전제를 받아들인 상태에서 이루어지는 근본적인 '재설계'가 아닐까? 시골을 버리고 도시로 나와도 많은 사람들이 '많은 돈을 받을 수 있다는 성공'을 기대할 수 없는 '성공이 둔화된 시대'. 열심히 쌓아올린 연금에만 의지해서 노후를 설계하는 것은 어쩐지 불안한 시대. 정치와 관료가 형편없다고 한탄하거나, 앞날이 캄캄하다고 절망할 수밖에 없는 것인가?

절대로 그렇지 않다. 할 수 있는 일은 얼마든지 있다는 힘찬 시도가 주고쿠지방의 산속에서 진행되고 있다.

---

* 사회보장의 충실 및 안정화 그리고 그 실현을 위한 안정적인 재원확보와 재정건전화의 동시 달성을 위해서 2012년 8월에 제정된 관련 8개 법안을 비롯한 일련의 행정개혁.

'핸디캡'은 마이너스가 아니라 보물상자

히로시마현 쇼바라시의 도로를 달리다 보면 사람은 만나지 못하더라도 반드시 만나게 되는 것이 있다. '빈집'이다. 오랫동안 방치된 집이 처마가 무너져 흉물스러운 모습을 드러내고 있다. 그런 광경을 보면서 어떻게든 해야 할 필요가 있다고 계속 고민한 끝에, 빈집과 노인들이 많은 지역에서밖에 할 수 없는 '복지의 실현'을 생각해낸 사람이 있다. 노인들과 장애인을 위한 시설을 운영하는 쇼바라의 사회복지법인 이사장, 구마하라 다모쓰熊原保 씨이다.

구마하라 씨는 와다 요시하루 씨와 같은 마을에 살면서 '과소를 역으로 이용하는 모임'의 주요 멤버 중 한 명으로 열심히 활동해온 사람이기도 하다. 많은 사람들이 '이런 시골에 미래는 없다'라고 단정 짓고 생각 자체를 멈춰버린 현실에 개의치 않고, 인구가 적은 것을 장점으로 받아들이고 활용함으로써 눈앞의 과제를 해결할 길을 모색해왔다. 와다 씨보다 열 살 정도 아래 세대이다. 도전적인 언변으로 사람들을 이끄는 와다 씨와는 달리 안경 너머의 작은 눈이 항상 조용히 웃고 있는 날씬한 신사이다.

구마하라 씨가 어떻게든 활용법을 찾아보려 시작한 것이 '빈집'의 활용이다. '고향을 버리는 사람이 끊이지 않는다'라고 한탄하기보다 '공짜로 사용할 수 있는 지역의 자원이 또 늘었다'라고 긍정적으로 생각하자는 것이다. 생각해보면 지금 당장 사용할 수 있는 괜찮은 건물

숲에서 자본주의를 껴안다

이 많은 것은 보통은 부러운 환경이다. 도시 사람들은 비싼 임대료를 지불하고 토지와 건물을 빌리고, 그 비싼 임대료를 지불하기 위해서 부지런히 일하고 있다. 부동산 비용이 낮은 것은 시골의 강점이 틀림 없다.

구마하라 씨는 빈집을 지역의 노인들이 시간을 보낼 수 있는 데이서 비스day service* 센터 등으로 활용하고 있다. 아무래도 오랫동안 사람이 안 살면 건물이 망가져버리기 때문에 가능한 한 빨리 활용법을 찾아서 행동을 시작한다. 흉물스러운 모습으로 변하면 주변 사람도 우울해지 고 낙심하게 되지만, 반대로 재생하는 모습을 보여주면 지역에 활력 을 주는 존재가 된다. 데이서비스의 거점이 마련되면 지역의 젊은이 도 고용할 수 있다. 좀처럼 일자리를 찾기 힘든 지역의 젊은이들에게 도 반가운 일이고, 젊은 사람들이 가까운 곳에서 활기차게 일하는 것 은 지역에도 활기를 불어넣는다. 물론 빈집을 빌리는 절차는 복잡해 서 빈집의 활용은 생각만큼 간단히 이루어지지는 않는다. 하지만 포 기해서는 안 된다. 조금씩 성공적인 케이스가 많아진다면 길은 넓어 질 것이다. 구마하라 씨는 그렇게 믿으며 착실히 실행에 옮기고 있다.

길을 걸어가면 흉물스러운 빈집이 계속 나타나는 고향의 풍경. "이 런 모습을 계속 봐왔다"라고 말하는 구마하라 씨의 출발점이라고도 할 수 있는 풍경을 보면서 '왜 이곳에서 노력하고 있는가? 노력할 수 있는가?'를 물어보았다. 구마하라 씨는 자신만의 지방에서의 생활방

---

* 재택 노인을 양로원 등에 보내어 목욕이나 간호·식사 등을 제공하는 지원 서비스.

식을 이야기해주었다.

"복지도 과소문제도 마찬가지입니다. 별로 좋은 표현은 아니지만, 핸디캡이 있는 사람과 지역, 마이너스가 많은 사람과 지역, 저는 그것이 약점이라고는 생각하지 않습니다. 사실은 보물이 들어 있는 상자라고 생각합니다."

핸디캡은 마이너스가 아니라 보물상자라는 역전의 발상이 구마하라 씨를 노력할 수 있게 만들어준다고 한다. 그런 신념을 가지고 있으면 미래를 향한 희망을 실현시켜가는 원동력이 된다는 것이다.

이 얼마나 긍정적인 사고인가. 패자의 오기와 억울함은 찾아볼 수 없다. 구마하라 씨는 무리하고 있는 것이 아니다. 우리들은 구마하라 씨의 이야기를 듣고 실천의 현장을 둘러보면서 우리 머릿속을 점령하고 있는 상식의 빈약함을 깨달아갔다.

고령화와 과소화를 그저 마이너스로 받아들이고 슬퍼하며 원망하기만 하는 발상이 얼마나 변변치 못한가. 있는 그대로를 받아들이고 그 상황 속에서 우리가 할 수 있는 일을 찾아낸다면 '젊은 사회'와는 다른 형태의 평온하고 풍요로운 '성숙한 사회'를 만들 수 있다.

그것은 어떤 사회일까? 바로 우리의 눈앞에서 동시에 진행된 실험적인 도전이 우리들에게 새로운 세상을 알려주었다.

숲에서 자본주의를 껴안다

'썩히고 있는 채소'가
바로 보물이었다

눈이 끊임없이 내리는 겨울의 어느 날 구마하라 씨는 그날도 노인들을 위한 시설에서, 데이서비스를 이용하기 위해서 찾아온 할머니와 일상적인 대화를 나누고 있었다. 그러다 갑자기 무릎을 치며 "그래, 그걸 사용할 방법이 있었어. 빨리 시작해야지"라며 일에 착수했다. 어떤 대화를 나눈 것일까?

할머니는 바로 이렇게 말했다. "우리 텃밭에서 기르고 있는 채소는 결국 다 먹지를 못해요. 언제나 썩혀버려서 아까울 뿐이랍니다."

조금 부연설명이 필요할지도 모르겠다. 데이서비스를 이용하러 방문한 어르신들을 시설에서 만나면 '그저 일방적으로 보살핌을 받고 있는 사람'처럼 보인다. 나이는 대부분 여든이 넘고 허리도 굽어 있다. 걷는 속도도 느리다. 그러나 집에 돌아가면 혼자서도 훌륭하게 생활한다. 아니, 그 이상으로 매일 정정하게 밭에 나가서 채소를 기르고 있다. 시장에 출하할 정도로 많이 기르지는 않아도 자신이 먹는 만큼은 대부분 전부 스스로 해결하고 있다. 그렇게 기른 채소가 남아돌아서 썩히고 있다는 것이다.

베란다의 플랜터planter*에서 채소를 길러본 적이 있는 사람이라면 금방 이해할 수 있을 것이다. 가지도 토마토도 한 그루가 제대로 자라면 계속해서 열매를 맺기 때문에 그때마다 먹는 것이 힘들어진다. 그

---

* 식물 재배용 용기. 플라스틱 제품으로, 사각형이 많다.

런데 그들은 수십 년 동안 프로 농부로 일해온 베테랑이니까 채소를 기르는 기술은 아마추어에 비할 바가 아니다. 게다가 혼자 살거나 노부부만 있는 가정은 매일 먹는 양도 별로 많지 않다. 그 결과, 계속 열매가 열리고 계속 썩어가고 있는 것이다.

그곳에서 태어나고 자란 구마하라 씨가 이런 사정을 몰랐을 리가 없다. 물론 알고 있었지만 구마하라 씨 같은 사람마저도 일종의 상식에 얽매여 있었다. 그 채소를 시설의 식재료로 사용한다는 발상 자체가 없었던 것이다.

구마하라 씨는 시설의 경영을 조금이라도 개선하기 위해서 매일 머리를 쥐어짜고 있다. 지방은 노인이 많다고 해서 경영이 쉬운 것은 아니다. 당연히 간병보험에서 나오는 돈만 가지고 여유롭게 유지할 수 있는 체계도 아니다. 일하는 사람에게 지불하는 급여도 결코 높지 않다. 상당히 힘든 노동조건임에도 간병만으로는 먹고 살 수 없기 때문에 동시에 아르바이트를 하고 있는 사람도 많은 것이 전국적인 추세이다.

그러나 구마하라 씨는 고령화의 진행이 가속화되는 상황에서 지방이 사회적으로 기능하기 위해서는 이런 시설 또는 사회복지법인이라는 존재가 불가결하다고 생각한다. 전통적인 유대관계가 무너지고 과소화로 피해가 확대되는 속에서, 비록 인공적으로라도 시설이 가지고 있는 유대의 의미는 더욱 커질 것으로 예상되기 때문이다. 그렇기에 구마하라 씨는 현재의 제도 위에서 안주하지 않고 도전하고 있다. 조금이라도 시설의 운영에 여유가 생길 수 있도록, 조금이라도 근무하는 사람들에 대한 처우가 좋아질 수 있도록 가능한 일은 뭐든지 시도하고 있다.

그런 구마하라 씨조차 지금까지는 시설에서 사용하는 채소를 시장 이외의 곳에서 구입할 생각은 하지 못했다. 식재료의 조달은 그런 것이라는 고정관념에 얽매여 있었던 것이다. '시설처럼 공적인 성격이 강한 곳에서 매일 대량으로 소비되는 물품은 대량의 물자를 모아서 파는 물류시스템을 통해서 조달해야 한다. 그러는 편이 합리적인 것이다'라는 고정관념이다.

시설 주방에 쌓여 있는 채소는 현의 외부에서 재배된 것이 대부분이었다. 시장의 가격경쟁에서 승리한 우등생 채소들이다. 직원들은 조금이라도 납품가격이 싼 곳을 고르기 위해서 노력하고 식비가 저렴한 식단을 짜기 위해서 노력하고 있었지만, 자신들의 발치는 보지 못하고 있었다. 그러던 어느 날, 어르신과의 별다를 것 없는 대화 속에서 갑자기 이 어르신들이 기르는 채소를 시설에서 활용하면 된다고 깨달았다. 다 먹지 못하고 있는 채소를 활용한다면 식비를 극적으로 줄일 수 있는 가능성이 있다.

'도움이 된다'라는 것에서 '삶의 보람'을 느낀다

이 '깨달음'은 시설뿐 아니라 지역에 있어서도 실로 큰 의미가 있는 발견이었다. 아이디어가 순조롭게 진행된 뒤의 단계에서부터 그 성과가 나타나고 있다.

구마하라 씨는 재빨리 시설직원에게 설문조사를 지시했다. "여러분이 기른 채소를 시설의 식재료로 사용해도 괜찮겠습니까?" 그러자 순식간에 데이서비스를 이용하고 있는 어르신들을 비롯해 100개에 달하는 가정에서 꼭 제공하고 싶다는 답변이 왔다.

그중 한 집인 이리키미 하루코入君ハルコ 씨의 집을 방문했다. 이리키미 씨는 남편인 히로시弘司 씨와 둘이서 살고 있다. 80대 노부부는 시설의 잠옷 같은 옷을 입고 있으면 어떻게 봐도 '보살핌이 필요한 노인'이지만, 자택을 방문하자 활기차게 생활하고 있었다. 텃밭은 깜짝 놀랄 정도로 넓어서 노부부 둘이서는 절대로 다 먹을 수 없는 대량의 채소가 자라고 있었다. 그러나 그 정도의 양을 기르지 않으면 밭의 지력이 떨어져버린다고 알려주었다.

이리키미 씨는 예전에는 이 정도까지 버리는 일이 없었다고 말한다. 주변 이웃들과의 교류가 활발했기 때문에 집에서 기른 채소로 이런저런 요리를 만들어 서로 교환했기 때문이다.

"떡을 만들었으니 먹어보라고 가지고 가거나 비빔밥을 먹어보라고 받기도 하면서 친하게 지냈지."

그렇지만 친하게 지내던 이웃 대부분은 빈집이 되어버렸다. 같은 나이 또래가 차례차례 세상을 떠나고 집을 물려받을 사람도 없어서 마을은 적적해졌다. 이리키미 씨와 마을 사람들은 동시에 소중한 것을 잃어버렸다. 바로 '보람'이다. 그때 구마하라 씨의 시설에서 연락을 받았다. 도움이 될 수 있다는 것이 기쁘다며 흔쾌히 오케이를 했다.

숲에서 자본주의를 껴안다

시설에서 시험적으로 채소를 모으면서 이리키미 씨 집에도 연락이 왔다. 부부는 전날부터 헛간에 양파와 감자를 잔뜩 준비해놓고 기다리고 있었다. 그 얼굴에는 생기가 넘치고 있었다.

"기쁘지요. 고맙다는 말을 들을 거라고는 생각 못 했는데, 그것만으로 큰 힘이 된답니다."

지역에서 풍요로움을 순환시키는 시스템, 지역통화의 탄생

구마하라 씨는 아이디어맨인 와다 씨와 동지들과의 상의를 거쳐, 지역이 더욱 활기를 띠고 풍요로움을 실감할 수 있는 제도를 도입하기로 했다. 채소에 대한 대가로 지불할, 지역 안에서 사용되는 '통화'를 만들려고 하는 것이다.

앞에서 시설 주방에 쌓여 있는 채소는 전부 현 외부에서 생산된 것들이었다고 말했다. 그것은 그만큼의 돈이 지역 외부로 유출되고 있는 것을 의미한다. 그 돈을 지불하지 않고 지역 안에서 구입한다면 돈은 지역에 머무를 수 있다. 게다가 그 대가를 지역 안에서밖에 사용할 수 없게 만들면 '풍요로움'은 지역 내부에서 순환하게 된다. 에너지 등을 통해 반복해서 설명해온 산촌자본주의의 비법을 여기에도 적용하려는 것이다.

구마하라 씨는 법인시설이 지불해온 연간 1억 3,000만 엔의 식비 중 약 10%를 노인들의 채소로 충당해나갈 계획을 세웠다. 채소를 제공한 노인들에게는 그 대가로 지역통화를 나눠준다. 노인들은 지역통화를 고령자시설의 데이서비스나 사회복지법인이 경영하는 레스토랑 등에서 사용할 수 있다. 지역부흥의 동지들이 도화지圖畫紙에 달려든 결과, 싱글벙글 웃는 얼굴이 그려진 지역통화가 완성되었다.

발안자인 구마하라 씨도 흥분을 감추지 못했다. "지금까지 밖으로 흘러나가던 돈을 지역의 노인들에게 줄 수 있다면, 그것으로 많은 것들이 움직이기 시작할 것입니다. 지역부흥을 이룩해가는 하나의 카드가 되지 않을까요?"

초여름의 어느 날, 직원이 시설의 장애인들과 함께 승합차로 노인들의 집을 방문하기 시작했다. 현관을 열고 용건을 전하자 처음에는 무뚝뚝한 표정이었던 노인들의 얼굴에 웃음이 피어난다. 밭에 들어가서 함께 무를 뽑는다.

승합차는 이리키미 씨의 집에도 찾아왔다. 툇마루에서 이리키미 씨가 기다리고 있었다. 남편 히로시 씨도 밭에서 서둘러 돌아왔다.

텃밭에는 청경채가 다 자라서 수확을 기다리고 있었다. 직원이 날것을 그대로 입에 넣고는 "맛있어요!"라고 목소리를 높였다. 미소를 지으며 부부가 입을 열었다. "자, 상자 가득 수확합시다!"

기분이 좋은 이리키미 씨는 이어서 직원을 헛간으로 안내했다. 눈앞에 있는 수확한 시금치도 가지고 가달라는 것이다.

이날 이리키미 씨가 센터에 제공한 채소는 청경채 18킬로그램과 시금치 10킬로그램. 시설 이용자 300명의 하루치를 확보했다.

그리고 채소에 대한 답례로 지역통화를 얼마나 줄 것인지 평가가 시작되었다. 직원이 "오늘은 굉장히 신선도가 좋은 채소였으니까 히로시마의 중앙도매시장 가격으로 구입하겠습니다"라고 말문을 열자, 이리키미 씨는 당황한 표정으로 말했다. "그러면 안 되지. 그냥 가져가도 괜찮아. 우리 집 영감은 언제나 나무 밑에 묻어서 썩히고 있는 걸." 결국 줄다리기 끝에 시장가격의 절반 가격으로 결론이 났다. 싱글벙글 웃는 얼굴이 그려진 지역통화를 건네준다.

처음으로 지역통화를 손에 든 이리키미 씨는 마치 태어나서 처음 심부름을 하고 용돈을 받은 아이처럼 지역통화를 손에 들고 히로시 씨에게 걸어갔다(움직임이 느린 이리키미 씨이기 때문에 '걸어'갔지만 아이였다면 분명히 '달려'갔을 것이다).

"영감, 이걸로 레스토랑에 가서 밥도 먹고 그러래요!"

히로시 씨는 직원을 돌아보며 환한 웃음을 지었다. "감사합니다!"

활기찬 목소리가 빈집이 가득한 마을에 울려 퍼졌다. 이리키미 씨가 한동안 잊고 있던 '보람'을 되찾은 순간이었다.

지방이기 때문에 만들 수 있는, 모자가 함께 살아갈 수 있는 환경

구마하라 씨의 도전은 계속 이어진다. 앞에서 레스토랑에서 지역통화를 쓸 수 있다고 이야기했다. 이 레스토랑은 노인들이 재배한 채소활용과 병행하는 형태로 만들어진 곳이다. 대체 어떤 곳일까? 왜 회사복지법인이 경영하고 있을까?

실은 이 레스토랑은 구마하라 씨가 지향하는 '핸디캡이 마이너스가 아니라 보물상자가 되는 사회'의 진화형이 훌륭하게 실현되고 있는 곳이다.

레스토랑은 단순한 레스토랑이 아니다. 레스토랑 부지 옆에 보육원이 병설되어 있다. 이곳도 구마하라 씨의 법인이 운영하고 있다.

아침 시간, 언제나처럼 펼쳐지는 보육원의 등원 풍경. 그런데 아이를 데려다준 어머니 한 명이 보육원에서 옆 건물로 달려간다. 그녀는 레스토랑 주방에서 일하고 있는 것이다.

주고쿠지방의 산속에서는 설령 의욕이 있더라도 아이를 기르는 어머니가 적당한 일자리를 찾는 것은 쉬운 일이 아니다. 무엇보다 취직할 수 있는 일자리가 많지 않고 시간제 근무도 제한이 많다. 멀거나 시간이 맞지 않고 주변의 눈도 신경이 쓰인다. 구마하라 씨는 그런 어머니들에게 이상적인 근무환경을 만들어주고 싶었다.

일할 기회를 얻은 한 사람, 에노키 히로코榎木寛子 씨는 이렇게 말한다. "주부가 된 지 5년 이상이 지났기 때문에 사회에 나가서 풀타임으로 일하는 것은 왠지 내키지 않고 자신이 없었습니다. 이곳은 아이 얼굴도 보이는 장소라서 용기를 냈습니다. 이런 장소가 아니었다면 아직도 주저하고 있었을지도 모릅니다. 저에게는 굉장히 매력적인 조건이었습니다."

물론 레스토랑에서 고용하는 사람은 겨우 두세 명에 지나지 않는다. 그러나 세상에 보내는 메시지가 있다. 지방이기 때문에 어머니와 아이가 활기차게 살아갈 수 있는 환경을 만들 수 있다는 메시지. 그

발신이 중요한 것이다.

시골에는 아이들을 기르는 데 있어서 도시 한복판에서는 기대할 수 없는 부러운 환경이 구비되어 있다. 봄이 되면 유치원 원생들은 매일같이 선생님과 함께 근처의 논두렁과 강둑으로 산책을 나간다. 아이들은 머위의 어린 꽃줄기나 뱀밥을 따면서 매우 즐거워한다. 기운찬 목소리로 자신들의 수확을 선생님에게 보고한다. 그 모습을 본다면 많은 부모들은 이런 곳에서 아이를 기르고 싶다고 생각할 것이다.

그러나 시골에는 핸디캡이 있다. 일할 곳이 적다는 핸디캡이다. 대부분 그 핸디캡에 직면하는 시점에서 시골은 자기주장을 포기해버린다.

하지만 도시에도 큰 핸디캡이 있다. 일하고 싶어도 아이를 맡길 보육원이 없다는 핸디캡이다. 보육원의 대기아동에 대한 문제는 장기간 해결되지 않고 있는 일본의 사회문제이다. 겨우 최근에서야 보육원의 확충을 요구해서 돈을 들여 정비를 진행하고 있다. 그러나 지금 도시에서는 취직난과 함께 아이를 낳아서 기르는 것조차 어려울 정도의 저소득 문제가 부상하고 있다. 일본의 장래를 이끌어갈 어린이를 어디에서 어떻게 기를 것인가? 사회로서 어떻게 부모를 지원할 것인가? 지금 시대의 흐름을 제대로 파악한 의논과 대응이 절실히 요구되고 있다. 그런 상황 속에서 구마하라 씨는 작은 파문을 일으키고 있는 것이다.

노인도 어머니도 아이도
빛나게 해주는 장치

직장 옆에 보육원을 만들어서 극복할 수 있는 지방 어머니의 핸디캡. 구마하라 씨는 마치 오셀로게임의 절묘한 한 수처럼 이 장치를 활용해서 더 많은 핸디캡들을 검은 패에서 흰색으로 바꾸고 있다.

그중 하나가 시골 노인들이 꽤나 불만스럽게 생각하는, 즐겁게 점심을 먹을 장소가 없다는 핸디캡이다.

이 레스토랑은 경영난으로 폐업한 가게를 사들여서 개장한 것이다. 처음부터 손님은 그다지 기대할 수 없었다. 그러나 근처에 사는 노인들은 가끔 이 레스토랑에서 먹는 점심을, 좀처럼 만나지 못하는 멀리 사는 친구와 보내는 시간을 소중하게 생각하고 있었다. 구마하라 씨는 주변에서 그런 이야기를 전해 듣고 레스토랑을 부활시켰다.

인테리어공사를 거쳐 새로 문을 연 레스토랑에 한껏 멋을 부린 모습으로 친구들을 데리고 찾아온 할머니가 있었다. 근처에 사는 히후미 하루에一二三春江 씨이다.

남편이 죽은 뒤 히후미 씨는 큰 집에서 혼자 살고 있다. 요즘은 밭일을 가는 김에 여기저기 딱히 목적도 없이 산책을 한다. 길에서 누구를 만나지 않을까? 잠시 서서 이야기를 나눌 수 있지 않을까? 그것을 위한 산책이라고 한다. 그렇게라도 말할 기회를 만들지 않으면 하루 종일 거의 누구와 말할 일이 없다. 쓸쓸해서 견딜 수가 없는 것이다.

그래서 새로 문을 연 레스토랑에서 친구와 먹는 점심식사의 즐거움은 이루 말할 수 없을 정도이다. 창으로 들어오는 환한 햇살에 둘러싸인 테이블에는 계속해서 큰 웃음소리가 울려 퍼진다.

친구를 데리고 찾아온 히후미 씨는 왠지 자랑스러워 보였다. 지갑 속에 자리 잡은 지역통화. 점심식사에 사용되는 채소의 일부는 히후미 씨의 텃밭에서 제공한 것이었다. 테이블에 단호박그라탕이 나오자 히후미 씨의 밭에서 딴 단호박이라는 설명이 곁들여졌다. 다들 맛있다고, 세련된 요리라고 칭찬을 아끼지 않는다. 그리고 계산할 때가 되자 히후미 씨의 지역통화가 대활약을 펼친다. 히후미 씨는 "또 열심히 밭일을 해야겠어요. 일할 이유가 생겼습니다"라고 웃으면서 말했다.

즐거움은 이것만이 아니다. 원한다면 옆의 보육원에서 아이들과 시간을 보낼 수도 있다. 구마하라 씨는 노인들이 '점심 약자弱者'를 극복한 다음에는 '손자손녀 세대와 교류하지 못하는 약자'도 극복할 수 있는 시스템을 준비해놓았다.

히후미 씨와 친구들은 아이들을 만나자 순식간에 아이들의 마음을 사로잡아갔다. 옛날에 자주 불렀던 동요나 아이들이 관심을 가질 만한 몸짓과 손짓. 옛날 놀이를 손짓 발짓으로 가르치면서 분위기를 주도해간다. 생각해보면 다들 아이들을 몇 명이나 길러낸 베테랑이다. 단순히 노인만 즐거운 것이 아니라 아이들에게도 보육원에도 큰 도움이 되는 시스템이다.

한동안 놀다 보니 낮잠 시간이 되었다. "자, 오늘은 이제 끝"이라고 선생님이 아이들에게 말하자 아이들이 울기 시작했다. "더 놀고 싶어! 다음에는 언제 올 거야?" 히후미 씨는 아이들의 질문 세례를 받았다.

이 얼마나 사랑스럽고 가슴이 뜨거워지는 질문인가. 노인들에게 아이들에게 보육원의 선생님들에게 나아가 어머니들에게까지도 행복이 퍼져나간다.

그곳에 있던 한 어머니가 이 시스템의 훌륭함을 정확히 알려주었다.

"보육원에 가서 선생님에게 아이를 맡기고 돌아오는 그런 단순한 관계가 아닙니다. 주변 사람들의 도움을 받으면서 살아가는 것에 대단히 만족합니다. 저도 안심할 수 있고, 아이도 여러 사람들과의 관계를 통해서 많은 것을 배울 수 있을 겁니다."

무연사회의 해결책은
주고받는 '도움'

이 방법에는 지금까지 항상 사회 문제를 따라다니던 '고독'이 없다.

지금까지 우리가 발전시켜온 사회는 다양한 입장의 개인을 분석하고, 문제에 따른 해결책을 강구해서 돈을 들여 해결하는 단계를 거쳐왔다. 노인도, 아이도, 일하고 싶지만 아이를 맡길 수 없는 주부도 모두 약자로 취급된다. 하지만 약자처럼 보이는 사람도 실은 다른 사람에게 도움이 되며, 그런 '도움'은 서로 교차된다. 교차되면 교차될수록 도움을 받는 사람이 늘어나고, 지금까지 '도움을 받는다는 부담'만 느끼던 사람도 '보람'에 눈을 뜨고 활력을 되찾게 된다. 자신도 모르는 사이에 고독하게 지내던 모두가 연결되는 것이다.

그곳에는, 무연사회의 고독 속에서 단 한 명뿐인 부모의 죽음을 숨기면서까지 그 연금에 매달리는 허무한 비통함은 없다. 고독을 없애기 위한 대책을 강구한 것이 아니다. 어떻게든 핸디캡을 가진 사람들을 활용하기 위해서 끊임없이 궁리해서 과제를 극복한 결과, 고독이 없어진 것이다. 게다가 과제별로 마련되는 '대책비용'보다 확실히 적은 금액으로 비용도 해결된다. 우리들이 추구해야 할 접근방법은 바로 이런 것이 아닐까?

참고로 말하면 이 레스토랑에서는 근처 밭에서 갓 수확한 신선하고 안심할 수 있는 무농약채소를 당연한 것처럼 사용하고 있다. 안심과 안전을 얻기 위해서 고급 식료품을 취급하는 슈퍼에 큰돈을 쓰고 있는 도시 사람들이 들으면 억울해할 식재료를 너무나 간단히, 게다가 저렴한 가격에 손에 넣고 있다. 요즘은 대형 술집체인이나 패스트푸드점도 '얼굴이 보이는 생산자'를 소개하기 위해서 점포에 산지와 생산자의 이름을 적고 사진을 붙이며 정성을 들이고 있다. 그러나 이 레스토랑에는 생산자 본인이 찾아온다. 생산자, 손님, 점원의 구별 없이 다 같이 수다를 떨고 큰 소리로 웃고 즐긴다. 정말로 연결되어 있는 것이다.

이 시스템에서는 시설의 장애인도 활약하고 있다. 지금까지 많은 장애인들은 수산시설授産施設*이라 불리는 특별한 장소에서 일할 수밖에 없어서 외부 사람들을 접할 기회가 제한되었다. 그러나 구마하라

---

* 직업이 없거나 가난한 사람에게 살길을 열어주려고 일자리를 마련해주는 시설.

씨가 만들어낸 이 시스템에서는 장애인들은 중요한 역할을 담당한다. 노인들의 집을 돌면서 채소를 모으는 팀에 들어가 일하면서 가는 곳마다 노인들에게 "고맙다"라는 인사를 받는다. 큰 무를 뽑으면 "힘이 장사네"라는 칭찬을 받는다. 레스토랑의 심부름도 몇 명이 교대로 담당한다. 손님들과 일상적인 회화를 주고받고 때로는 웃음의 중심에 있기도 하다.

구마하라 씨는 장애인들이 심부름하는 방법을 아이들에게 가르치는 자리도 보육원에서 마련하고 있다. 아이들은 순수하게 반응하며 "가르쳐줘서 고마워"라고 말한다. 그와 동시에 아이들은 이 세상에는 몸이 불편한 사람들이 있다는 것을 배우고, 그런 사람들이 노력하며 살고 있는 모습을 기억하게 된다.

우리가 무연사회에서 탈출할 수 있는 힌트가 바로 이곳에 있다.

산촌생활의 달인

깜짝 놀랄 아이디어. 예상을 뛰어넘는 격동의 전개. 구마하라 씨가 이렇게 멋진 시스템을 만들어낼 수 있었던 이유는 무엇일까? 그 배경에는 20년 동안 와다 씨를 비롯한 동지들과 토론을 거듭하며 자신들의 장단점을 직시해온 역사가 자리 잡고 있다.

우리가 와다 씨의 아지트로 산촌혁명가들을 불러 모아 녹화를 할

숲에서 자본주의를 껴안다

때마다, 조용히 불을 피우고 맛있는 전골요리나 피자, 훈제를 만들어서 대접해주는 사람이 있다. 와다 씨 동지들에게도 인정받고 있는 '산촌생활의 달인' 니시야마 아키노리西山昭憲 씨이다. '친환경 스토브'도 니시야마 씨가 개량을 거쳐서 지금의 형태를 완성시켰다. 우리들은 여러 아이디어의 출발점이라고도 할 수 있는 달인의 생활을 살펴보기로 했다.

니시야마 씨는 저녁 9시나 10시면 잠자리에 들지만 새벽 3시면 일어나서 활동을 시작한다. 밭일, 풀베기, 아침식사 준비. 하루하루가 너무 즐거워서 느긋하게 자고 있을 수가 없다고 한다.

그런 니시야마 씨도 실은 한 번 도시로 나가 취직을 한 적이 있었다. 그러나 출퇴근으로 시간을 보내는 것뿐인 생활은 자신에게 맞지 않는 것 같아서 고향으로 돌아왔다. 지금은 낮에는 통신회사의 기술자로 일하고 일이 끝나면 산촌생활을 하며 살고 있다.

"도시 사람들은 시간이 되면 집으로 돌아오고, 시간이 되면 자고, 다음 날 다시 시간이 되면 일을 나가는 것의 반복뿐입니다. 그러나 시골에는 풀을 베든지 무슨 일을 하든지 간에 할 일이 잔뜩 있지요. 그 점이 좋습니다."

하루는 일을 마치고 돌아오는 길에 어망을 가지고 근처 강으로 향했다. 하류에 댐이 생겨서 어획량이 줄어버린 작은 강이지만 한 가족의 저녁식사로는 충분한 물고기를 제공해준다. 지역의 어협이 설정한 입어료入漁料는 1년에 8,000엔.

다리 위에서는 부인 에리카惠利香 씨가 웃으면서 "저쪽에 물고기가 모여 있어요"라고 손짓으로 알려준다. 니시야마 씨가 깨끗한 포물선을 그리며 그물을 던진다. 작은 은어가 몇 마리나 잡혔다. 댐 상류에 발이 묶여서 크게 자라지 않는 은어. "하지만 이건 구워도 훈제를 해도 맛있습니다"라고 니시야마 씨가 기쁘게 말한다.

돌아오는 길에 부인 에리카 씨는 잠깐 산에 들렀다. 나무 밑둥치에 표고버섯을 재배하는 통나무가 놓여 있다. 크게 자란 표고버섯을 몇 개 따서 돌아간다.

"사는 것보다 길러서 따먹는 재미가 있어요. 오늘은 몇 개일까? 두근두근하는 즐거움이죠."

저녁이 되자 니시야마 씨는 툇마루에 자리를 잡고 앉아서 느긋하게 천천히 숯불에 은어를 굽는다. 이렇게 구운 은어는 깜짝 놀랄 정도로 맛있다. 그리고 무엇보다 빨갛게 타오르는 숯을 보면서 생선을 굽는 시간 자체가 더없이 행복하다.

저녁식사에는 마치 고급 요릿집 같은 음식들이 늘어선다. 조금 전에 구운 은어는 꼬치에 꿴 상태로 니시야마 씨가 직접 만든 나무 접시에 담겨 있다. 옆에는 친구가 산에서 잡은 사슴고기로 만든 다타키*. 그리고 표고버섯 등의 채소가 한 접시.

손녀 사야노가 "사온 건 어느 걸까?"라고 말해서 다 같이 세어보았다. "간장하고 맥주하고, 참, 튜브 고추냉이도 산 거네." 사야노가 천진난만하게 말한다. "가끔은 맛있는 게 먹고 싶어." 맛있는 것이 뭐냐

---

* 재료의 겉면만 살짝 익혀서 얇은 두께로 썰어내는 요리.

숲에서 자본주의를 껴안다

고 물어보니 "라면이나 스파게티 같은 거"라고 대답한다. 모두들 웃음을 터트렸다.

다른 날, 니시야마 씨는 퇴근길에 어딘가에 들렀다 왔다. 선물이 있다는 이야기를 듣고 에리카 씨와 사야노가 밖으로 나왔다. 승합차에서 신문지 꾸러미를 풀자 커다란 자연산 참마가 나타났다. 두 사람은 환성을 질렀다.

그 옆에 조금 특이한 형태로 휘어진 나뭇가지가 있었다. "이건 뭐야?" "당신 거. 어깨 두드리는 나무." 에리카 씨의 입꼬리가 다시 한번 올라간다. "반가운 선물이네."

그날 저녁, 니시야마 씨는 작은 칼을 들고 툇마루에 앉아, 주워온 나무를 열심히 깎아서 어깨 안마봉을 완성시켰다.

니시야마 씨의 일상에는 산촌생활의 비결이 가득하다. 돈을 들이지 않고 정성을 들인다. 완성된 것뿐만 아니라 완성되는 과정을 즐긴다. 평화롭게 흘러가는 시간. 가족들의 웃는 얼굴. 그리고 21세기의 기준으로 판단하면 깜짝 놀랄 정도로 높은 생활의 질.

그런 니시야마 씨가 "이것이야말로 산촌생활의 가장 큰 즐거움이며 지혜다"라고 거듭 강조하는 것이 있다. 바로 '품앗이'이다.

'품앗이'야말로
산촌이 가진 무기

품앗이라는 것은 지역 사람들이 서로 일을 도와주고 갚는 무한의 유대관계이다. 와다 씨가 신세를 진 사람들에게 답례로 메시지를 새긴 단호박을 선물한 것을 기억하는가? 그와 비슷하게 모든 사람들이 일의 종류를 바꾸고 물건의 종류를 바꾸면서 끊임없이 이어간다.

와다 씨는 품앗이에 대해서 이렇게 말한다. "즐거운 일입니다. 뭔가를 받으면 이번에는 어떻게 되돌려줄지 그 방법을 궁리하고 고민하는 것이 즐겁습니다. 어떻게 놀라게 해줄지 기대가 되지요."

니시야마 씨 부부는 이 '품앗이 정신'의 고마움을 절실히 깨닫고 있다. 실은 에리카 씨는 몇 년 전에 유방암 수술을 받았다. 수술 후에도 몸 상태가 나아지지 않아서 많이 우울해했었다. 그런 부부를 격려해주고 구제해준 것이 바로 품앗이를 좋아하는 참견쟁이 동네 사람들이었다. "니시야마 씨가 풀을 베어주었으니까", "훈제를 받았으니까", 어떤 사람은 "딱히 받은 것은 없지만"이라고 말하면서 신경을 써주었다. 그 마음 씀씀이가 고마워서 마을에 모임이 있으면 무리를 해서라도 얼굴을 비추고 일을 돕는다. 마을 사람들과 즐거운 시간을 보내면 기분이 좋아지는 것은 물론, 조금 지나면 다시 뭔가가 돌아온다. 그런 일을 반복하는 사이에 기분도 몸 상태도 회복된 것이다.

에리카 씨가 매일 들르는 장소가 있다. 그것은 집의 뒷마당. 친구가 "달여서 먹으면 좋아진대요"라며 준 사철쑥이라는 들풀이 잔뜩 자라고 있다. 이 풀을 볼 때마다, 그리고 달여서 먹을 때마다 마음이 뜨거워진다.

"'더 건강해질 거야', '포기하지 마'라는 메시지랄까, 응원해주는 사람이 많아서 그것이 약이 돼서 건강해진 것 같아요. 마음이 훈훈해지고 포기할 수 없다는 생각이 들었습니다. 고마웠지요."

어느 가을날, 옆 마을에 축제가 있는 날에 니시야마 씨 부부는 작은 꾸러미를 들고 외출을 했다. 지인의 집에서 축제음식을 함께 먹기로 한 것이다.

축제는 대부분 원가 0엔으로 이루어진다. 아이들의 의상은 대대로 물려받으며 화장은 동네 어머니들이 담당한다. 집집마다 정성을 들여 만든 음식도 대부분 자기들이 기르거나 받은 것들이다. 메인 요리는 가을에 제철을 맞는, 산에서 나는 향기 좋은 버섯인 '향버섯'을 고명으로 얹은 향토음식 향버섯 스시.

지인의 집에 도착한 니시야마 씨는 연회장으로 가기 전에 부엌에 얼굴을 내밀고 가지고 온 꾸러미를 풀었다. 안에 들어 있던 것은 얼마 전에 산에서 캐온 커다란 참마. "굉장하네요"라고 부인들이 환성을 질렀다.

집의 장로인 90세 할머니가 연회장 한가운데 마련된 자리에 앉자 연회가 시작되었다. 마음 편한 사람들과 함께하는 즐거운 시간. 술이 거하게 취할 때쯤 집주인이 밖으로 끌고 나왔다. 긴 장대를 든 집주인이 향한 곳은 큰 감나무. 가지고 가고 싶은 만큼 가지고 가라는 뜻이다.

가지고 왔던 꾸러미보다 큰 짐을 들고 즐겁게 축제행렬을 구경하는 니시야마 씨 부부. 품앗이가 가신 신성한 힘의 일부를 볼 수 있었다.

에리카 씨는 최근 암이 재발했다. 품앗이의 따뜻한 힘으로 회복되기를 진심으로 기원한다.

니시야마 씨의 이야기에 다시 한 번 귀를 기울여보자.

"도쿄 같은 곳에서는 '정부가 나쁘다'라든지 '반드시 어떻게든 도와주지 않으면 곤란하다'라고 말하지만 우리는 그렇지 않다. 우리들이 시골의 품앗이라고 부르는 것은 돈이 아니라 사람의 힘을 나누는 것이다. 내가 할 수 있는 일을 이웃에게 해주고, 내가 할 수 없는 일을 이웃이 해준다. 나는 못 만드는 시간을 만들어준다. 나는 못 만드는 시간을 만들어줬다면 나는 일을 통해 다시 그것을 갚는다."

아직 이 훌륭한 습관이 남아 있는 동안에 재평가해서, 21세기를 개척할 새로운 지혜로 갈고 닦아나가지 않으면 안 된다.

21세기 산촌의 지혜를 복지선진국이 배우고 있다

니시야마 씨라는 달인의 실천도 원동력으로 삼으면서, 와다 씨와 동지들이 토론을 거듭하고 함께 지혜를 합쳐서 만드는 '21세기 산촌시스템'. 그것은 도쿄와 같은 도시를 뛰어넘어 직접 해외의 사람들에게도 전파되기 시작했다.

어느 날, 구마하라 씨의 고령자시설에 유럽의 복지선진국 핀란드로부터 손님이 찾아왔다. 복지 관련 연구를 하고 있는 대학교 여교수 두 명이다. 근처에서 개최된 심포지엄에 참가했다가 흥미로운 정보를 듣고 직접 이야기를 듣기 위해서 찾아왔다고 했다. 구마하라 씨는 대환영하며 당장 이리키미 씨를 비롯한 지역 노인들이 일주일에 한 번 데이서비스를 받기 위해 찾아오는 집회실 등을 안내했다. 그리고 시설의 카페테리아에서 이야기를 나눴다.

구마하라 씨는 복지에 대한 전체적인 사고방식과, 노인들이 재배한 채소를 활용함으로써 실현되는 부의 순환시스템 등을 설명했다. 핀란드의 교수들은 적극적으로 듣고 있었다.

"우리들은 이런 순환시스템이 없습니다."

"이것은 훌륭한 아이디어이며 사회적 혁명입니다. 쇠퇴하는 지역과 농촌이 살아남을 수 있는 기회를 보여주고 있습니다. 당신의 훌륭한 의견을 가지고 돌아가도록 하겠습니다. 우리나라로 수출해주세요."

복지적인 면에서는 일본보다 두세 걸음 앞서 있다고 생각하던 나라의 전문가들에게 최고의 찬사를 받자, 우리도 구마하라 씨 본인도 어안이 벙벙했다. 그러나 역시 구마하라 씨. 의견교환의 마지막을 이렇게 마무리 지었다.

"이 방법으로 세계를 구할 수 있을지도 모른다고 생각합니다."

여기서 주목해야 할 점은 이 두 교수가 도쿄 광고대리점의 소개도 없이, 주요 신문의 기사를 보지도 않았는데 구마하라 씨의 뛰어난 시스템에 접근했다는 점이다. 지금 전 세계가 풀뿌리 네트워크를 구사하면서, 지역에서 작은 꽃을 피운 21세기의 시혜를 손에 넣기 위해서 기를 쓰고 있다. 세계는 경제성장을 겨루는 '표면적인 글로벌 경쟁'과 병행하여, 얼핏 조용해 보여도 치열한 '풀뿌리 글로벌 경쟁'을 가속화하고 있다. 우리는 이것을 좀 더 확실히 자각할 필요가 있다.

누가 21세기의 새로운 생존법을 먼저 획득하고 풍요로움을 손에 넣을 것인가?

일본에서 손꼽히는 과소지역인 주고쿠산지는 세계적으로 21세기의 과제에 대한 해결책을 제시할 선두 주자가 될 잠재력을 가지고 있다. 우리 자신이 먼저 그 사실을 자각하고 완벽하게 활용할 수 있는 태세를 갖추지 않으면 안 된다.

글쓴이_ NHK히로시마 취재팀 이노우에 교스케

숲에서 자본주의를 꺼안다

'마초적인 20세기'에서
'유연한 21세기'로

과제선진국을 구할 산촌 모델

보도디렉터가 본
일본의 20년

　　　　　　　　　모타니 고스케 씨와 팀을 이루
어, 시골 오지라고 업신여김을 당하던 지방이 발신하고 있는 21세기
최첨단의 움직임에 '산촌자본주의'라는 이름을 붙이고 그 의의를 세상
에 알려왔다. 그런데 물과 기름처럼 극단적인 반응에 놀라고 있다.

　'물'처럼 받아들여주는 것은 이름 모를 개개인들의 멋진 생활방식,
현재 생활을 조금이라도 전진시키는 지혜에 솔직하게 반응하고 도입
하는 기질의 사람들이다. 이런 사람은 시골로 U턴, I턴하는 경우에도
단순히 지역기업에서 '직업'을 찾는 것이 아니라 돈 이외의 풍요로움
을 찾아내는 후각이 뛰어나다.

───

*　　제5장의 제목에서 '과제선진국'은 고령화나 지역의 과소화 등 다른 나라가 아직 직면하지 않은 문제(과
　　제)를 겪고 있는 국가, 즉 일본을 지칭한다.

그런 것을 지향하는 사람들이 급속도로 늘어서 도시에서 지방으로 이동하는 흐름이 형성되었다.

돗토리현에는 행정이 파악할 수 없는 형태로 지역내부로 들어와 (기본적으로는 현의 I턴 모집 홈페이지가 정보원이 되는 경우도 있는 듯하지만), 지역사회에 조용히 녹아들어 있는 젊은이도 많다. "왜 온 거야?"라고 물어보면 "일하기 싫으니까"라고 대답하는 장난꾸러기. 그 성격도, 처진 어깨의 겉모습도 무기력해 보이지만 시험 삼아 일손이 부족한 지역축제 일을 맡겨보면 놀랄 정도로 끈기 있게 마지막까지 책임을 완수한다. 그래서 지역 어르신들 사이에서도 아이들 사이에서도 인기가 많다. 논의 풀베기를 하면 일꾼으로 불려가서 1년 동안 먹을 쌀을 준다는 이야기를 듣거나, 기념품가게에서 핸드폰줄을 만들 때도 불려가서 밤늦게까지 즐겁게 작업하고 저녁식사 뒤 남은 음식을 조용히 받아서 돌아간다.

어느 정도 나이가 있는 사람들이 이런 젊은이를 보고 떠올리는 것은, 옛날의 축제와 지역 행사에서 언제나 중심에 서서 사람들을 지휘하고 대활약을 펼치던 둘째·셋째 아들 같은 '성격 좋은 청년'들이다. 그러나 전쟁이 끝나고 젊은이들이 고도경제성장을 짊어진 '장래가 촉망되는 인재'라는 찬양을 받는 사이에 '성격 좋은 청년'은 점차 시골에서 모습을 감췄다. 그래도 얼마 전까지는 도시에서 꿈을 이루지 못했다며 고향으로 돌아와서 가업을 이을 후계자인 장남으로 키워지는 경우도 있었다. 그러나 시간이 지나자 고향으로 돌아오던 장남까지 도시에 취직하는 시대가 되었다. 돌아오는 젊은이들을 '맞아들여서 키우는 힘'은 급격이 떨어져서 이제 그런 사람은 거의 볼 수 없게 되었다.

우리 보도디렉터報道 director들이 지금까지 약 20년 동안 취재해온 것들은 이런 사태가 진행되고 있는 '안과 밖'을 보여주는 여러 현상이었다고 할 수 있다.

지금도 강렬하게 기억에 남아 있는 취재가 있다. 거품경제 붕괴 후의 1990년대, 도시의 전철 안에서 쓰러져 사망한 남성 노숙자가 반나절이나 의자에 방치되어 있던 안타까운 사건이 발생했다. 그가 전철 안에서 죽을 수밖에 없었던 이유는 무엇일까? 같은 처지의 사람이 또 있는 것일까? 유품 중에서 이케부쿠로역池袋駅에서 발행된 전철표와 커피숍의 성냥을 단서로, 약 한 달 동안 이케부쿠로역 주변의 노숙자들을 취재했다.

경기가 좋았을 때는 얼마든지 있었던 건설현장의 일자리가 급감. '싸구려 여인숙'에 묵을 돈도 없어져서 전철이 운행되는 동안에는 역의 지하통로에서, 막차가 끊기고 역의 셔터가 닫히면 역 주변 상가의 처마 밑에서 생활하고 있었다. 몸을 자유롭게 움직일 수 없는 사람도 많아서, 비교적 건강한 몇 명이 공사현장의 일용직으로 일해서 받아온 돈으로 빵이나 술을 사서 나눠먹고 있었다.

그 사람들 중에 몇 번이나 고향에 돌아간 적이 있었다는 노숙자가 있었다. 그러나 고향집 문턱을 넘지 못하고 돌아왔다고 했다. 이제 고향집에는 돌아갈 수 없다고 중얼거리며 자신을 소개한 남자. 그 당시에는 "무슨 면목으로…"라는 의미로 받아들였지만, 지금 생각해보면 고향의 사정이 크게 변한 것도 관련이 있었을지 모른다.

도시의 지하철역과 공원 또는 24시간영업 패스트푸드점에는 '고향에 돌아가고 싶어도 돌아가지 못하는 노숙자'가 늘어가기만 하는데, 고향은 빈집 투성이가 되고 있는 기이한 사태. 도시의 낙오자는 점점 늘어나고 일본은 '무연사회'라는 단어가 유행어가 되는 시대로 돌입하게 되었다.

'도시의 단지'와 '산촌'은 닮아 있다

기업에서 비교적 창조적인 일을 해온 정년퇴직자들. 그중에서 건강하고 충분히 일할 수 있는 75세까지의 15년 동안 용기를 내서 어떤 일에 열중해보고 싶다고 생각하는 사람의 대부분은 산촌자본주의를 '물'처럼 받아들여준다.

쇼바라의 와다 요시하루 씨는 이런 사람들을 '고령자高齡者'가 아니라 '광령자光齡者'라고 부른다. 말장난이지만, 지방에 힘이 되는 '밝게 빛나는 인재'라는 뜻을 담고 있다. "세상이라는 것은 원래 많아서 남아도는 것을 사용하면 잘 풀리는 겁니다"라고 와다 씨다운 신랄한 표현으로 설명한다.

확실히 지금 이런 정년퇴직자들 중에서 '제2의 인생은 시골에서 유유자적하게'라는 선택을 하는 사람이 계속 나타나고 있다. 밭일에 있어서는 아마추어이지만, 모르는 것을 하나부터 배워서 자신의 것으로 만드는 훈련은 근무하던 기업에서 반복해왔다. 모르는 사람과 생활하

숲에서 자본주의를 껴안다

는 훈련도 충분히 쌓았다.

　게다가 와다 씨와 동지들이 중요하게 생각하는 것은, 미래에는 어떻게 될지 모르지만 어쨌든 현재의 정년퇴직자는 얼마간 리스크를 줄여줄 수 있는 '연금이라는 안전망'을 가지고 있다는 것이다. '연금 플러스 알파'의 '알파'만 손에 넣으면 생활은 훨씬 풍요로워진다. 반드시 현금의 형태로 손에 넣을 필요도 없다. 젊은 세대에 비해서 그 목표치가 훨씬 낮은 것이다. 지금 이런 시기에 '정년퇴직 후에는 시골로'라는 흐름을 조성해놓으면 향후 지방활성화에 필요한 인재는 안정적으로 공급할 수 있다. 와다 씨와 동지들은 그런 흐름을 만들기 위한 행보를 서두르고 있다.

　제2의 인생을 시골의 농촌에서 시작하는 사람에게 필요 이상으로 '자연을 좋아하는 사람', '시골을 좋아하는 사람'이라는 꼬리표를 다는 풍조도 사라져야 한다고 와다 씨와 동지들은 지적한다. 세계 제일의 물질적 풍요로움을 손에 넣은 성숙사회를 경험한 사람이 '장작불처럼 맛있게 지어지는 전기밥솥'에 만족하지 않고 친환경 스토브에 도전하거나, '고급 슈퍼의 유기농 무농약 채소'에 만족하지 않고 직접 기르기 시작하는 것은 그렇게 이상한 일이 아니다.

　또 하나, 퇴직자들이 갈망하고 있는 것은 커뮤니티이다. 지금 취미로 도시의 이곳저곳에서 개최되는 축제에 불쑥 참가하는 사람들이 많아진 것이 그 증거일 것이다. 젊었을 때는 누구에게도 간섭받지 않는 도시의 건조한 인간관계를 동경하지만, 나이를 먹고 안정되기 시작하면 과소지역이 되어버렸더라도 전통적인 인간관계가 남아 있는 시골이 좋아 보이기 시작한다.

　고령자밖에 남지 않은 도시의 단지*에서 '죽어도 아무도 알아차리지 못한다'라는 현실에 위기감을 느끼고 커뮤니티를 되살리기 위해서 땀 흘리는 정년퇴직자들과, 지방으로 내려가 삐걱거리는 시골의 커뮤니티를 다시 세우기 위해서 노력하는 사람들은 실은 거의 같은 목표를 가지고 있는 사람들이다.

'산촌자본주의에서 느껴지는 위화감'은 '조작된 여론'

　　　　　　　　그렇다면 산촌자본주의를 혐오하고 성과를 인정하지 않는, 또는 평가할 가치가 없다고 문전박대하고 있는 '기름' 같은 사람들은 어떤 사람들인가?

　과거의 경제성장을 되찾는 것, 혹은 치열한 경쟁이 펼쳐지고 있는 신흥국의 성장시장에서 승리를 거두는 것을 일본재생을 위한 최우선 과제로 내건 사람들이다. 이런 주장을 펼치는 사람들이 가장 먼저 예로 드는 '한탄할 만한 사태'는, 인도나 아프리카로 뛰어드는 중국과 한국의 활력 넘치는 젊은이들에 비해서 일본의 젊은이들은 '해외로는 가기 싫다', '온천에서 느긋하게 지내고 싶다'라고 생각한다는 점이다.

---

* 　경제성장기인 1960년대 후반부터 1970년대 전반에 걸쳐 일본정부에 의해서 건설된 공동주택을 지칭하는 경우가 많다. 주민들의 고령화와 독거노인문제가 사회문제로 대두되고 있다.

당연히 시골이 좋다고 말하는 젊은이를 칭찬하는 산촌자본주의는 용납할 수 없다.

그들은 자동차와 전자제품을 대신할 일본의 주 수입원을 발굴해서 외국의 경쟁자들과 바다 건너에서 싸우지 않는다면 일본에 미래는 없다고 말한다. 그렇다면 그 최전방에서 활약하고 있는 장본인들은 정말 산촌자본주의의 정신을 혐오하고 있는 것일까?

약 1년에 걸친 취재 경험과 견문에서 판단할 때, 그것이야말로 '조작된 여론'이라고 생각한다.

차세대산업의 최첨단과 산촌자본주의의 방향성은 '놀랄 만큼 일치'한다

동일본대지진을 전후로 약 1년간, 20곳 이상의 기업이 함께 '스마트시티'의 시스템을 만들어가는 프로젝트의 취재를 허락받아 내부취재를 했다(히로시마로 전근 오기 직전의 일이다). 주 1회 열리는 회의에 대부분 참가했고 프로젝트의 일원으로 의논에도 적극적으로 참가했다.

참가기업은 명실상부 일본경제의 내일을 짊어지고 있는 기업들이었다. 주요 멤버로는 발전부터 가전, 열차의 운행시스템에서 제철소 건설까지 담당하는 종합전기회사 히타치제작소^{日立製作所}. 에너지절약 빌딩 개발에서 세계 선두를 달리는 종합건설회사 시미즈건설^{清水建設}. 경영부진으로 고전을 겪고 있다고는 해도 태양광 패널 기술은 세계

톱클래스를 자랑하는 가전 메이커 샤프^{SHARP}. 세계적 IT기업 휴렛팩커드^{HP}의 일본법인. 전 세계에서 리튬이온전지와 스마트그리드^{Smart Grid} 기업 등을 발굴하고 정보를 활용해서 비즈니스 찬스로 삼고 있는 종합상사 이토추상사^{伊藤忠商事}. 중국을 비롯한 신흥국 부동산 비즈니스로의 전개를 가속화하고 있는 미쓰이부동산^{三井不動産}. 이렇듯 쟁쟁한 회사의 수완가와 우수한 인력이 한자리에 모인 것이다. 그런 강자들의 회의를 세계 각지와 정계에 많은 네트워크를 보유하고 있는 컨설팅회사의 사장, 사사키 게이신^{佐々木経世} 씨가 이끌어간다.

매주 3시간 이상의 시간을 할애해서 회의에 멤버들을 보내는 것만 봐도, 이 분야에서 세계 최고가 될 수 있는지의 여부가 기업의 '사운'을 쥐고 있다는 것을 알 수 있다. 몇 년 뒤에는 수십 조에서 100조 엔^円으로 성장할 것이 기대되는 세계시장에서 어떻게 주도권을 쥘 것인가? 회의에서 배부되는 자료는 어느 페이지를 펼쳐도 '극비'라는 글자가 찍혀 있다. 물론 모든 기술은 회사기밀이다. 그뿐 아니라 회의에서는 중국 톈진^{天津}에서 진행되는 거대계약에 대한 정보나 미국 실리콘밸리에서 얻은 미국 당국의 의도에 관한 정보 등도 난무한다.

서론이 길어졌지만 내가 이야기하고 싶은 것은 그 회의의 내용, 즉 그들이 무엇에 흥미를 느끼며, 일본이 무엇을 통해서 세계에서 승리할 수 있다고 생각하고 있는가이다.

먼저 결론부터 한마디로 말하면, 그들이 지향하고 있던 것은 '기업형 산촌자본주의'이며 '최첨단기술형 산촌자본주의'였다.

'스마트시티'라는 것이 대체 무엇인지, 먼저 그것부터 설명할 필요가 있을 것이다. 거대 발전소가 만들어내는 방대한 양의 전기를 일방적으로 분배하는 20세기형의 에너지시스템을 전환시켜, 마을 안 또는 가까운 곳에서 생산되는 적은 양의 전력을 지역 안에서 효율적으로 소비하는 자립적인 21세기형의 새로운 시스템을 확립한다. 그것이 스마트시티이다.

중동의 UAE에서 건설이 진행되고 있는 '마스다르시티Masdar City'가 그 대표적인 예이다. 광대한 미래도시를 표현한 호화로운 CG영상에서 느껴지는 인상은 대규모적이고 마초적이지만, 중요한 것은 내부의 섬세함이다. 제안자인 기업연합은 얼마나 유연하게 여러 상황에 대응할 수 있는지를 경쟁하게 된다.

산촌자본주의가
경쟁력을 더욱 강화한다

사용하는 전력으로 중요시되는 것은 가까운 곳에 설치할 수 있는 태양광 패널과 풍력발전기로 만든 소량의 전기이다. 이렇게 말하면 아마 또 "그런 것으로 일본의 에너지를 대체할 수 있는가?"라는 반론을 제기할 것이다.

분명히 산촌의 혁명가들은 이 반론을 정면으로 반박하지 못했다. "일본 전체는 차치하더라도 시골에서 사용하는 에너지의 규모를 고려하면…"이라는 일종의 책임회피를 선택했다. 그러나 스마트시티의 전문가들은 제기된 반론 자체에 이의를 제기한다. "그런 말을 하고 있으면 일본은 뒤처지고 만다. 불가능하다고 말하고 있으면 세계에서 패배하고 만다. 그것이 가능하도록 일본 전체의 뛰어난 인재를 결집시킬 때인 것이다."

무슨 근거로 이런 말을 하는 것일까?

일본기업은 일반 상식으로는 상상도 할 수 없는 수준의 에너지절약기술을 획득해가고 있다고 시미즈건설의 기술자는 자랑스럽게 말한다. "우리 회사의 새 본사건물은 종래의 건물이 소비하던 에너지를 50%나 줄이는 것에 성공했다."

그러나 반론은 아직도 계속해서 제기된다. 하지만 그 반론을 되받아칠 답변은 이미 준비되어 있다.

"전력소비 최고 시간대에 허용량을 넘어가면 어떻게 하나?"

"그런 일이 일어났을 때는 각 가정의 냉장고, 세탁기, 에어컨 등의 전기사용 상황을 조사하여 지금 당장 필요 없는 것부터 손을 써서(실제로는 컴퓨터제어에 의해서) 스위치를 끄도록 하는 시스템을 개발해서 개량을 거듭하고 있다. 바로 이것이 지금 미국의 GE나 독일의 지멘스와 같은 세계기업과 일본기업들이 격전을 벌이고 있는 스마트그리드라는 기술이다."

"태양광이나 풍력은 자연의 변화로 인해 전기가 안정적이지 않아서 쓸모가 없다고 전력회사에서 말하는 것을 들은 적이 있는데?"

"발전량의 변동에 대응해 안정시키는 기술이야말로 지금 일본이 세계의 선두를 달리고 있는 가장 자신 있는 기술이다. 바로 그것을 경쟁력으로 삼아서 우리는 세계의 수주경쟁을 뚫고 우위를 점하려고 하는 것이다. 일본의 전력제어기술은 세계 제일이라고 말할 수 있다. 동일본대지진이 발생한 뒤에 계획정전으로 사회를 큰 혼란에 빠트린 것은 일본에 기술이 없었기 때문이 아니라 전력회사가 비상시 기술의 사용법을 모르고 있었기 때문이다."

사람들이 말하는 "재생 가능 에너지라는 것은 왠지 믿을 수 없다"라는 '일종의 정론'이 얼마나 일본경제의 차세대 경쟁력 강화에 있어서 마이너스가 되는지 알 수 있을 것이다. 일본경제나 재계를 위해서라고 말하는 것은 말도 안 되는 이야기이다.

이웃나라 한국에서는 제주도라는 큰 섬 전체를 실험장으로 만들어 경쟁자를 이기기 위해서 나라 전체가 하나가 되어 노력하고 있다. 그런데 노력하지는 못할망정 경쟁자에게 더 도움을 줘서 어쩌자는 것인가?

일본기업의 경쟁력은 처음부터 '유연함'과 '섬세함'이었다

마지막으로 하나 더, 중요한 반론에 답해두고자 한다.

"하지만 결국 일본 전체가 사용하는 큰 규모의 에너지는 원자력발전소나 화력발전소에서 대량으로 만드는 것이 효율적이지 않을까? 전기를 얼마든지 사용할 수 있는 환경이 아니라면 공장에서 좋은 물건은 만들 수 없다. 화석연료는 고갈된다는 위협을 받아왔지만 셰일

가스shale gas나 셰일오일shale oil*을 쉽게 채굴할 수 있게 됐으니 아직 한참은 괜찮다고 하는데'?"

"분명히 일본에게 있어서 발전에 관련된 산업은 중요하다. 그중에서도 발전용 터빈의 기술은 앞으로도 세계와 경쟁해나가지 않으면 안 된다. 그러나 그것과 일본이 에너지소비사회에 안주해도 된다는 것은 완전히 별개의 이야기이다. 우리가 지금까지 세계와 싸워온 무기는 무엇인가? 그것은 에너지절약이다. 그리고 그것을 이루어낸 것은 근면한 일본인의 유연함과 섬세함이다. 앞으로도 일본인의 무기를 더욱 특화시키고 개발해가지 않으면 세계에서 승리를 거둘 수 없다."

매주 열린 스마트시티 기업연합 회의에서 각 회사에서 선발된 뛰어난 인재들이 갈고 닦아온 것은 바로 이런 것들이었다.

일본은 미국이 견인해온 20세기에도 실은 '미국형 마초적인 자본주의'와는 일선을 긋는 자세로 싸움에서 승리해왔다.

그것은 자동차를 보면 일목요연하다. 도요타 소재지에 위치한 세계의 자동차를 모아놓은 박물관에 가보면, GM이나 포드 등 왕년의 각종 자동차들이 잔뜩 늘어서 있다. 그것을 보면서 새삼 놀라게 되는 것은 그 '바보 같은 거대함'이다. 1960년대의 할리우드 영화에서 은막의 스타가 타고 다니던 날개가 달린 것처럼 보이는 디자인의 화려한 스포츠카. 가솔린을 벌컥벌컥 들이마시고 배기가스와 이산화탄소를 잔뜩 배출하면서 달리고 있었다. 바로 이것이 미국이 세계적으로 가장

---

*   오랜 세월동안 모래와 진흙이 쌓여 단단하게 굳어진 퇴적암(셰일)층에 매장되어 있는 가스나 원유.

먼저 달성하고 전 세계가 동경하며 그 뒤를 따랐던 '마초적 자본주의의 풍요로움의 상징'인 자동차이다. 이런 미국산 자동차로 고속도로를 내달려 쇼핑몰에 몰려가서, 보이는 모든 곳에 상품이 쌓여 있는 슈퍼에서 장을 보고, 양동이처럼 큰 아이스크림을 끌어안고 먹으면서 돌아오는 '마초적인 풍요로움'.

그에 비해서 일본 자동차는 얼마나 아담한지 모른다. 일본은 그저 작기만 한 것이 아니라 사용하는 가솔린을 극한까지 억제하고, 유해물질의 배출을 극한까지 최소화한 자동차를 개발함으로써 일인자의 지위를 위협하고 있다.

미국이 지향하는 점과의 확연한 차이는 완성품으로서의 '제품'만이 아니다. '만드는 방법'에서도 유연함과 섬세함을 발휘하며 전 세계를 주도해왔다.

에즈라 F. 보걸 박사의 저서 『일본은 아직도 넘버원인가?^{Is Japan Still Number One?}』(1979년)가 미국인에게 위기감을 안기고 일본인에게 용기를 주었던 1980년대, 드디어 본가 미국이 일본식 생산시스템을 배우는 시대가 찾아왔다. 1990년대 초반, 가장 먼저 미국에 생산거점을 만들고 '일본식의 전도사'가 된 혼다를 취재한 적이 있었다. 혼다 계열로 들어간 미국의 부품공장으로 일본의 숙련된 기술자가 파견되어 섬세한 자동차제작을 말 그대로 손짓발짓으로 가르치고 있었다. 작업을 0점 몇 초 단축할 수 있는 공구와 부품의 배치를 미국인 공장직원들과 함께 고민하고 있었다. 미국인들은 끈기 있게 개선해가는 그 자세에 감탄하고 있었다.

기술자의 섬세한 자세는 그대로 제품에도 반영된다. 대단한 발명이 아닌 작은 조절을 통해 성능을 비약적으로 향상시키는 기술은 많은 '메이드 인 저팬'에 공통되는 일본의 기술이다.

스마트시티는 바로 그런 '일본식 제품생산의 유전자'를 이어받은 사람들이 자신들의 강점을 극한까지 발휘하는 무대이다. 만들어낸 전력의 수십 퍼센트를 헛되게 버릴 수밖에 없는 현재의 시스템은 21세기의 인간에게는 어울리지 않는다고 생각하고, 필요한 양만큼 만들고 만든 전력은 전부 사용하려고 한다.

건물은 가능한 한 외광을 끌어들여 이용하고, 사용하지 않는 전등은 그때그때 컴퓨터가 감지해서 끄고, 기온이 지나치게 낮은 방의 에어컨은 끈다. 여름철 낮 시간대, 어쩔 수 없이 전기가 부족해졌을 때는 "그 빨래는 한밤중에 하지 않겠습니까? 그만큼 전기요금을 싸게 해드릴게요"라고 제안한다(세탁기에 그런 선택기능을 탑재하는 실험이 진행되고 있다).

남는다면 축전한다. 고성능의 리튬이온전지라면 공간도 별로 차지하지 않는다. '아깝다'라는 마음은 안심의 근본이기도 하다. 수돗물이 단수되어도 곤란하지 않게 받아놓은 물이 있는 것과 같다. 집 주차장에 있는 전기자동차에 탑재된 리튬이온전지도 물을 받아놓는 양동이의 역할을 한다. 대부분의 가정에서 자동차를 사용하는 것은 출퇴근과 쇼핑, 아이들을 학원에 보낼 때 정도로 나머지 시간에는 주차장에 세워져 있다. 낮 시간대 지붕에 설치한 태양전지가 열심히 발전을 해서 그 전기를 전기자동차에 저장해둔다면, 가정에서 밤에 사용하는

숲에서 자본주의를 껴안다

전기 정도는 충분히 충당할 수 있을 것이다. 시미즈건설이 말하는, 지금보다 절반의 에너지를 소비하는 건물의 기술을 더욱 갈고 닦아서 현실 속에서 확산시킨다면 말이다.

그리고 동일본의 많은 사람들이 체험한 계획정전의 악몽도 두 번다시 경험하지 않을 것이다. 게다가 지구 친화적인 생활을 하는 것은 대단히 기분이 좋은 일이다. 자부심을 느낄 수 있다.

그것이야말로 산촌자본주의를 실천하는 사람들이 느끼고 있는 자부심과 같은 기분이다.

스마트시티가 지향하는 '커뮤니티의 부활'

놀라기는 아직 이르다. '스마트시티의 정신'과 산촌자본주의의 공통점은 여기서 끝나지 않는다.

스마트시티의 시스템을 도입하는 아파트는 효율적인 에너지시스템과 동시에 주민들 간의 유대와 보살핌을 부활시키는 시스템을 함께 갖추는 것을 지향하고 있다. 어떤 의미일까?

컴퓨터시스템이 각 가정의 소비전력을 파악하고 컨트롤한다는 것은, 바꿔 말하면 주민이 어떻게 생활하고 있는지에 대한 정보를 관리하고 있다는 것이다. 물론 이런 개인정보의 유출 방지에도 큰 노력과 기술혁명이 들어간다. 그렇게 개인정보를 보호하면서, 사용할 수 있는 부분은 사용하자는 것이다.

집 전체의 불이 꺼지면 가족이 잠들었다는 것을 알 수 있다. 텔레비전과 에어컨의 전원이 꺼지고 집의 보안상태를 밖에서 확인할 수 있는 스위치가 켜지면 외출하는 것을 알 수 있다. 화장실의 사용이나 차를 마시기 위해 사용하는 전기주전자의 사용상태를 체크하면 혼자 사는 노인에게 무슨 일이 생겼는지도 파악할 수 있다(이미 이런 부분은 떨어져서 생활하는 가족들을 위한 서비스로 시작되고 있다). 다들 제각각으로 같은 건물에 살고 있어도 유대감을 느끼기 힘든 아파트. 유대감을 되찾기 위해서 이 시스템을 활용하고 도시의 고독을 해소하고자 하는 시도이다.

매주 열리는 회의에서 멤버들이 가장 눈을 빛내며 토론하고 아이디어를 내놓던 것 중의 하나가 바로 이 'IT에 의한 커뮤니티의 강화'였다. 모임 후의 술자리는 이 주제로 분위기가 한층 후끈하게 달아올랐다.

실제로 스마트시티의 시스템 도입을 고려하는 아파트 주민들과의 모임에서도 관심이 쏠린 것은 이 부분이었다. 그저 편리함이 전부가 아니라 사람을 세심하게 보살피는 기술이라는 점이 주민들의 공감을 얻고 있다.

비즈니스나 기술의 최첨단을 개척하기 위해 노력하는 대부분의 일본인의 목표는 그저 돈을 버는 것이 아니다. 오히려 돈을 버는 것 이상으로 '이상理想'이 중요하다. 자신이 지향하는 '사람으로서, 지역으로서, 국가로서의 생활방식'을 실현시키기 위한 비즈니스와 기술을 원하는 것이다.

숲에서 자본주의를 껴안다

이런 생각은 동일본대지진 이후에 더욱 커지고 있다. 멤버들은 회의에서 한창 뜨거운 토론이 진행되던 그 순간에 동일본대지진의 엄청난 흔들림을 경험했다. 그들은 자신들이 개발해온 것을 통해서 재난을 겪은 일본에 도움이 되고 싶어서 재빨리 목소리를 내기 시작했다. 피해지역의 복구에 스마트시티의 노하우를 쏟아붓기 위한 아이디어를 내놓고 움직이기 시작했다.

해외에서도 기업군단을 지휘하고 있는 사사키 씨는 러시아 상트페테르부르크의 거액 수주를 목표로 행동에 박차를 가하고 있다.

히로시마로 발령이 나고 산촌자본주의 '운동'을 시작한 이후 오래간만에 도쿄로 출장을 가서 프로젝트 주요 멤버의 한 사람과 함께 저녁식사를 했다. 그는 자리에 앉자마자 흥분한 말투로 "과거 이웃집끼리 간장을 빌려주거나 짐을 맡기고 서로의 안부를 챙기던 생활방식을 아파트생활에 도입할 수 있는 방법을 찾고 있습니다"라고 자신의 구상을 이야기하기 시작했다. 교류가 없어지기 쉬운 아파트 내의 인간관계를 다시 연결해서 온기가 느껴지는 커뮤니티로 만들고 싶다는 이상에 그는 정면으로 도전하고 있었다.

나도 주고쿠산지의 활기찬 아저씨들과 전개하고 있는 도전에 대해서 이야기했다. 서로의 이야기는 서로를 자극하고 교차되면서 점점 확대되었다.

"뭐야 완전히 똑같잖아!" 웃음이 터져 나왔다. 우리는 굳은 악수를 나누며 앞으로도 정보를 교환하고 서로 자극을 주고받자고 약속했다.

'도시의 스마트시티'와 '지방의 산촌자본주의'가
'수레의 양쪽 바퀴'가 된다

앞으로 우리에게 필요한 것은 이 두 가지가 아닐까? 도시의 활기와 떠들썩함 속에서 도시다운 21세기형의 유연한 문명을 개척하고 비즈니스로도 연결시켜서 세계와 겨루는 길. 새가 지저귀는 지방의 평온한 환경에서 노인과 아이들에게 친화적인 또 하나의 문명의 형태를 만들어 도시를 뒷받침하는 배후지를 유지해가는 길.

생각해보면 전후의 일본 또는 산업혁명 이후의 선진국은 지나치게 지방을 토막 내서 도시로 쏟아부었다. 이런 작은 섬나라가 세계 2위의 경제대국으로 성장할 수 있었던 것은 과연 누구 덕분이었는지 잘 생각해볼 필요가 있다. 그것은 바로 '장래가 촉망되는 인재'들이었다. 그중 많은 인재들이 풍요롭고 평온한 농촌에서 배출되었다는 점을 잊어서는 안 된다. 좋은 의미에서의 반동을 촉진시켜서 본래의 밸런스를 되찾아야 한다. 단지 옛날로 돌아가는 것이 아니라 21세기의 최첨단을 구현하는 '수레의 양쪽 바퀴'가 되어야 한다.

인구감소 문제, 무연사회 문제, 에너지나 식량을 자급하지 못하는 문제, 나아가서는 다음 세대의 국제경쟁을 책임질 만한 산업을 찾지 못하고 있는 문제. 이렇게 현대 일본이 가지고 있는 여러 문제들을 이 수레의 양쪽 바퀴가 해결해주지 않을까?

21세기의 인류가 제시하는 또 하나의 키워드는 '다양성'이다. 다양한 것이 바로 풍요로움이다. 이것은 '물건'에도 적용할 수 있고 '사람'

숲에서 자본주의를 껴안다

에게도 적용할 수 있다.

싸고 좋은 것이 대량으로 손에 들어오는 것이 당연한 시대. 그런 시대가 지난 뒤에는 개성이 가치가 되는 시대가 찾아온다. 예를 들면, 전 세계 사람들이 싸고 따뜻한 유니클로 셔츠를 입는 시대와 시골 할머니의 손뜨개 스웨터가 인기를 끄는 시대이다.

이것을 사람에 적용시키면 이런 의미가 된다. 사람들 모두가 세계와 싸우는 전사를 꿈꿀 필요는 없다. 물론 전사들은 필요한 존재이며 일본을 짊어질 정예부대는 '우수한 용자'가 아니면 안 된다. 그러나 한편으로 지역의 유대를 위해서 땀 흘리는 사람, 인간과 자연이 힘을 합쳐서 만들어낸 산촌을 지키는 사람이 있어도 괜찮다. 아니, 없으면 안 된다. 바로 그런 환경 속에서 인구는 늘어가고 다음 세대의 용자가 또 그곳에서 성장해가기 때문이다.

그렇게 일본이라는 시스템 전체가 지속 가능한 것이 될 수 있다.

글쓴이_ NHK히로시마 취재팀 이노우에 교스케

'산촌자본주의'로
불안·불만·불신에
결별을 고하자

진정한 위기, 저출산에 대한 해결책

번영할수록 '경제 쇠퇴'에 대한 불안은
마음속에 쌓여간다

'근본원인분석Root Cause Analysis'이
라는 것을 알고 있는가? 어떤 현상이 발생하는 원인이 무엇인지 생각
한다. 그리고 이번에는 그 원인이 발생한 원인에 대해서 생각한다. 근
본원인분석은 이런 과정을 반복하면서 근본의 근본에 자리 잡고 있는
진정한 원인에 도달하는 사고법이다. 이 방법을 통해서 현대의 불안·
불만·불신은 어디에서 오는지, 나아가 그 원인의 원인은 무엇인지에
대해서 생각해보기를 바란다.

필자는 오늘날 우리가 향유하고 있는 경제적 번영에 대한 집착이야
말로 일본인이 느끼는 불안의 가장 큰 원인이라고 생각한다.

고도성장기 이후의 일본은 머니자본주의의 승자로서 돈만 있으면
뭐든지 살 수 있는 사회, 자연과 인간관계처럼 돈으로 환산할 수 없는
것들은 일단 무시해버리는 사회를 만들어왔다. 그러나 국가가 번영하

면 할수록 마음속에는 '식량도 자원도 자급할 수 없는 국가의 번영은 결국 사상누각이 아닐까?'라는 불안이 조용히 싹트게 된다. 이런 불안은 단순한 억지가 아닌 일종의 실감이며 성장이 시작된 이래로 꾸준히 존재해왔지만, 주변국들이 연이어 라이벌로 성장해가는 상황 속에서 더욱 커지게 되었다.

그런데 전체적인 번영이 난관에 봉착하면 사람들은 쉽게 희생양을 만들어 비난하고 싶어진다. 관료가 나쁘다, 대기업이 나쁘다, 언론이 나쁘다, 현 정권이 나쁘다. 희생양을 내치는 입장이 되어 이런 비난들을 퍼부었다. 하지만 점점 '오히려 나 자신이 나쁜 녀석들에게 버림받았을지도 모른다'라고 모든 것을 의심하고 두려워하는 사람들이 늘고 있다. 특히 일본인 네 명 중 한 명을 차지하는 고령자들 중에는 경제사회의 일선에서 물러난 결과, 세상에서 내쳐질지도 모른다는 두려움을 안고 있는 사람들이 많다. 보람을 느낄 수 있는 일정한 직업이 없는 젊은이도 자신은 버림받았다고 생각할 것이다. 이런 것들이 불만이 되고 나아가서는 그런 불만을 공유하지 않는 것처럼 보이는(노력하지 않고 이익을 얻고 있는 것처럼 생각되는) 일부 일본인들에 대한 불신이 되고, 일본을 비난함으로써 자국의 번영을 꾀하고 있을지도 모르는 (!?) 주변국들에 대한 불신이 되어 축적되기 시작했다.

그때 닥친 것이 동일본대지진이었다. 온화하다고 생각해왔던 일본의 자연이 돌연 송곳니를 드러내고 비록 일시적이지만 돈이 있어도 아무것도 살 수 없는 상황이 나타났다. 원자력발전소 사고에 의한 방사능오염으로 국토의 일부가 마비되는 상태가 발생하고, 아무도 입에

숲에서 자본주의를 껴안다

담지 않지만 당사자가 아닌 사람들의 마음속에도 일종의 돌이킬 수 없는 상실감이 퍼져나갔다. 게다가 이번에는 남해트로프*라는 더 굉장한 지진이 올지도 모른다고 하지 않는가? 그뿐 아니라 후지산과 아사마산浅間山처럼 분화 가능성이 높아지고 있다는 화산재해도 걱정이다. 게다가 동일본대지진 이후 연쇄적으로 발생한 유로쇼크와 화석연료가격의 상승으로 국제경제 경쟁은 더욱 치열해지고 있으며, 마치 일본의 조락凋落(?)에 편승한 것처럼 주변국은 영토적 야심(!?)을 드러내기 시작했다.

이런 상황이니 이번에는 일본 전체가 버림받는 입장이 되어버렸을지도 모른다며 불안해하는 사람들이 늘어나서 불안·불만·불신을 공유하는 유사공동체를 형성하기 시작했다. 그런 종류의 유사공동체에 소속된다고 해서 정말 마음의 평정과 안정을 얻을 수 있을지는 대단히 의심스럽지만, 일단 공동체에 들어가서 조금이라도 소속원들과의 유대감을 느끼게 되면 그곳에서 추방당하는 것은 원치 않는다. 추방당하지 않기 위해서는 다른 사람들과 함께 불안·불만·불신을 강조하면서 자신도 동지라고 어필할 수밖에 없다. 즉, 유사공동체는 불안·불만·불신을 줄여주는 것이 아니라 부채질하고 키우는 기능을 하고 있다.

아베 총리도 불안·불만·불신을 해소할 수 있는 역량이 있어서라기

---

* 일본 태평양연안의 해저에 위치한 가늘고 긴 계곡. 일본은 이 지역에서 지진이 발생할 경우 태평양연안의 주요도시에 큰 피해가 미칠 것을 우려하고 있다.

보다, 자신들과 같은 시선에서 불안·불만·불신을 공유하고 자기편에 서서 행동해줄 인물이라서 인기를 얻었다.

이것이 바로 선거 전에 일본 유신회日本の維新会*가 인기를 끌고, 선거 후에는 아베 총리에 대한 기대를 키우고 있는 유동표의 표심이다. 그리고 일부 언론들이 이런 사람들에 영합해서 만들어내고 있는 '사회 분위기'의 본질이다.

마초적 해결책은
부작용을 초래한다

이처럼 연쇄적으로 일어나는 불안·불만·불신은 뿌리 깊은 것이다. 문제해결을 위해서 단기간에 정권을 교체해도 해소할 수 있는 것이 아니다. 오히려 그렇게 할 때마다 문제는 악화될 것이며 실제로 악화되어왔다. 그렇다면 어떻게 해야 할까?

경제적 번영을 향한 집착을 버릴 수 있다면 답은 간단하다. 그러나 이것은 인간사회가 인간이 아닌 부처님들의 집단이 되지 않는 한 무리일 것이다. 그렇다면 반대로 돈이 가장 중요하다는 '머니자본주의'

---

* 2012년 9월 하시모토 도오루橋下徹와 이시하라 신타로石原慎太郎를 중심으로 창당된 정당으로 보수·민족주의 성향이 강하다. 당 지도부의 대립으로 2014년 해산되었다. 참고로, 이 책의 일본어 초판이 발행된 것은 2013년 7월이다.

적인 발상에서 생각해보면 불안의 해결방안은 어떤 것들이 있을까?

그것은 '머니자본주의의 승자'로서의 일본의 지위를 어떻게든 회복시켜서, 그곳에서 얻어지는 돈의 힘을 바탕으로 토목공사를 통해 자연재해를 방지하고, 군사력을 강화해서 주변국에도 의연하게 대치한다는 마초적인 방법들이다. 노다野田정권도 특히 영토문제에 있어서는 마초적이었지만, 그 '저자세'를 공격하며 치고 나온 아베정권은 당연히 더욱 강경한 자세를 취하고 있다. 그래서 나온 것이 바로 '아베노믹스'라는 아낌없는 공공투자에 의한 '국토강인화國土強靭化'*, 그리고 금융완화→인플레이션 유도에 의한 경기 자극의 조합이었다.

이 마초적인 선택은 보수파가 들으면 놀랄 정도의 사회실험적인 시책이다. 마초적 발상에서 비롯된 시도라서 무리한 부분과 불안정한 부분도 다수 가지고 있다. 그런 점들을 지적하는 경제학적 토론은 이미 충분하다고 생각되기에 이 책에서는 굳이 지면을 많이 할애하지 않겠다. 한마디만 해두자면, 어떤 일에 대한 부작용이 발생하는 것은 당연한 일이다. 기회주의자가 바라는 것처럼 원만한 문제해결은 불가능하다. 부작용 없이 가능한 일이었다면 이미 다른 누군가가 하고 있었을 것이라는 점을 깨달을 필요가 있다.

예를 들어, 해외는 인플레이션, 일본은 디플레이션이라는 상황으로 진행되어온 엔고현상. 일본이 인플레이션으로 돌아서면 상황은 엔

---

* 2013년 12월, 대규모 재해에 대비해서 도로나 다리 등을 계획적으로 점검·보수하는 공공투자 프로젝트를 위한 국토강인화기본법이 제정되었다.

저로 변하겠지만, 그렇게 되면 GDP의 수십 퍼센트를 차지하는 수출 관련산업은 숨통이 트여도 GDP의 80% 이상을 차지하는 내수관련산업은 수입연료의 가격상승이라는 문제에 직면하게 될 것이다. 실제로 높아질 대로 높아졌던 엔화가 2012년 가을부터 엔저로 돌아서기 시작했지만, 일본의 무역적자는 오히려 확대되고 있다. 센카쿠尖閣문제* 등의 영향으로 중국을 중심으로 수출이 감소하기 시작한 데다가, 엔저로 인해 화석연료비용도 상승하고 있기 때문이다. 2013년이 되자 가솔린과 등유가격까지 올라가기 시작했다. 이런 상황이 되니까 겨우 계속되는 엔고로 둔감해졌던 감각을 되찾고 엔저=생활비상승이라는 당연한 사실을 깨닫는 사람들도 생기기 시작한 것이 아닐까?

모두들 주가가 올라가는 것을 환영한다. 실제로 지금까지 일본의 주가는 투자이율의 실적 면에서도 지나치게 낮았던 것이 사실이다. 그러나 국채로 흘러들어간 자금이 주식으로 흘러가면(원래는 정상적인 일이지만), 지나치게 금액이 부풀려진 신규국채를 소화하는 것은 점점 힘들어질 것으로 예상된다. 지금 당장 금리에서 아직 그런 조짐이 나타나지 않는 것은 다행이지만, 이것은 유럽경제가 절대적으로 저조한 상황이라서 상대적으로 상황이 나은 일본으로 투기성 자금이 집중되고 있기 때문이다. 조금이라도 유럽의 상황이 개선될 가능성이 보이

---

* 영토분쟁지역인 센카쿠열도(중국명 다오위다오)를 둘러싼 중국과 일본의 대립은 2010년 이후 표면화되어 무력충돌이 발생하기 시작했다. 그 결과 중국에서는 격렬한 반일시위와 일본제품 불매운동 등이 전개되었다.

면 지금의 흐름은 충분히 변할 수 있다.

이처럼 경제라는 복잡한 문제는 어깨 결림과도 비슷하다. 일시적으로 뭉친 것을 풀 수는 있지만 마사지로 인한 근육손상이나 통증 같은 부작용 없이 문제를 깨끗이 없애버릴 해결책은 존재하지 않는다.

'일본경제 쇠퇴설'에 대한 냉철한 비판

이번에는 좀 더 근본적인 문제에 대해서 생각해보고자 한다. 바로 '전후戰後 일본인이 향유해온 경제적 번영이 정말 사라지고 있는 것인가?'라는 문제이다. 필자는 사람들의 불안·불만·불신을 부채질하는 '일본경제 쇠퇴설'은 실은 "다들 그렇게 말하고 있으니까 아마 맞겠지"라는 짐작 이외에는 확실한 근거가 없는 일종의 집단환상이라고 생각한다.

뒤에서 '일본경제 쇠퇴설'의 근거를 하나씩 검토하도록 하겠지만 결론부터 먼저 말하면 전후에 일본인들이 향유해온 경제적 번영은 결코 사라지지 않았고, 사실을 제대로 인식하고 천천히, 차분하고 적절하게 대처하는 한 앞으로도 사라지지 않을 것이다. 덧붙이자면 설령 현재의 머니자본주의적 번영이 천천히 사그라든다 해도, 산촌자본주의적 요소를 조금씩 받아들여 나간다면 생활에 큰 어려움은 없을 것이다. 필자는 '아무것도 안 해도 괜찮다'라고 말하는 것이 아니다. 사실을 제대로 인식하고 천천히, 차분하고 적절하게 대처하면 문제없다고 말하는 것이다. "언젠가 대지진도 대분화도 일어날 것이다. 그러나 그로 인해서 일본이 멸망할 일은 없으며, 당신도 나도 십중팔구가 아니라 1,000에 999가 괜찮을 것이다"라는 것과 같은 맥락의 이야기이다.

납득할 수 있겠는가? 부디 이 뒤의 내용을 읽고 나서 결론을 내려주기를 바란다.

일본의 경제적 번영은
그렇게 간단히 끝나지 않는다

"전후에 일본인이 향유해온 경제적 번영은 결코 사라지지 않았으며, 사실을 제대로 인식하고 천천히, 차분하고 적절하게 대처한다면 앞으로도 사라지지 않을 것이다."

"설령 현재의 머니자본주의적 번영이 천천히 사그라든다 해도, 산촌자본주의적 요소를 조금씩 받아들여 나간다면 생활에 큰 어려움은 없을 것이다."

사회분위기가 곧 진실이라고 착각하고 있는 사람에게는 필자의 이런 지적이 '근거 없는 단언'처럼 보일 것이다. 그러나 오히려 "전후에 일본인이 향유해온 경제적 번영이 드디어 사라지기 시작했다"라고 말하는 사람들이야말로 어떤 근거로 그렇게 단언하고 있는지 알 수가 없다. 기본적인 수치조차 확인하지 않고 그저 사회분위기에 휩쓸리고 있는 것은 아닐까? 그런 이유에서 지금부터 '일본종말당' 당원이 된 기분으로 대표적인 '일본경제 비관론'을 열거하면서 그 근거를 확인해보도록 하겠다.

제로성장과
쇠퇴의 혼동

'일본경제 비관론'의 오류 ①

　　　　　　　　　　　　　'일본의 경제적 번영이 사라지기
시작했다'라는 근거로 가장 먼저 제시되는 것은 아마도 경제성장률일
것이다. 1990년 거품경제가 붕괴된 이후, 일본의 GDP는 전혀 늘지
않고 있다는 것이다. 확실히 거품경제 붕괴 후의 이른바 '잃어버린 20
년'의 명목GDP는 이전에 비해서 1.1배도 되지 않는다. 이는 제로성
장이라 부를 수 있을 정도이며 선진국 사이에서도 눈에 띄게 낮은 수
치이다. 달리 말하면 혼자만 뒤처져 있는 상태인 것이다.

　그러나 과거 20년간 일본의 GDP총액은 늘지 않았지만 줄지도 않
았다는 점도 냉철하게 바라볼 필요가 있다. 거품경제 시절에 세계 최
고를 기록했던 국민 1인당 GDP도 지금은 세계 17위가 되었지만, 절
대금액은 얼마 전에도 미묘하게 증가했다. 아니 오히려 생산연령인구
(15~64세)를 기준으로 GDP를 계산해보면, 지금도 일본의 성장률은
선진국 중에서도 최고이다. 경제적 번영의 절대적인 수준은 조금도
떨어지지 않았다.

　이런 이야기를 하면 "모타니는 제로성장을 미화하고 있다"라고 생
각할지도 모른다. 그러나 그런 말은 한마디도 하지 않았다. 당연히 제

로성장보다 힘차게 성장해가는 편이 이상적이다. 단지 경제서퇴보다는 제로성장이 그나마 낫다는 이야기를 하고 있는 것이다.

경제는 '제로섬'의 세계라는 선입견을 가지고 "다른 나라가 번영하고 있다는 것은 그만큼 이쪽의 상황이 안 좋아진 것이다"라고 착각하고 있는 사람이 있는데, 이것은 전혀 잘못된 생각이다.

과거 20년 동안, 베이징은 마차나 자전거가 지나다니던 시골마을에서 고속도로와 지하철이 사방으로 뻗어 있는 대도시로 완전히 변모했다. 하지만 도쿄가 그 영향으로 말과 소로 물건을 운반하는 사회로 추락한 것은 아니다. 20세기, 많은 유럽 국가들의 1인당 GDP는 미국에 추월당하고 일본에 추월당했다(그 뒤에 다시 추월에 성공한 나라도 있지만). 그러나 동시에 주거환경, 치안, 식생활, 의생활처럼 기본적인 부분에 있어서 많은 유럽 주민은 실로 풍요로운 삶을 향유하고 있었다. 이와 같은 맥락에서 중국인은 일본에 오면 환경과 청결 면에서 지상낙원이라고 생각하고, 일본보다 1인당 GDP가 높은 싱가포르 사람들도 일본에 대해서 잘 알고 있는 사람들은 음식의 맛과 손님접대의 섬세함 같은 부분에서 일본의 사려 깊은 풍요로움을 느끼고 있다.

물론 "당신은 그런 듣기 좋은 말을 하고 있지만, 일자리가 없는 젊은이가 늘어나고, 돈이 없는 노인이 늘어나고, 지방도시는 쇠퇴가 극에 달하고, 일본인의 생활은 비참해지고 있다"라고 생각하는 분들이 많을 것이다. 그 원인은 일본경제의 전체적인 불황에 있는 것이 아니다. 각각의 문제는 저마다 뿌리 깊은 원인을 가지고 있다. 실제로 고통받는 사람과 지역이 있는 만큼, 순조롭게 발전하는 사람과 지역도 존재한다. 전체적인 득실을 계산해보면 결국 미묘하게 발전하고 있다.

물론 그렇다고 해서 결코 각각의 문제가 없어진 것은 아니다. 마찬가지로 "일본 전체가 성장하면 개별적인 문제들도 자동적으로 해결된다"라는 일도 있을 수 없다. 각각의 문제가 안고 있는 뿌리 깊은 원인을 하나씩 풀어가면서 개별적으로 해결할 수밖에 없다. 자화자찬이지만 필자는 바로 그런 문제해결을 도와주는 일을 생업으로 삼고 있다.

참고로 GDP 이외의 지표를 살펴보아도 마찬가지이다. 예를 들어, 일본인의 평균수명은 세계 최고 수준이며(패전 후의 일본과 냉전 후의 러시아처럼, 경제파탄이 일어난 국가는 반드시 평균수명이 떨어진다), 흉악 범죄도 줄어들고 있고 빈민층이 폭동을 일으키지도 않는다. 이런 것들은 경제가 쇠퇴하고 있는 나라의 특징이라고는 할 수 없다. 일본경제가 정말 쇠퇴로 돌아서게 되면 "에휴, 그때는 불평만 했었지만 그래도 정말 힘들지는 않았어"라고 절실히 깨닫게 될 것이다.

절대수를 보지 않는
'국제경쟁력저하'론자
'일본경제 비관론'의 오류 ②

'일본종말당'이 제시하는 두 번째 논거는 '일본의 국제경쟁력이 사라져가고 있다'라는 것이다. 스위스의 비즈니스 스쿨 IMD가 발표하는 국제경쟁력 순위가, 거품경제 시절에는 1위였던 일본은 지금은 27위라고 한다. 일본의 수출액은

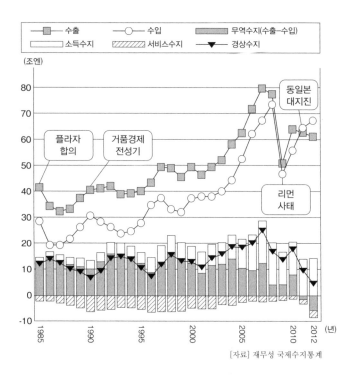

[자료] 재무성 국제수지통계

일본의 국제수지의 장기추이

2007년과 비교하면 벌써 4분의 3으로 감소해버렸다. 동일본대지진,
엔고, 유로쇼크가 엄습한 2011년에는 마침내 무역수지가 마이너스 2
조 엔으로 떨어지며 31년 만의 적자를 기록했고, 2012년에는 적자가
6조 엔까지 확대되었다. 계속되는 엔고의 영향도 있어서 일본의 산업
은 이미 빈사상태에 빠졌다…라는 이야기이다. 그런데 사람들은 여기
등장하지 않는 수치들을 전부 확인하고 전체적인 상황을 파악하고 나
서 이런 이야기를 하고 있는 것일까?

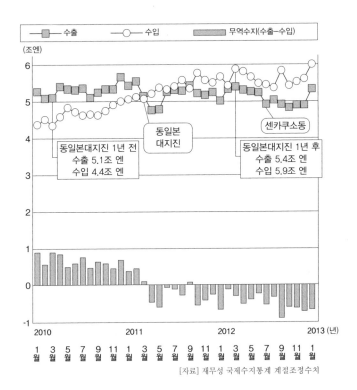

—■— 수출	—○— 수입	▨ 무역수지(수출−수입)

(조엔)

동일본대지진 1년 전
수출 5.1조 엔
수입 4.4조 엔

동일본
대지진

센카쿠소동

동일본대지진 1년 후
수출 5.4조 엔
수입 5.9조 엔

2010　　　　　2011　　　　　2012　　　　　2013 (년)

1 3 5 7 9 11 1 3 5 7 9 11 1 3 5 7 9 11 1
월 월 월 월 월 월 월 월 월 월 월 월 월 월 월 월 월 월 월

[자료] 재무성 국제수지통계 계절조정수치

일본의 최근 무역수지

　무엇보다 여러분이 '이상하다'라고 알아차려야 할 점은 "거품경제 이후의 잃어버린 20년 동안 일본이 국제경쟁력을 잃어버린 것이 사실이라면, 어째서 엔의 가치는 20년 전보다 지금이 더 높은가?"라는 점이다. 미국경제가 상대적으로 쇠락했기 때문에 달러 가치의 하락세가 이어지고 있으며 리먼 사태와 유로쇼크로 인해서 유로 가치도 떨어졌다. 중국은 성장하고 있는데도 인민 위안元의 가치를 낮게 억제하고 있다는 비판을 받고 있다. 매일의 변동은 접어두고 1년 단위처럼 큰

흐름에서 보면, 경제적 번영이 곧 자국통화의 가치상승으로 이어지는 것은 세계적인 상식이다. 엔이 비싼 것은 수출이 늘었기 때문이다.

텔레비전에 출연하는 문화인들은 일본수출의 절대금액의 추이를 보고 나서 발언을 할 필요가 있다. 재무성의 국제수지통계(이것과는 별도로 무역통계도 있다. 수치는 조금 다르지만 경향에는 차이가 없다)에 의하면, 플라자 합의*로 엔고가 시작되기 전인 1985년의 수출액은 42조 엔, 거품경제의 최전성기이자 일본의 국제경쟁력 세계 제일이었던 1990년은 41조 엔이었다. 그에 비해서 2012년은 61조 엔으로, 약 20년 동안 1.5배나 증가했다. 수출액이 가장 높았던 것은 2007년의 80조 엔이지만, 이것은 1990년의 2배라는 비정상적으로 높은 수준으로, 전 세계가 리먼 사태 이전의 거품경제로 흥청대던 시절의 일시적인 숫자이다. 월별 계절조정이 완료된 수치를 확인해봐도, 동일본대지진 직전인 2011년 2월의 수출이 5.5조 엔이었던 것에 비해서 동일본대지진 1년 뒤인 2012년 3월 수출은 5.4조 엔으로 거의 동일한 수준이다. 다른 달의 수치를 살펴봐도 알 수 있지만, 동일본대지진 이후의 초엔고의 상황 속에서도 수출은 줄지 않았다.

이것은 엔고로 인해 가격이 올라가도 살 수밖에 없을 정도로 비가격경쟁력이 있는 물건을 일본이 수출해왔기 때문이다. 그리고 무엇보다 일본 엔의 환율이 올라간 상대국은 내부적으로 인플레이션을 겪고

---

* 1985년 뉴욕의 플라자 호텔에서 개최된 회의에서, 미국의 달러화 강세를 완화하려는 목적으로 선진 5개국(프랑스, 독일, 일본, 미국, 영국)의 재무장관들이 맺은 합의이다.

　　　　　　　　　　　　　　숲에서 자본주의를 껴안다

있기에, 일본제품의 가격이 국내의 물가상승률과 동일한 수준으로 올라가는 것을 당연하게 받아들이고 있기 때문이기도 하다. 그래서 최근 실시되는 엔저 유도가 여러 외국 국가들로부터 '덤핑'이라는 비판을 받고 있다. '비쌌던 일본제품의 가격이 원래의 가격으로 돌아간다'라고 생각하는 것이 아니라 '다른 물건들에 비해서 일본제품만 갑자기 싸졌다'라는 인상을 받는 것이다.

그런데 동일본대지진 이후에도 5조 엔대를 유지하고 있던 수출이 2012년 7월부터 4조 엔대로 떨어졌다. 그러나 이것은 엔고의 탓이 아니라 센카쿠문제로 인해서 대중국 수출이 감소했기 때문이다. 실제로 수출이 줄어들기 시작한 이 무렵에는 1달러에 90엔까지 떨어지면서 엔저로 돌아서는 움직임이 나타났다. 그러나 엔저로 돌아섰지만 수출은 증가하지 않고 있다. 엔의 가치하락으로 인해서 수출이 늘어나는 것이 아니라, 정치적인 이유로 수출이 감소했기 때문에 엔의 가치가 떨어진 것이다.

"그러나 일본은 현재 동일본대지진을 계기로 31년 만의 무역적자를 기록했고 게다가 적자가 확대되고 있지 않은가?"라고 반론하는 사람도 있을 것이다. 적자를 내고 있는 것은 사실이다. 그러나 그 원인은 원자력발전소 사고를 계기로 화석연료가격이 상승하고 수입이 증가했기 때문이지 수출, 즉 일본제품의 해외매상이 감소한 것은 아니다. 그렇기 때문에 일본이 적자를 내고 있는 상대국은 전부 자원국으로, 중국(+홍콩), 한국, 대만, 싱가포르, 타이, 인도, 미국, 영국, 독일 등에 대해서는 일본은 계속해서 무역흑자를 거두고 있다. 다시 말해서 아무리 유럽과 미국과 동아시아에서 돈을 벌어들여도 아랍 등의 산유국이 그 돈을 그대로 가져가버리는 상태라는 것이다. 그러나 이런 숫자를 확인하지도 않은 채 '일본이 신흥공업국과의 경제경쟁에서 져버렸다', '중국(+홍콩)이나 한국과의 무역에서 적자를 내고 있다'라고 지레짐작하며 착각에 빠져 있는 사람이 학자, 정치가, 언론 관계자 중에도 상당히 많다는 사실에 대해서 필자는 진심으로 난감하게 생각하고 있다.

게다가 국제수지는 무역수지만으로 정해지는 것이 아니다. 일본정부는 세계 최대의 빚쟁이라고 하지만, 기업이나 개인은 전 세계에 잉여자금을 투자하고 있다. 2012년에는 이런 투자를 통해서 일본이 해외에서 받고 있는 금리배당(소득흑자)이 14조 엔으로 역사상 3위를 기록하며 무역적자 6조 엔을 커버해버렸다. 게다가 엔저일 때는 소득흑자가 증가하는 경향이 있기 때문에, 마찬가지로 엔저일 때 증가하는 화석연료비용을 어느 정도 커버해주기도 한다.

사실은 일본은 여전히 계속해서 외화를 벌어들이고 있는 경상수지 흑자국이다. 계속 적자를 기록 중인 미국, 적자와 흑자 사이를 왕복하고 있는 유로존 등과 같은 다른 국가에 비해서 국제경쟁력이 떨어진다고 말하기는 힘들다. 하지만 그렇다고 해도 이대로 1달러=100엔의 선을 넘어 엔저로 돌아가버린다면, 올해(2013년)는 화석연료수입액이 더욱 증가하고, 수출은 줄지 않지만 크게 증가하지도 않아서 결국 경상수지 적자국으로 전락해버릴지도 모른다. 엔저를 환영하며 높게 평가하는 풍조에 대해서는 신중하게 현실을 파악할 필요가 있으며, 엔저 유도로 일본경제를 재생시키자고 부르짖는 '지식인들'은 수치를 확인하고 나서 발언하는 습관을 가질 필요가 있다.

'근대경제학의 마르크스경제학화'를 상징하는 '디플레이션 탈출'론

'일본경제 비관론'의 오류 ③

이런 이야기를 하면 "장기화되는 디플레이션으로 얼마나 많은 국민들이 고통을 받고 있는지 알지 못하는가?"라는 분노의 목소리가 들려올 것만 같다. 소비세수消費税収 추이를 살펴봐도 분명히 국내소비는 과거 15년 이상 거의 늘지 않고 있다. 수출이 같은 기간 동안 1.5배로 증가한 것과는 대조적이다. 국제경쟁력은 떨어지지 않았지만 국내시장이 휘청거리고 있는 것이 바로 일본경제의 현실이다. 이것을 '일본종말당'의 세 번째 논거로 제시하겠다.

물가가 계속 떨어지는 것은 저축의 가치가 떨어지기는커녕 늘어나는 것을 의미하기 때문에 돈을 벌지 않고 저축에 의존해서 생활하는 사람들에게는 실로 반가운 이야기일 것이다. 그러나 일하는 사람이나 내수기업에게는 자신들의 경제활동에 대한 금전적 가치가 점점 줄어드는 심각한 상황이다. 당연히 근로의욕과 영업의욕이 감소하고 시장의 성장을 예상할 수 없어서 설비투자나 인재에 대한 투자도 줄어든다. 그리고 이런 것들이 경제를 더욱 침체에 빠트리면서 악순환이 생겨난다. 해외시장 개척에 성공한 수출기업들 사이에서는 생산을 해외로 옮기는 움직임이 강해질 수밖에 없다. 젊은 사람도 프리터* 생활만으로는 희망을 가질 수 없고, 아이를 낳기는커녕 결혼도 할 수 없다. 결국 세금수입과 연금납입도 줄어들어 고령퇴직자의 생활도 위협받게 된다. 여러 번 반복해서 말하고 있지만, 필자는 결코 디플레이션을 미화하는 것이 아니다.

단, 주의해야 할 점은 전 세계의 일반적인 국가들은 디플레이션이 아니라 인플레이션을 겪고 있다는 것이다. 일본에서만 디플레이션이 계속된다면 국제금융시장에서는 엔고가 더 진행되어 결과적으로 해외에서 본 일본의 경제가치는 줄어들지 않을 것이다.

예를 들어, 1달러=110엔에서 1달러=80엔까지 엔고가 진행되면, 일본 국내에서 물가와 인건비가 5% 내려가더라도 미국 달러로 생활하고 있는 사람들에게 일본 국내의 물가와 인건비는 31%나 상승한 것처럼 보인다. 좀 더 자세히 살펴보자. 1달러=110엔에서 1달러=80엔으로 환율이 변하면, 일본 국내에서는 110엔짜리 물건이 미국인에게는 1달러에서 1.38달러로 변하게 된다(110÷80=1.38). 디플레이션으로 인해서 가격이 5% 내려가면 110엔의 물건은 104.5엔이 된다. 이것을 1달러=80엔으로 환산하면 1.31달러(104.5÷80=1.31). 31%나 상승된 가격이다. 국내 미군부대에 주둔하는 미국인들은 바로 이

---

* 자유free와 아르바이터arbeiter를 합성한 일본의 신조어. 아르바이트나 파트타임으로 생활을 유지하는 사람들을 가리키는 말이다.

숲에서 자본주의를 껴안다

렇게 느껴온 것이다.

즉, 국내의 디플레이션은 국내 경제활동의 국내 가치가 떨어지는 현상일 뿐, 해외에서 본 일본의 가치가 내려가는 것이 아니다. 그렇기 때문에 일본 엔을 가지고 해외에 나가면 부자처럼 생활할 수 있다. 많은 사람이 그렇게 생활하고 있는 것은 아니지만 말이다.

그런데 이 책을 집필하고 있는 시점에서 나라 전체를 뒤흔들고 있는 것이 바로 '디플레이션 탈출'이라는 슬로건이다. 어떻게 탈출하는지가 가장 중요한 문제인데, 이른바 '리플레이션reflection* 논자'로 불리는 분들의 주장에 따르면, 디플레이션은 일본은행이 금융완화를 게을리하기 때문에 발생한다. 일단 나라 안에서 돌아다니는 돈의 양을 계속 늘리다 보면 사람들은 언젠가는 "앞으로 인플레이션이 찾아올 거야"라는 생각을 하기 시작한다. 그렇게 되면 저축의 가치가 줄어들기 전에 소비를 늘리게 되므로, 내수기업의 매상이 올라가고, 급여도 증가하고, 설비투자도 증가하면서 반드시 원만한 인플레이션이 일어난다(=디플레이션을 벗어날 수 있다)는 것이다.

확실히 무제한적으로 돈을 찍어내면 언젠가는 반드시 인플레이션이 일어난다. 그러나 실제로는 그렇지 않았다. 과거 십수 년 동안 계속된 금융완화정책을 통해서, 금융기관들이 생각하기에는 이미 충분히 인플레이션이 발생할 정도의 화폐가 국내에 풀린 상태이다. 계속

---

*   경제가 디플레이션 상태에서 벗어났지만 심각한 인플레이션을 유발하지 않을 정도로 통화를 재팽창시키는 것을 의미한다.

되는 금융완화로 인해서 "당연히 돌아가야 할 나사가 돌아가지 않아서 결국에는 펜치를 동원해서 힘차게 돌려봤더니 본체까지 통째로 부러져버리는 경우"처럼 돌연 극단적인 인플레이션이 일어날 가능성도 있다.

그렇게 되면 엔저현상이 일어나 수입품의 가격이 올라가고, 수입원재료와 연료를 사용하는 많은 상품의 가격도 올라가서 다행히 '디플레이션 탈출'에 성공할 것이다. 그러나 동시에 돈은 소비가 아니라 외화투자로 흘러가버려서(그리스가 바로 이 경우였다), 이번에야말로 일본경제는 정말로 쇠퇴해버리고 말 것이다.

인플레이션이 이렇게 급격히 일어나지 않고 천천히 시작된다는 근거가 있는지 궁금할 것이다. 그러나 '리플레이션 이론'은 근거가 될 만한 이론적인 성숙도, 축적된 실증데이터도 가지고 있지 않다. 잘못돼서 인플레이션이 가열됐을 때, 그것을 제어할 수 있는 방책이 있는지 물어보면 "현재 일본은행은 이 정도로 장기적인 디플레이션을 발생시키고 있다. 일본은행이 이번에는 금융긴축운영을 펼친다면 인플레이션은 간단히 가라앉을 것이다"라고 대답한다. 그러나 근본적으로 '지금의 디플레이션은 일본은행 탓이다'라는 주장이 옳지 않다면 그들이 말하는 대책도 효과가 있을 리 없다. 이것은 결국 믿는 사람은 믿는다는 논리이다. 리플레이션의 찬반논쟁을 '신학神學논쟁'이라고 부르는 이유가 바로 여기에 있다.

하지만 리플레이션 이론의 신자들에게 어떤 공통의 속성이 있는 것은 틀림없다. 그것은 바로 '시장경제는 정부당국이 자유자재로 컨트

　　　　　　　　　　　　　　　숲에서 자본주의를 껴안다

롤할 수 있다'라는 일종의 확신이다. 필자는 이것을 '근대경제학의 마르크스경제학화'라고 부른다. 과거라면 마르크스경제학을 지지했을 법한 사고회로를 가진 인간(소수의 변수로 복잡한 현실을 설명할 수 있고 컨트롤할 수 있다고 믿는 세상물정을 잘 모르는 타입)이 구소련의 몰락 이후 근대경제학으로 흘러들어온 것일지도 모르겠다.

일본은행은 일부러 일본경제를 멸망시키려고 하는 악의 조직이 아니다. 지금까지 십수 년 동안 계속된 금융완화가 실제로 물가상승으로 이어지지 않은 경험을 바탕으로 행동하고 있는 것뿐이다. 특히 고이즈미개혁 아래에서 2002년부터 2007년까지 이어진 '전후 최장의 경기확대', 당시 사상 최대의 금융완화에 리먼 사태 전의 수출급증이 더해져서 머니게임을 할 여유가 있는 사람들의 금융소득이 크게 증가했지만, 개인소비는 늘지 않았다.

부자들의 입장에서는 "사고 싶은 것이 없었기 때문에, 또는 돈을 쓰는 것이 아니라 저축 자체가 자기 목적화되어서 돈을 번 만큼 그대로 금융투자로 돌려버렸다"라고 말한다. 많은 기업들은 "부유층의 요구에 맞지 않는 상품을 지나치게 많이 만들어 결국 헐값에 팔아버리는 행동을 반복하면서, 모처럼의 개인소득증가를 매출증가로 연결시키지 못했다"라고 설명한다. 금융기관도 할 말은 있다. "빌리러 찾아오는 사람은 갚지 못할 위험성이 큰 사람뿐, 반드시 융자를 갚을 만한 사업을 찾을 수가 없다. 그래서 어쩔 수 없이 국채를 산다"라는 것이다.

진정한 구조개혁은
'임금인상이 가능한 비즈니스 모델의 확립'

　　　　　　　　　　　왜 이런 곤란한 상황이 굳어져버린 것일까? 이 주제에 대해서는, 2010년 『일본 디플레이션의 진실』을 출간한 필자는 그 책에 제기된 '비판'에 대한 답변을 포함해 할 이야기가 많다. 그러나 이 책은 산촌자본주의에 관한 책이기 때문에 상세한 논의는 『일본 디플레이션의 진실 2』로 미루기로 하겠다.

　결론만 간단히 말하면, 일본의 '디플레이션'은 기계화된 자동화시스템에 의한 저가격·대량생산에 익숙해진 기업이 부동산, 자동차, 가전제품, 저렴한 식품처럼 감소하고 있는 현역세대를 주요고객층으로 하는 상품의 공급과잉을 중단하지 못하기 때문에 발생한다. '미시경제학에 있어서의 가격붕괴'이다. 즉, 이것은 일본경제 그 자체의 쇠퇴가 아니다. 과잉공급을 중단하지 않는 일부 기업(다수기업?)과, 불행하게도 그곳에 의존하는 하청기업들과 노동자의 시련에 지나지 않는다. 그리고 그 해결책은 이들 기업이 합리적으로 타산을 추구하고, 수급균형이 아직 무너지지 않아서 생산비용을 가격전가價格轉嫁* 할 수 있는 분야를 개척해서 옮겨가는 것이다. 일본처럼 고령화가 진행된 북유럽의 선진공업국과 독일의 대기업, 이탈리아의 중소기업군 등은 바로 그런 방향으로 나아가고 있다.

―――

* 　원자재의 가격상승을 거래가격에 반영해서 부담시키는 것. 즉, 재료비 상승을 소비자에게 부담시키는 것을 의미한다.

이것을 경제학 표현으로는 '이노베이션'이나 '구조개혁'이라고 부르며, 기업의 그런 행동을 촉진하는 정부의 정책을 '성장전략'이라고 한다. 말이 어려워서 이해하기 힘든 것뿐이지, 간단히 말하면 '기업이 주도하는 포화시장에서의 철수와 새로운 시장의 개척'이 디플레이션 탈출을 가능하게 해주는 유일한 방법이다.

참고로 '구조개혁'이라고 하면 고용포기 같은 이미지를 가지고 있는 사람도 있을 것이다. 향후 50년 사이에 생산연령인구(15~64세 인구)가 반으로 감소할 것으로 예상되는 일본에서는 그냥 내버려두더라도 일하는 사람 수는 꾸준히 줄어든다. 향후 50년 동안 노동자 한 사람의 소득을 2배로 끌어올리지 못하는 이상, 내수는 계속 축소될 것이다. 그렇기 때문에 금세기에 필요한 일본의 구조개혁은 '임금인상이 가능한 비즈니스 모델의 확립'이지 '임금인하로 당장의 이익을 확보하는 대신 국내시장을 조금씩 파괴해가는 것'이 아니다.

2배의 임금은 도저히 무리라고 생각할지도 모른다. 하지만 현실에서는 프랑스나 이탈리아처럼 일본보다 시급 수준이 높은 나라가 일본에서 무역흑자를 벌어들이고 있다. 그들의 주요 수출품인 와인, 치즈, 파스타, 햄, 올리브오일, 의류와 잡화 등은 전부 비용을 가격전가 할 수 있는 브랜드 파워를 가진 상품들로, 현재 일본에서도 비싸게 팔리고 있기 때문이다.

내수산업의 각 회사들도 마찬가지로 코스트를 가격전가 할 수 있는 브랜드 파워를 획득하는 것에 주력해서(불가능한 분야에서는 철수하고 그 시장은 수입품이 담당하게 한다), 연평균 1%라도 좋으니까 인건비 수준을 올려간다면(다른 말로 표현하면, 연평균 1%의 근로자가 줄어드는 상황 속에서 급여총액을 변동 없이 유지할 수 있다면) 일본경제는 쇠퇴하지 않을 것이다.

실제로 돈(=잠재적 시장)은 1,400조 엔에서 1,500조 엔 사이로 추정되는, 일본의 개인금융자산의 상당 부분을 보유하고 있는 고령자의 지갑 속에도 존재한다. 오마에 겐이치大前研一 씨의 블로그에 의하면, 그들은 사망할 때 평균적으로 한 사람당 약 3,500만 엔을 남긴다고 한다. 이 숫자가 정확하다면 연간 100만 명의 사망자가 발생하는 일본에서는 연간 35조 엔의 돈이 사용되지 않은 채로 다음 세대로 계승되고 있다는 계산이 나온다. 일본의 소매판매액(=물건의 판매액. 음식이나 숙박 등의 서비스업 매상은 포함되지 않는다)은 연간 130조 엔 정도라서, 죽기 전에 그 35조 엔의 3분의 1이라도 뭔가를 사는 데 사용해준다면 소매판매액은 10%나 증가해서 거품경제 시절보다 높아질 것이다. 대단한 경제성장을 실현할 수 있다.

금세기 일본의 현실은 개인이 전혀 저축을 가지고 있지 않았던 종전 직후의 일본이나 현재의 많은 해외국가와는 상황이 다르다. 게다가 고령자 본인은 뭔가를 살 마음이 없어도, 돈만 있다면 소비하고 싶어 하는 여성과 젊은이는 무수히 존재한다.『일본 디플레이션의 진실』에서 설명한 것처럼, 가능한 모든 수단을 사용해서 고령부유층에서 여성과 젊은이로 돈을 이동시키는 것(이상적인 방법은 여성과 젊은이의 취업을 촉진하고 급여 수준을 올려서 돈을 벌게 만드는 것)이야말로 현실을 고려한 '디플레이션 탈출' 방법이다. OECD(경제협력개발기구)의 일본경제 활성화를 위한 제언과 IMF(국제통화기금)의 제언도 똑같은 이야기를 하고 있다.

굳이 디플레이션을 비관하며 '일본종말당'에 들어갈 필요는 없다. 생산연령인구가 감소로 돌아선 지도 20년 가까운 시간이 지났고, 이제 시대변화에 대응해서 새로운 시장을 획득하기 시작하는 기업도 늘고 있기 때문이다. 그렇기 때문에 불경기라고 호들갑을 떨면서도 사상 최고의 이익을 기록하는 기업이 속출하고 있고, 일본 전체의 명목 GDP 합계도 계속 현상유지(엔 베이스로는 미묘하게 감소, 달러 베이스로는 미묘하게 증가)를 하고 있다.

참고로 중국, 한국, 대만, 싱가포르 등의 동아시아 신흥국·지역에서도 일본 이상으로 저출산 현상이 진행되고 있어서, 수년 이내에 생산연령인구가 감소로 돌아설 것으로 보인다. 일본만 '디플레이션'으로 침몰하는 것이 아니라 일본에서 나타나는 '미시경제학에 있어서의 가격붕괴'는 일본의 '라이벌'에게도 심각한 문제가 될 것이다.

안타깝게도 금융완화를 계속하면 사태는 해결된다고 주장하는 리플레이션 논자들의 주장이 횡행하면 할수록, 구태의연한 저가격 대량생산에 의존하는 기업들은 정부의 도움을 기대하며 자율적인 '이노베이션', '구조개혁'을 게을리하게 된다. 그들은 기업이면서 동시에 마치 사회적 약자인 것처럼 보인다. 이것은 1995년까지 그저 현역세대의 증가에만 의지해온 전후 일본자본주의의 현실이기도 하다. 인구증가로 성장이 계속되는 경제 속에서만 존속해온 기업, 기업의 필수요소인 경영전략이 결여된 기업이 망해가는 과정. 그 시작을 알리는 산고의 고통이 지금의 '디플레이션'이라고도 할 수 있다.

　이상 대표적인 '일본 비관론'을 중심으로 그 근거의 부당함을 지적해왔다. 이를 통해서 '일본종말당'의 주장들이 사회의 '왠지 모를 종말 분위기'에 휩쓸려 출현한, 통계적 근거나 논리적 분석이 결여된 주장이라는 점은 충분히 전달되었을 것이라고 생각한다. 그럼 이 이야기는 여기서 마무리를 짓고, 더 근본적인 이야기를 시작해보도록 하겠다.

　지금까지의 설명으로 일본의 상황이 안 좋아지고 있다는 불안·불만·불신은 불식될 수 있을까? 곤란하게도 그런 정도로는 불안은 사라지지 않는다. 그 이유는 무엇일까?

불안 · 불만 · 불신을 극복하고
미래를 창조하는 '산촌자본주의'

　　　　　　　　　"일본경제는 쇠퇴를 향해가고 있는 것이 아닐까?"라는 사람들의 불안은 안타깝게도 앞에서 설명한 사실들의 제시 정도로는 사라지지 않는다.

　불안이 사라지지 않는 이유는 필자의 논점 자체가 '결국 머니자본주의 틀 안의 이야기'이기 때문이다. 필자는 평균치를 기준으로 내려진 성급한 결정을 부정하고, 각각의 사실을 제대로 파악한 이후에 판단하자고 주장해왔다. 그러나 필자가 제시한 '실은 일본은 비관적이지 않다는 주장'은 전부 "머니자본주의 전체가 한계에 부딪히지 않고 돈이 계속 회전한다면, 일본도 그 안에서 어떻게든 이익을 낼 수 있습니다"라는 영역을 벗어나지 않는다.

'땅에 발을 대고 있지 않다', 다시 말해 기초가 견고하지 못하다는 표현이 있다. 머니자본주의는 근본적으로 땅에 발이 닿지 않는 세계의 이야기이다. 동일본대지진을 경험한 이후, 일본인들은 공중에 떠 있는 돈의 순환 자체가 뿌리부터 흔들릴 수 있는 위험을 언제나 안고 있다는 것을 본능적으로 알아차린 것이 아닐까?

천재지변은 '머니자본주의'의 기능을 정지시킨다

2011년 동일본대지진, 헤이안 시대 전기* 이후 가장 큰 규모의 쓰나미가 도호쿠지방에서 기타칸토지방에 이르는 태평양연안지역을 덮쳐, 먼 과거를 완전히 잊고 있던 많은 일본인에게 큰 상처를 입혔다. 그러나 상식을 초월한 대규모 재난은 문헌에 남아 있는 것만으로도 얼마든지 있다.

헤이안시대 전기, 아키타현 북부의 요네시로강米代川 유역을 메워버린 도와다호十和田湖 대분화의 토사류. 무로마치시대 중기, 도카이도東海道연안을 덮쳐서 담수호였던 하마나호浜名湖를 바다와 연결시켜버린 메이오明応의 대지진과 쓰나미. 에도시대 중기, 아리아케有明해안에 대규

---

* 헤이안시대 전기(869년), 매그니튜드 8 이상의 해저지진으로 거대한 쓰나미가 발생해 큰 피해를 입었다는 기록이 남아 있다. 진원지의 위치는 일본의 북동쪽 근해(태평양)로 동일본대지진과 유사하다.

모의 쓰나미 피해를 불러온 운젠분화雲仙噴火로 인한 마유산眉山의 붕괴. 마찬가지로 에도시대 중기, 오키나와현 야에야마제도沖繩縣八重山諸島 등지에서 만 수천 명의 사망자를 낸 국내 문헌기록상 최대의 파고 40미터의 쓰나미. 그 전후로는 유명한 오니오시다시鬼押出し*를 형성한 아사마산浅間山 분화와 후지산의 호에이분화宝永噴火 등이 이어져 다량의 화산재 분출로 기온 저하가 초래되어 덴메이天明의 대기근을 심각하게 만들기도 했다. 이 모두가 지금 세상에서 같은 규모의 재해가 일어난다면 세계를 뒤흔들 대사건들이다.

그래도 자기 집 옆에 물, 논밭, 산이 있는 지방은 그나마 낫다. 세계 최대의 대도시권인 수도권과 선진국 베스트 5에 들어가는 거대도시권 게이한신권京阪神圏**에는 일본 인구의 절반 가까이가 살고 있지만, 그곳에서는 연료와 식량은 물론 식수조차 전혀 자급하지 못한다.

만약 남해트로프에서 최대 규모의 지진이 발생해서 도쿄와 오사카 사이의 중추적 산업기능과 물류기능이 정지된다면? 높은 치사율의 신형 인플루엔자가 갑자기 유행한다면? 전혀 예상하지 못했던 세력에 의해서 도쿄와 여러 선진국의 중추도시가 동시에 테러공격을 받는다면? 할리우드 영화도 아니고 실제로 이런 일들을 걱정할 필요는 없을지 모른다. 그래도 일어날 가능성이 제로는 아니다. 대도시권 주민

---

* 분출된 용암과 화산 분출물이 쌓여 굳어져서 생긴 12킬로미터에 이르는 용암의 응결지대. 당시 사람들은 분화구에 살고 있는 요괴(오니)가 바위를 밀어내서(오시다시) 분화가 일어났다고 생각했기 때문에 이런 이름이 붙여졌다.

** 교토, 오사카, 고베 지역.

의 곤란과 혼란의 리스크는 같은 일이 지방에서 발생했을 때와는 비교가 안 될 정도로 높을 것이다.

물론 가능성은 매우 낮다. 그러나 인간은 가능성이 낮은 일이라도 걱정할 만큼 뇌가 발달한 동물이다. 그렇게 발달한 뇌를 가진 인간의 업보가, 아니 말로 생각하지 않아도 생물로서의 본능으로 감지해버리는 현실이 불안·불만·불신의 근원에 자리 잡고 있다. 일본경제를 움직이고 있는 대도시권의 주민일수록, 실은 앞날에 대한 큰 불안감을 가지고 있으며 자포자기적 심정이 되어 있다. 최근 일본인들이 충분한 검토도 없이 일단 국채를 남발하고, 일단 원자력발전소를 재가동하고 있는 것처럼 근시안적인 행동을 취하고 있는 것도 그 반증이 아닐까?

인플레이션이 발생하면 정부의 부채는 더욱더 눈덩이처럼 불어난다

'일단 국채를 남발하고 보는 근시안적인 행동'이라고 했지만, 머니자본주의가 벽에 부딪힌 것은 매년 계속해서 국채 발행을 늘려온 결과이다. 결국 세계 제일의 빚쟁이가 되어버린 일본정부의 재정을 봐도 잘 알 수 있다.

수년에 걸쳐 집권한 자민당 정권도, 3년째 집권중인 민주당 정권도, 국민생활을 위해서 재해복구를 위해서 대형경제대책을 위해서라는 이름으로 적자국채의 발행을 계속했다. '올해만 괜찮다면, 당장 어떻게만 된다면'이라는 이유로, 좀처럼 투표에 참여하지 않는 젊은 세대, 투표권이 없는 어린이, 아직 태어나지 않은 아이들에게 빚을 지우면서 GDP 대비 2배 이상의 세계 최고 수준의 빚을 쌓아올렸다.

이제 그 빚은 자손에게만 돌아가는 것이 아니다. 투표 그리고 투표 포기라는 행동으로 빚의 증가를 시인 내지는 묵인해온 현재 세대들에게도 연금지급 개시연령의 연기, 의료복지서비스의 절감이라는 형태로 돌아오기 시작했다. 그뿐만이 아니다. 고령자와 중장년이 지금까지 축적해온 금전적 자산을 원금과 이자 전부 없애버릴 수 있는 극도의 인플레이션이 발생할 위험성도 조금씩 높아지고 있다. 지금까지는 다행히 그렇게 되지 않았지만, 일본인의 수명은 세계에서도 손꼽힐 정도로 길기 때문에 도망갈 수 있다는 보증은 어디에도 없다.

지금까지 무제한적으로 국채잔고를 늘려온 것은 아무리 많이 내놓아도 어떻게든 계속 팔려왔기 때문이다. 국채의 90% 이상은 일본의 기업과 개인이 보유하고 있지만, 그것은 일본의 기업과 개인이 현금을 가지고 있었기 때문이다. 앞에서 말한 것처럼, 우리는 화석연료가격이 비싼 시대에 살고 있다. 엔저가 더 진행되면 무역적자가 확대되고, 금리배당수입으로도 충당할 수 없어지면 일본 전체가 경상수지 적자를 기록할 수도 있다. 플라자 합의로 엔고가 시작된 이후에도 매년 5~20조 엔 이상을 기록했던 경상수지 흑자가 마이너스로 돌아서면, 물론 자동적으로 현금이 그만큼 국내에서 사라지지는 않겠지만, 국내에서의 국채소화능력이 크든 작든 떨어지는 것은 피할 수 없다.

미국처럼 해외에서 계속 돈을 빌릴 수 있는 국가라면 그래도 괜찮다. 하지만 엔저가 유지될 가능성이 높은 상황에서, 현재의 평균 1.4%라는 저금리로 일본국채를 해외에 팔기는 어렵다. 그렇지 않아도 정책적으로 인플레이션을 유도하기로 했으니, 국내에서 국채를 소비하기 위해서라도 좀 더 금리를 올릴 필요가 있을 것이다. 그러나 국채의 발행금리를 올리면 이미 발행된 국채를 시장에서 매매할 때의 유통이율도 따라서 올라간다. 이미 발행된 국채의 금리는 발행 시점에서 정해져 있기 때문에, 금리가 올라간 경우에는 금융시장에서 국채 그 자체의 매매가격을 내림으로써 금리 수준을 올리는 조정이 자동적으로 이루어진다. 한마디로, 이미 발행된 국채를 가지고 있는 기업과 개인의 재산은 상대적으로 줄어드는 것이다.

적은 폭의 금리상승이라면 몰라도, 시장은 당시의 사회 분위기에 따라서 극단적인 움직임을 보이는 경우도 많다. 세계 어딘가에서 일어난 어떤 일이 계기가 되어 금리상승이 과도하게 진행되면, 국채를 많이 보유하고 있는 연금기금, 생명보험회사, 지방의 금융기관 등이 타격을 받는다. 국채보유고의 상대적 감소가 진행되어서 그들의 재무내용이 악화된다면, 연금시스템이나 금융시스템 전체가 기능하지 않을 위험도 있다.

금리가 올라가면 국가의 자금운용도 무사하기 힘들다. 현재의 저금리 상태에서도 연간 국채금리 지불액은 10조 엔에 달한다. 정부의 연간 세수稅收의 4분의 1 이상이 사라지고 있다. 만약 국채금리가 한때의 이탈리아처럼 6%로 상승하면 정부의 세수는 전액 국채이자의 지불에 사용되며, 일본의 공공부문은 실질적으로 기능정지에 빠지게 된다.

'인플레이션이 발생하면 상대적으로 빚이 줄어들기 때문에 정부한 테는 유리하다'라는 속설이 있는데 이것은 큰 오해이다. 앞에서 설명 한 것처럼 인플레이션이 발생하면 국채금리도 상승한다. 이미 발행한 국채의 가격은 점점 떨어지지만(즉, 손해는 가지고 있는 사람에게 돌아가 지만), 정부의 세수 대부분은 이자 지불로 사라지게 된다. 일반적인 정 부의 기능을 다하기 위해서는 인플레이션 비율을 상회하는 높은 이율 로 국채를 새로 발행할 수밖에 없다.

연금술이 아니기 때문에 인플레이션이 발생하면 정부의 빚은 눈덩 어리처럼 불어나는 상태가 된다. 실제로 전 세계의 머니게이머 중에 는 일본국채가 폭락할 것을 기대하면서 그럴 경우에 이익을 얻게 되 는 쪽으로 상장하는(일본국채가 폭락하면 가격이 올라갈 것 같은 금융파생 상품을 사고 있다) 사람들도 많다. 그들은 국채 발행증가와 엔저 유도 를 동시에 진행하는 아베노믹스의 등장으로 내심 기대를 키워가고 있 는 것처럼 보인다. 그러나 지금까지 일본폭락 쪽에 투자해온 사람들 은 계속 기대와는 다른 결과에 직면해왔다. 그런 역사를 이어받아 이 번에도 그렇게 되기를 바랄 뿐이다.

'머니자본주의'가 낳은
'근시안적 행동'이 만연하는 폐해

이렇게 한 나라의 몰락으로 돈을 벌려고 하는 무리들이 존재하는 것도 머니자본주의의 일그러진 한 부

숲에서 자본주의를 껴안다

분이다. 그러나 여기까지 문제를 키우게 된 근본 원인은 앞에서도 언급한 것처럼 단지 근시안적인 이익을 확보하기 위해서 근시안적인 행동을 선택하고 정작 중요한 문제는 나중으로 미뤄버리는, 머니자본주의에 물든 인간 공통의 병리에 있다. 눈앞의 '경기회복'이라는 목표를 위해서 언젠가 누군가가 지불해야만 하는 국채의 잔고를 끝없이 쌓아올리는 것처럼, 머니자본주의는 지극히 단기적인 이익과 손해만 생각하고 조건반사적으로 움직이는 사회를 만들어버렸다. 국채 발행증가는 피할 수 없다고 부르짖는 일부 정치가의 말을 들어보면 잘 알 수 있다. 모두 "우리의 현재가 무엇보다도 중요하다", "나중 일은 다음 세대가 어떻게든 할 것이다. 나는 모르겠다"라고만 떠들고 있다. 유감스럽게도 그런 사회에서는 우리 자신이 우리들의 밝은 미래를 믿을 수 없게 되어버린다. 하루하루가 눈앞에서 일어난 일에 대한 조건반사 같은 반응으로 가득 차고 미래를 고려한 행동은 하지 않게 된다.

이 병리는 다른 곳에서도 드러나고 있다. 예를 들어, 10여 년 전부터 국토교통성이 백서 등을 통해서 직접 경고해온 토목구조물의 노후화도 2012년 12월 실제로 중앙고속도로의 사사고笹子터널 천장의 콘크리트판이 붕괴되어 9명의 희생자가 나올 때까지 일반적으로는 전혀 인지되지 않고 있었다.

후쿠시마의 원자력발전소 사고도 노후화된 구식 원자력발전소를 "언젠가 정지시키겠습니다. 언젠가 정지시키겠습니다"라고 말하면서도 계속 가동해온 것이 큰 원인이다. 사용이 끝난 핵연료의 최종 처분에 대한 계획이 전혀 세워지지 않은 상태로 원자력발전소를 재가동하려고 하는 것도, 일단 지금의 상황을 타개하기 위해서 몇 년 앞(기존 원자력발전소 내에 설치된 보관장소가 가득 차는 것은 그리 먼 미래의 일이 아니다)의 일을 생각하지 않는 선택이다. 설령 일시적인 보관장소를 발견했다고 해도, 앞으로 10만 년 동안 안정적으로 계속 냉각시키지 않으면 안 되는 높은 수치의 방사능폐기물을 어디서 누가 어떻게 책임을 진다는 말인가? 이 문제에 대해서는 전혀 예정된 것이 없으며, 예정을 세울 예정조차 없는 상태이다. 이것도 결국 적자국채를 발행해서 연명하겠다는 발상과 마찬가지로, 근시안적인 번영을 위해서 문제를 잠시 접어두는 것에 지나지 않는다.

산촌자본주의는 보험이자
안심을 구입하는 또 하나의 원리

　　　　　　　지금까지 공격적으로 머니자본주의의 한계를 설명해왔다. 이 논조를 이어간다면, 문제의 타개책에 대해서도 공격적인 주장을 펼치게 될 것이다. 그러나 필자는 이제부터는 공격적인 논조는 사용하지 않을 것이다. 한계를 유연하게 돌파해서, 아니 정확히 말하면 한계의 벽을 빙글 돌아서 벽 너머로 전진해서, 사람들의 불안을 줄여주는 역할을 하고 있는 산촌자본주의에 대해서 차분하게 이야기하도록 하겠다.

　여러 번 반복해서 이야기하고 있지만, 근시안적인 행동은 일본인들이 머니자본주의의 미래에 대해서 근본적인 불안을 느끼고 진심으로 자포자기적 심정이 되어버렸기 때문에 일어나고 있다. 그리고 그 불안은 머니자본주의의 자멸이라는 위기에 대처할 수 있는 백업시스템이 존재하지 않는 것에서 비롯된다. 복잡해질 대로 복잡해진 머니자본주의시스템의 기능이 정지됐을 때, 어떻게 해야 되는지 방법을 모르기 때문에 불안해지는 것이다.

이제 그런 불안에 작별을 고하는 것이 어떨까? 「중간 정리」에서 이야기한 것처럼, 산촌자본주의야말로 돈이 기능하지 않아도 물과 식량과 연료를 계속해서 손에 넣을 수 있는 궁극의 백업시스템이다. 나아가 목질 바이오매스 에너지처럼 분야에 따라서는 메인시스템과 역할 교대까지 가능할지도 모른다. 어쨌든 복잡하고 거대한 하나의 체계에 의존하면 의존할수록 마음속에서 커져가는 시스템 붕괴에 대한 불안을 줄여줄 수 있는 것은 다른 체계의 서브시스템뿐이다. 산촌자본주의는 머니자본주의 세계에 있어서의 궁극의 보험이다.

대도시권에서 생활하고 있는 사람도 바로 몇 세대 전까지는 계절에 따라 불어오는 바람을 맞고, 흙을 만지고, 흐르는 물에 손을 담그고, 나무를 자르고, 불을 지피며 생활하고 있었다.

실제로 산촌에서 생활하는 고령자의 일상은 온화한 충족감으로 가득 차 있다. 멀리 도시에서 발생한 이런저런 책략, 대립, 소동에는 불쾌감을 느끼지만, 매일 솟아오르는 태양의 고마움과 계절별로 찾아오는 화조풍월花鳥風月의 아름다움과 천천히 땅에서 자라는 결실에 힘입어 소박하지만 불안하지 않은 나날을 보내고 있다.

어떻게 그것이 가능할까? 바로 주변에 있는 것으로부터 물과 식량의 상당 부분을 충당하고 있다는 안심감이 있기 때문이다. 본인 스스로가 돈을 가지고 자연과 대치하는 것이 아니라 자연환경 속에서 살고 있다는 것을 경험으로 알고 있는 충족감이 있기 때문이다.

이 산촌자본주의라는 보험의 보험료는 돈이 아니라 바로 자기 자신이 직접 움직여서 준비하는 것이다. 보험이기 때문에 모처럼 준비하고 있어도 계기가 없으면 가동되지 않을지도 모른다. 그러나 만일의 경우, 준비가 되어 있는 것과 없는 것은 천지차이이다. 일상의 안심에도 보이지 않는 차이가 생긴다. 확실히 보험은 안심을 구입하는 상품이며, 산촌자본주의는 나 자신의 행동으로 안심을 만들어내는 실천이다.

근시안적인 번영의 추구와 마음속 불안이 낳은 현저한 저출산 현상

일본인의 행동이 근시안적이 되어버린 것에 대해서 산촌자본주의가 미약하지만 대항원리로 작용한다면, 어쩌면 더 큰 규모에 있어서도 같은 효과를 기대할 수 있을지도 모른다. 산촌자본주의야말로 일본을 100% 확실히 엄습할, 아니 이미 수십 년 동안 진행되고 있는 문제, 경우에 따라서는 대부분의 일본사회의 숨통을 조일 수도 있는 진정한 위기에 대한 최대이자 최후의 대항수단일 수도 있다.

이미 눈치 챈 분도 있겠지만, 그 문제를 방치해온 대가가 21세기 중반이 되면 엄청나게 큰 부작용이 되어 나타날 것이다. 그 문제는 바로 최근 30년 이상 진행되고 있는 현저한 저출산 현상이다.

일본 전체의 합계특수출산율(한 명의 여성이 평생 동안 낳는 자녀 수)은 최근 몇 년간 조금 회복되었지만 그래도 1.4로 떨어진 상태이며, 일본 최저라는 도쿄도는 1.1이다. 이 결과를 기준으로 계산해보면 14세 이하 인구는 연간 1.6%의 추세로 감소하고 있다. 이대로 가면 앞으로 60년 뒤에는 일본에서 아이들이 사라져버릴지도 모르는 심각한 상태이다.

이것을 농담으로 웃어넘길 수는 없다. 실제로 과거 35년 동안 매년 일본에서 태어나는 아이들의 숫자가 40%나 줄어버렸다. 어떤 과감한 변화가 일어나서 지금까지 수십 년 동안 진행되어온 저출산 현상의 흐름이 바뀌지 않는 한, 아이들의 소멸(?)까지는 아니더라도 지금보다 더한 격감은 반드시 일어날 것이다. 아이들만이 아니라 생산연령인구(15~64세 인구)도 1995년부터 2010년까지의 15년 동안 이미 7%나 줄어들었다. 이 감소폭이 향후 50년 동안 더욱 증가해서 거의 반감되는 것은 이미 아무도 멈출 수 없는 상황이다.

본격적인 이민의 도입도 이 문제를 전혀 해결하지 못한다. 이민자의 경우에도 이주한 곳의 국민과 동화하면 할수록 출생률도 이주한 나라의 국민 수준으로 급속히 저하되기 때문이다. 일본보다 출생률이 낮은 싱가포르는 거주자의 30%가 외국인이지만, 일본과 마찬가지로 아이들의 감소는 계속되고 있다.

그렇게 되면 국토방위든 뭐든 아무리 부르짖어도 무의미하다. 근본적으로 일본의 사회가 존립되지 못할 가능성도 있다. 회사의 수익 확보를 말하기 전에 노동자도 고객도 확보하기 힘들어지는 것이 아닐까? 하지만 아무리 계산해봐도 현역세대가 반감하기 전에 감소를 멈추는 것은 이미 불가능하다. 그러나 감소를 반감 정도로 끝내고 그 이상의 현상이 일어나는 것을 방지하는 것은 가능할지도 모른다. 이것이 바로 우리가 지금 도전해야 할 승부이다.

저출산 현상의 원인은 복잡하게 얽혀 있어서 딱히 이것이라고 할 수 있는 정량적으로 검증된 연구는 없다. 그러나 각 지역별로 큰 차이가 있다는 점에 착안하면 어느 정도의 추측은 할 수 있다. 우선 수도권, 게이한신권, 홋카이도는 출생률이 낮다. 그러나 오키나와현, 후쿠오카 이외의 규슈지역, 시마네현·돗토리현·후쿠이현福井縣·야마가타현 등 동해 쪽에 위치한 현은 대체로 출생률이 높다.

많은 사람들이, 일하는 젊은 여성이 많을수록 출생률이 떨어진다는 오해를 하고 있다. 그러나 젊은 여성이 일을 한다고 아이들이 감소하는 것은 아니다. 오히려 젊은 여성이 일하지 않고 있는 지역(수도권, 게이한신권, 홋카이도 인구의 반 정도가 모여 있는 삿포로지역 등)일수록 출생률이 낮고, 부부 모두가 정사원으로 근무하는 것이 당연한 지역에서 아이들이 태어나고 있는 것은 통계상으로 봐도 분명하다. 질적인 부분에 있어서는 출퇴근시간과 근로시간이 길고, 보육원이 부족하고, 병이 걸렸을 때의 지원도 없어서 아이를 낳으면 일을 계속하기 힘들어지는 지역일수록 저출산이 진행되고 있다. 보육원이 완비되어 있고, 아이를 기르는 데 있어서 부모 세대와 사회의 적극적인 지원을 받

숲에서 자본주의를 껴안다

고 있으며, 아이를 기르는 동안 수입도 확보하기 쉬운 지역일수록 아이들이 태어나고 있다.

그렇게 아이를 키우기가 편한 지역은 동해연안, 규슈 남부, 오키나와처럼 머니자본주의 안에서는 상대적으로 뒤처져 있던 장소들로, 그곳에는 아직 숲, 식량, 물, 토지, 사람들 사이의 유대가 상대적으로 많이 남아 있다. 같은 현 안에서도 산간지역과 섬마을이 출산율이 높다. 그런 지역에 살고 있는 주민들은 당장은 금전적 이익을 가져다주지 않는 박외자산(금전 환산이 불가능한 재산), 예를 들면 아이를 낳는 것, 우물이나 논밭 또는 산을 자손에게 물려주는 것 등에 대도시권보다 많은 힘을 쏟아왔다. 근시안적인 경제적 번영뿐만 아니라 장기적인 안목을 가지고 보다 멀리 있는 정말 중요한 것들에도 관심을 가져왔다.

하지만 유감스럽게도 그런 지역에 살고 있는 일본인은 소수에 지나지 않는다. 압도적으로 많은 젊은 여성들은 손자손녀 세대의 인구가 자기 세대의 반 이하가 되어버릴 예정인 대도시지역에 모여 있다.

그렇다. 젊은이들은 아직도 대도시의 매력에 이끌려, 또는 취직의 기회에 이끌려, 아니 어쩌면 '그렇게 하지 않으면 안 된다'라고 자신도 모르는 사이에 주위로부터 세뇌당해서, 식량은 물론 물조차 자급할 수 없는 대도시권으로 모여들고 있다. 그러나 그 대도시권에 살고 있는 주민과 대도시권을 중심으로 발전해온 일본기업 관계자들은 마음 깊은 곳에서부터 "지금 우리들이 누리고 있는 머니자본주의적인 번영은 끝나버리는 것이 아닐까?"라는 불안을 지방주민과 기업보다도 강하게 느끼고 있는 것 같다. 그렇기 때문에 그들은 적극적으로 아이를 낳으려고 하지 않는 것이다. 또는 육아와 노동을 병행하려고 하는 사원을 적극적으로 지원하지 않는 것이다(오히려 그만두게 하고 있다).

진정한 의미에서의 여유가 없다고도, 불안에 휩싸여서 스스로 자신의 미래에 대해서 부정적인 결론을 내려버렸다고도 할 수 있다. 그런 대도시권으로 젊은이들을 집중시키고, 그런 대도시권 기업에 취직시키는 일을 계속해온 결과, 일본의 어린이들은 더 급격한 속도로 줄어들고 있다.

산촌자본주의야말로 저출산을 멈출 수 있는 해결책

필자는 "결국 저출산이라는 것은 일본인과 일본기업(특히 대도시권 주민과 대도시권의 기업)이 머니자본주의의 미래에 대해서 가지고 있는 막연한 불안·불신이 표출된 하나의 형태가 아닐까?"라고 생각한다. "미래를 믿을 수 없기 때문에 자손 남기기를 주저하는, 일종의 '자해행위'가 아닐까?"라고 말이다. 그렇기 때문에 저출산 현상은 아무리 "아이를 더 낳아라" 하며 마초적인 성원을 보내도, 그런 식의 겉으로 보이는 세계의 논리에 의해서는 결코 해결될 수 없다. 바로 그래서 마초 지향적 정권은 어느 당도 이 문제를 피하려고만 한다.

저출산은 일본에서만 일어나고 있는 현상이 아니다. 머니자본주의를 관철하고 있는 점에서는 일본 이상이라고 할 수 있는 한국, 대만, 싱가포르도 앞에서 설명한 것처럼 일본보다 출산율이 낮다. 마찬가지로 굉장한 돈의 폭풍이 휘몰아치고 있는 중국도 해안지역의 출산율은 이미 도쿄보다 낮아졌을 가능성이 있다. 상하이의 출산율은 0.7이라는 이야기를 들은 적이 있는데, 이 수치는 3세대 동안 인구가 8분의 1로 축소되어버리는 경이적인 수준이다. 러시아와 동유럽에서도 갑자기 머니자본주의의 폭풍이 불어닥친 구소련 붕괴 이후, 출산율의 현저한 저하가 보고된 바 있다.

그렇기 때문에 해결방법은 머니자본주의와 다른 차원에 존재하는 산촌자본주의의 보급과 활용에 있다. 산촌자본주의는 대도시권 주민이 물과 식량과 연료의 확보에 있어서 가질 수밖에 없는 원초적인 불안을 줄여준다. 그뿐만이 아니다. 산촌자본주의는 아이가 있는 세대의 부부에게 인간다운 생활을 영위할 장소를 제공한다.

얼마 전에는 도시에 살지 않으면 맛볼 수 없는 머니자본주의의 혜택이라는 것이, 물질적인 충족이라는 것이 존재했다. 그 시절에 시골을 떠나서 대도시로 이주해서 살고 있는 지금의 중장년층 중에는 시골은 아직도 그때 그대로라고 착각하고 있는, 어떤 의미에서는 행복한 사람도 있을 것이다.

그러나 실제로는 스오오시마도 오난초도 슈퍼는 물론 24시간영업 편의점도 있고, 오히려 수도권의 도심부에서는 찾아보기 힘든 홈센터까지 갖추고 있다. 발달한 도로를 이용해서 간단히 근처 공항이나 큰 마을로 갈 수 있으며, 옛날과는 비교가 되지 않을 정도로 도회지와 외국도 쉽게 갈 수 있다. 구하기 힘든 물건도 인터넷쇼핑으로 간단하게 살 수 있나. 옛날에는 전 국민이 도쿄 자이언츠를 응원했을지도 모르지만 J리그나 bj리그*, 야구의 독립리그 같은 것들이 점점 늘어서, 지금은 누구라도 지역에서 지역의 프로팀을 응원할 수 있는 시대가 되었다. 그리고 도시에서는 지금도 누릴 수 없는 자연과 물과 공기와 가정용 텃밭처럼, 산촌에서는 도시와는 비교가 안 될 정도로 맛있는 식재료와 여유로운 주거환경을 저렴한 가격으로 향유할 수 있다.

그런 상황이기에 일본의 시골이 가지고 있는 문제는 이제 일자리 부족뿐이라고 할 수 있다. 그런데 그 일자리도 '안정된 기업에서 근무한다'라는, 실은 도시에서도 이미 불가능해진 모델에 집착하지 않는 한, 빠른 속도로 늘어나고 있다. 이 책에서 소개한 내용은 정말 극히 일부분의 일부분이다. 서적, 잡지, 인터넷 등 시골에서 새로운 수입원을 개척하고 있는 젊은이와 퇴직자를 위한 정보는 얼마든지 넘쳐난다. 수입이 줄어들지만 그 대신 진정한 자신의 모습을 되찾을 수 있다. 흐름은 확실히 변하고 있다.

「중간 정리」에서 '머니자본주의가 지나치면 사람의 존재까지 돈으로 환산해버린다'라고 이야기했다. 물론 사람은 돈으로 살 수 없다. 사람의 존재 가치도 벌어들인 금액으로 결정되지 않는다.

사람의 가치는 바로 "당신은 소중한 사람이다"라는 말을 들을 수 있는지의 여부로 결정된다. 사람들과의 유대를 회복함으로써, 그리고

---

* Basketball Japan League, 즉 일본의 프로 농구 리그이다.

숲에서 자본주의를 껴안다

내가 살아갈 수 있게 도와주는 자연과의 유대를 회복함으로써 비로소 "나는 지금 이대로도 충분하다. 나는 소중하다"라는 것을 실감할 수 있다. 사람은 그때 비로소 마음 깊은 곳에서부터 아이를 가지고 싶다는 생각을 하게 된다. 자신에게도 아이를 가질 자격이 있다고 생각할 수 있게 되는 것이다. 아이는 자신과 마찬가지로, 존재하는 것만으로도 한없이 소중한 존재이기 때문이다. 진심으로 자기가 느끼는 행복을, 살아가는 행복을 아이도 경험했으면 좋겠다고 생각할 때, 사람은 처음으로 아이를 가지기 위한 첫걸음을 내딛는다.

'사회가 고령화되기 때문에 일본이 쇠퇴한다'라는 생각은 잘못되었다

저출산에 대해서 언급했으니 고령화와 산촌자본주의의 관계에 대해서도 이야기해보도록 하겠다. 저출산과 고령화를 혼동해서 '저출산 고령화'라고 한 단어로 사용하는 사람이 있는데, 고령화는 저출산과는 전혀 다른 문제이다.

일본이 지금 경험하고 있는 고령화는 한마디로 말하면 고령자의 절대수 증가, 보다 정확하게 말하면 75세 이상(후기고령자) 또는 85세 이상(초후기고령자라고 불러야 할까?) 인구의 급증이다. 이것을 '고령화 비율'의 상승이라고 생각하면 사태를 제대로 파악할 수 없다.

지금까지 몇 번이나 사용한 국립사회보장·인구문제연구소의 2012년 중위추계에 의하면, 2040년 일본은 85세 이상의 노인의 숫자가

1,000만 명을 넘어서서 5세 단위로 구분한 어떤 연령계층보다도 많아지고(참고로 2010년 현재는 400만 명이므로 현재 대비 2.5배 이상 증가하는 셈이 된다), 두 번째로 많은 연령계층은 65~69세가 된다고 한다. 그보다 20년 뒤인 2060년이 되면, 85세 이상의 인구는 1,000만 명을 넘기고, 45~84세는 모든 연령계층이 500만~600만 명으로 큰 차이가 없는 상태가 된다고 한다. 그보다 더 미래인 2070년이 되면, 85세 이상의 절대수는 크게 줄어들 것으로 예상되기 때문에 무제한적으로 이어질지도 모르는 저출산에 비해서 고령화는 시간이 해결해줄 문제라고도 할 수 있다. 그러나 문제가 해결되는 시점에는 이 책을 읽고 있는 대부분의 독자는 죽고 없거나 또는 초후기고령자로 겨우 살아 있는 상황일 것이다.

인구 예측에 대한 이야기를 꺼내면, 기계적으로 일본 장래에 대한 비관론자라고 생각하는 것 같다. 2012년, 영국의 잡지《이코노미스트The Economist》에 실린 장래 예측이 화제가 되었다. 이 예측에 의하면, 2050년의 일본의 GDP는 현재 세계 제3위에서 한국보다도 뒤처져서 브라질과 러시아와 비슷한 수준이 된다고 한다. 이 평가에 향후 한국과 러시아에서 발생될 일본 이상의 급속한 인구감소가 어디까지 반영되어 있는지 대단히 의심스럽지만, 어쨌든 머니자본주의시스템의 범위 내에서 머니자본주의의 기준만으로 내려진 결론이다.

필자는 '사회가 고령화되기 때문에 일본은 쇠퇴한다'라는 결론에는 조금도 동의하지 않는다. 오히려 앞에서도 잠깐 언급한 2060년의 일본에 대해서는 예상되는 문제점을 상정한 상태에서 낙관적인 시나리

숲에서 자본주의를 껴안다

오를 가지고 있다.

일본은 지금까지 인류가 경험한 적 없는 초고령화 사회의 선두 주자로, 머니자본주의를 헤치고 달려오면서 그 한계도 자각하고 있다. 그렇기 때문에 산촌자본주의적인 요소를 반영해서 '밝은 고령화'의 길을 열어갈 수 있다고 믿고 있기 때문이다.

산촌자본주의는 '건강수명'을 연장시키고 밝은 고령화 사회를 만든다

첫 번째 근거는 산촌자본주의의 보급으로 이미 세계 최고 수준인 일본의 '건강수명'(심신 모두 건강한 기간)이 더욱 상승할 것으로 예상되는 점이다. 일본은 평균수명도 세계 최고 수준이다. 이것 때문에 일본경제가 '쇠퇴하고 있는 것처럼 말하고 있지만, 실은 높은 위치에서 안정되어 있는' 증거라는 점도 이미 설명했다.

일본의 고령화 비율(65세 이상의 인구÷총인구)은 23%를 넘는다. 예를 들어, 미국의 2배 정도 수준이지만, 국민 1인당 의료비는 현 시점에서도 미국이 더 높다. 원래 1인당 의료비는 평균수명의 길이와는 연동하지 않는다. 자동차로 이동하고 지방분이 많은 식사를 대량으로 섭취하는 미국인은 비교적 젊었을 때부터 상당수가 생활습관병에 걸린다. 평균수명도 일본인보다 4년 정도 짧은데, 의료에는 일본보다 돈이 들고 있다. 게다가 미국처럼 의료보험제도도 완전히 머니자본주의 세계의 경쟁에 맡기는 편이 잘 돌아간다고 믿고 있다면, 이처럼 실제로는 대단히 효율이 안 좋은 결과를 낳기도 한다.

그렇다고 일본 전국의 모든 곳이 우등생인가 하면 그렇지는 않다. 지역차는 상당히 큰 편으로, 예를 들어 오랫동안 건강장수의 현으로 유명했던 오키나와현은 최근에는 남성평균수명이 전국에서도 하위에 속할 정도까지 저하되었고, 고령자 1인당 의료비도 매년 증가하고 있다. 태평양전쟁의 패전 이후, 미군 점령하에서 미국 스타일의 식생활이 침투했고*, 게다가 전쟁 전에는 있었던 철도가 재건되지 않으며 자동차 사회가 되어버려서 걷는 습관이 없어진 결과 건강수명도 떨어지고 있다.

한편 남성평균수명이 가장 긴 곳은 나가노현長野縣인데 이곳은 고령자 1인당 의료비도 전국 최저 수준이다. 실제로 의료비는 생사가 왔다 갔다 하는 상태에서 입원과 퇴원을 반복하면 급격히 늘어나지만, 작은 병에 걸리는 정도로는 크게 늘지 않는다. 나가노현에서는 전후戰後 이른 시점부터 가정집까지 찾아가서 식생활 등 생활습관의 개선을 지도하며 큰 생활습관병을 방지하는 '예방의료'가 도입되었다.

필자는 그에 덧붙여 나가노현이 일본 유수의 산촌을 보유한 현이라는 점도 무관하지 않다고 생각한다. 물론 나가노시 주변이나 마쓰모토시松本市 주변 같은 도시지역은 평지가 부족한데도 완전히 자동차 사회가 되어버렸지만, 고령자가 많이 살고 있는 산촌지역에서는 흙을 만지

---

* 오키나와는 패전(1945년) 이후 1972년 일본에 반환될 때까지 약 30년간 미국의 지배를 받았다.

고, 양질의 물을 마시고, 청정한 공기를 마시고 생활하며, 집 주변에서 수확한 채소를 활용한 식이섬유가 풍부한 식사를 하는 생활이 이어지고 있다. 생활 속에 자연스럽게 자연과의 교류가 스며들어 있다.

만약 일본 전체가 나가노현 같은 상태가 된다면 고령자 증가로 인한 의료복지 부담의 증가는 상당 부분까지 억제할 수 있을 것이다. 게다가 향후의 산촌자본주의 보급은 나가노 산촌에서 영위되는 것 같은 생활을 하는 사람을 확실히 늘려갈 것이다.

시골에 이주하지 않아도 방법은 있다. 예를 들어, 대도시 주변 지역의 단지에는 계속 빈집이 늘어가고 있다. 현재는 직접 집을 구입한 세대가 살아 있다. 그런 사람들은 평생을 걸려서 마련한 집을 도저히 싼 가격에 팔 수 없을 것이다. 그러나 그곳에 살고 있지 않은 상속인의 세대가 되면 반드시 주택으로의 사용을 포기하고 토지를 주변 주민들에게 가정용 텃밭으로 빌려주는 움직임이 확산되어갈 것이다.

군마현 안나카시群馬縣安中市 나가노신칸센 안나카하루나역安中榛名驛 앞의 고지대에, JR동일본이 분양하는 주택단지 '뷰베르제 안나카하루나 View Verger Annaka-haruna'가 자리 잡고 있다. 이곳은 개발 초기에는 신칸센을 이용해 수도권으로 출퇴근하는 사람들에게 판매하는 것을 상정하고 있었지만, 수도권의 땅값 하락으로 그런 수요는 기대하기 힘들어졌다. 그래서 유연하게 발상을 전환해서 2개 구획을 묶어서 한 집으로 판매하기 시작했다. 그러자 가정용 텃밭이나 정원을 원하는 사람들의 관심을 끌어서 거의 완매完賣를 달성하고 있다.

땅의 소유자가 지가하락을 받아들일 수만 있다면, 비슷한 일은 대

2개 구획을 묶어 한 집으로 판매한 '뷰베르제 안나카하루나'

넓은 정원으로 어필하며 사람들을 모으고 있다

숲에서 자본주의를 꺼안다

도시권 교외지역 여기저기에서도 일어날 것이다. 이런 현상은 대도시권을 향한 산촌자본주의의 역공이다.

산촌자본주의는 '돈으로 환산할 수 없는 가치'를 생산하고 밝은 고령화 사회를 만든다

일본이 '밝은 고령화 사회'를 만들 수 있다고 생각하는 두 번째 근거는 산촌자본주의의 보급과 함께 앞으로 돈으로 환산할 수 없는 가치를 생산하고 지역 내부에서 순환시키는 고령자가 점점 더 늘어날 것이라는 점이다.

'돈으로 환산할 수 없는 가치를 생산한다? 지역 내에서 순환시킨다?' 말이 너무 추상적이라서 이해가 잘 안 될 수도 있다. 예를 들어, 쇼바라의 고령자복지시설을 떠올려보자. 지역의 고령자들이 생산하는, 시장에 내놓기에는 적절치 않은 농작물을 지역의 고령자복지시설에서 식재료로 사용한다. 그곳에서 나온 음식물쓰레기는 비료로 고령자 농민들에게 환원한다. 부분적으로 금전 거래도 발생하지만 그곳에서 순환되는 전체적인 가치에서 보면 극히 일부에 지나지 않는다. 생산자가 느끼는 보람의 증가, 시설 이용자의 건강 증진, 결과적으로 불필요해진 식재료비와 비료값, 그것들을 운반하는 데 들었을 연료비, 이 모두는 돈으로 환산할 수 없는 가치이며 GDP에 있어서는 마이너스로 계산될 것이다. 그러나 현실에서는 의미 있는 가치이며 이 모든 것들이 지역 내부를 순환하면서 공동체를 확대시키고 있다.

이것은 그저 하나의 예일 뿐이다. 건강한 고령자가 먼저 쇠약해진 고령자를 간호하는 NPO, 공공 공간에 화단을 만드는 노인회, 초등학생의 등하교 시간에 도로횡단 등을 도와주는 자원봉사 노인들, 유치원과 방과 후의 초등학교에서 어린이들에게 놀이를 가르치는 할아버지 등, 돈으로 환산할 수 없는 가치를 생산하며 증식시키고 있는 고령자들은 전국적으로 무수히 많이 존재한다.

자기가 먹기 위해서 밭을 일구는 고령자도 그만큼 가게에서 식료품을 살 필요가 없어지기 때문에 GDP에는 마이너스가 될지도 모른다. 그러나 흙을 만지며 일하면서 건강해지고, 남은 채소를 이웃과 나누면서 주변 사람들과의 유대감이 생겨나는 것처럼, 역시 그 주변에는 돈으로 환산할 수 없는 가치의 순환이 생겨난다.

앞으로 고령자의 절대수 증가에 비례해서 그런 분들의 수가 더욱 늘어갈 것은 틀림없다. 물론 건강하게 직업을 가지고 돈을 벌어서 사용하는 고령자가 느는 것도 좋지만, 돈을 벌지 않아도 사회적인 가치를 생산해내는 고령자도 높이 평가받을 가치가 있다.

글쓴이_ 모타니 고스케

숲에서 자본주의를 껴안다

산촌자본주의의 상쾌한 바람이 불어오는
2060년의 미래

2060년의
밝은 미래

산촌자본주의 보급으로 출생수의 무제한적인 감소를 저지하고, 고령자 증가라는 당면 문제에도 현저한 비용 증가 없이 대응할 수 있었다면, 2060년의 일본은 80세 이하 각 세대의 인구수가 거의 동일하고 대단히 안정적인 사회로 다시 태어나 있을 것이다. 총인구가 8,000만 명 정도까지 감소했을지도 모르고, 돈으로 환산할 수 없는 가치의 순환 확대가 GDP를 낮추고 있을지도 모른다. 그러나 실제로 사회에는 여러 면에서 밝은 빛이 비치고 있을 것이다.

우선 세계적으로는 부족해질 것으로 예상되는 식량수급에 있어서도, 2060년 일본의 자급률은 대폭 상승되어 있을 것이 틀림없다. 수입량을 수출량으로 상쇄시켜서 계산한 결과가 100%가 되는 것도 충분히 가능하다. 원래 일본은 온난한 기후, 풍부한 강수량, 비옥한 토양의 축복을 받은 농업의 적지이다. 그러나 태평양전쟁 이후 인구가 80%나 증가하면서 도시개발로 인해 많은 농지를 건물 밑에 묻어왔다. 그러나 향후의 인구감소는 이런 농지들을 불필요해진 건물 밑에서 부활시켜줄 것이다. 게다가 가정용 텃밭의 증가와 U턴·I턴한 이주자들에 의한 경작포기농지의 이용 촉진으로, 시장에는 나오지 않고 돈으로 환산할 수도 없지만 실제로는 유효하게 소비되는 농산물도 늘어날 것이다.

연료수급에 관해서도, 건축자재로 국산목재(를 사용한 집성재)의 이용이 진행되면서 부산물로 만든 목질 바이오매스 연료가 싼 가격으로 유통되어 오스트리아처럼 에너지 자급률이 크게 올라가게 될 것이다. 태양에너지와 지열 등 그 밖의 자연에너지에 있어서도 인구가 줄면 줄수록 1인당 이용할 수 있는 칼로리양이 증가하기 때문에, 메탄 하이드레이트Methane Hydrate*의 실용화가 이루어지지 않아도 사회의 안정성은 크게 높아질 것이다.

이것도 저것도 강수량과 토양과 지열의 축복을 받은 화산국 일본이라서 가능한 자연의 은혜이다. 일본은 조산운동이 활발한 화산국가라서 척량산맥脊梁山脈**이 별로 침식되지 않고 높은 표고가 유지되고 있다. 그 높은 산에 계절풍이 부딪혀서 다량의 비와 눈이 내린다. 화산국가의 미네랄성분이 풍부한 토양이 작물에 풍요로움을 나눠준다. 지진국가라는 것의 대가로 많은 은혜를 받고 있다.

---

* 해저나 빙하 아래에서 메탄과 물이 높은 압력으로 인해 얼어붙어 얼음 형태의 고체상 격자구조로 형성된 연료로, 차세대 대체연료로 주목받고 있다. 모양이 드라이아이스와 비슷하며 불을 붙이면 타는 성질을 가지고 있어 불타는 얼음Burning Ice이라고도 불린다.

** 지역의 중심에 길게 뻗어 있으며 주요한 분수계가 되는 산맥.

숲에서 자본주의를 껴안다

2060년에는 대규모 천재지변이 발생했을 때의 안전성도 증가해 있을 것이다. 인구감소로 인해서 혹시라도 토사가 무너져서 내려올 가능성이 있는 장소, 물에 잠길 가능성이 있는 장소에서 주거를 철거시킬 수 있었기 때문이다. 전후戰後에 인구가 80%나 늘어나면서 많은 습지와 경사지가 주택지로 개발되었다. 그러나 태어나서 자란 장소를 떠나고 싶어 하지 않는 노인분들이 돌아가시게 되면, 인구가 대폭 감소될 예정인 미래에는 전후 조성된 지역들 중에서 천재지변에 취약한 지역을 천천히 습지와 산림으로 되돌리는 것이 가능해진다.

거대한 제방을 건설할 자금이 있다면 제방을 건설하기보다, 위험한 개발지역에서 옛날부터 사람이 살고 있는 안전한 장소로 사람들을 옮기는 것이 더 유효한 사용방법이라는 인식도 차차 확산되어갈 것이다. 참고로 인구가 과도하게 집중되어 있는 대도시권에서 시골로 흘러가는 사람들의 역류가 반세기 동안 지속되면, 생활터전 바로 옆에 물, 숲, 논밭이 있는 사람들의 수는 더욱 많아진다. 머니자본주의시스템이 일시적으로 정지해도 한동안은 견딜 수 있는 사람의 비율이 확연히 높아지는 것도 기대할 수 있다.

국채잔고도
대폭 줄일 수 있다

정부의 방대한 빚은 어떻게 되어 있을까? '국채의 신규발행은 빚을 갚는 데 필요한 양에 한한다'라는 규칙을 만들어 어떻게든 잔고가 더 이상 늘지 않는 상태를 만들 수 있다면, 과도한 인플레이션을 신중하게 회피해 퇴직고령자가 쥐꼬리만 한 적금을 잃지 않고 죽음을 맞이할 수 있는 상황을 유지할 수 있다면, 우리 앞에 펼쳐진 2060년의 상황은 어떻게 될까?

실은 국채상환의 책임이 전부 젊은 세대로 넘어가는 일은 없을 것으로 예상된다. 왜냐하면 현재 65세가 넘는 1940년대 후반 출생자가 1,000만 명을 넘는 것에 비해서, 0~4세는 500만 명밖에 없기 때문이다. 많은 인구수를 차지하는 고령 세대가 축적한 경제적 자산이 오랜 시간 동안 상속 등의 형태로 수가 적은 젊은 세대로 건너가는 과정을 이용해서 국채잔고를 대폭 줄여갈 수 있다.

다 쓰지 못할 정도의 금액을 유산으로 남기는 부유층에 대한 상속세의 강화는 물론, 저출산 현상의 결과 자손이 없는 일본인이 점점 늘고 있는 점을 이용해서 상속인이 없는 재산을 국고에 환원시키는 구조를 만들 수도 있다. 우선은 기계적·수리적으로 고령자가 가진 적금의 몇 퍼센트를 국채상환으로 돌릴 것인지 규모를 계산하고, 그 결과에 따라서 구체적인 제도를 설계해나가면 된다.

근본적으로 인구감소사회는 한 사람 한 사람의 가치가 상대적으로 높아지는 사회라고 할 수 있다. 장애인도 고령자도 최대한 노동으로 사회에 참가해서, 돈으로 환산할 수 있는 또는 환산할 수 없는 가치를 생산하고, 돈으로 환산할 수 있는 또는 환산할 수 없는 대가를 받는 것이 당연해지는 사회이다.

기계화·자동화가 진행되어 생산력이 유지되는 가운데 일어나는 인

숲에서 자본주의를 껴안다

구감소는 한 사람 한 사람의 생존과 자아실현을 보다 쉽고 당연하게 만들어준다. 지나치게 불어난 인구를 일단 한 번 줄인 뒤에 일정 수준에서 안정시켜가는 것이야말로 지구라는 제한된 공간에서 벗어날 수 없는 인류가 자연과 공생하며 계속 살아가기 위한 가장 합리적이고 긍정적인 방법이다.

미래는 벌써 산촌의 산자락에서 시작되고 있다

2060년까지 반세기가 남아 있다. 50년이라는 시간은 시대가 크게 변하는 데 충분한 시간이다. 흑선내항* 소동 직후인 1855년에, 일본이 1905년의 러시아와의 전쟁에서 승리할 것을 누가 예상할 수 있었겠는가? 전쟁의 늪에 더 깊이 빠져들고 있던 1940년, 그 누가 평화로운 경제대국이 되어 거품경제를 구가하는 1990년의 일본을 상상할 수 있었겠는가? 공업화의 발전 속에서 바다도 강도 공기도 빠르게 오염되어갔던 1960년, 공기도 물도 깨끗한 다마강多摩川을 송어가 거슬러 올라오는 2010년의 도쿄를 누가 예상했겠는가?

지금으로부터 반세기가 지나면 사회 전체가 가지고 있는 비전 자체

---

* 미국의 페리 제독이 군함을 이끌고 우라와(현재 가나가와현에 위치한 항구)에 입항한 사건. 일본이 쇄국정책에 종지부를 찍고 개항을 하게 된 계기가 되었다.

가 크게 변해서 정말로 사회에 필요한 것도, 그것을 담당하는 주체도 변하게 될 것이다.

문제는 오래된 기업·정치·매스미디어·여러 단체들과, 그것을 이끌어온 중장년층 남성들에게 새로운 시대로 발을 내디딜 용기가 없다는 것이다. 낡은 가치관에 얽매여 더 이상 필요도 없는 일을 타성으로 계속한다. 이들은 새로운 세상을 이끌어갈 사람들의 활력을 받아들이는 것조차 불가능하다. 그러나 세월은 결국 사라져야 할 것들을 지워가면서 새로운 시대를 이 섬나라 위에 구축해줄 것이다. 미래는 결국 젊은이들의 손 안에 있다. 먼저 사라져가는 세대는 누구도 이것을 부정할 수 없다.

산촌자본주의는 머니자본주의에 의해서 생겨난 뒤틀림을 보완하는 서브시스템, 그리고 비상시에는 머니자본주의를 대신해서 앞에 올 수 있는 백업시스템으로서 일본과 세계의 취약점을 보완하고 인류가 살아남을 길을 제시해준다.

상쾌한 바람이 불어오는 미래는 이미 한 번 잊혔던 산촌의 산자락에서 시작되고 있다.

글쓴이_ 모타니 고스케

필자의 본업은 강연과 면담을 통해서 전국 방방곡곡의 지역진흥 관계자와 기업에 어드바이스와 컨설팅을 제공하는 일이다. 강연자료는 반드시 대상에 맞춰서 만든다는 원칙 때문에 집필에 시간을 할애할 수 없어서 많은 출판기획을 거절해왔다. 많지 않은 저서는 책 한 권을 제외하면, 잡지 기고와 연재 또는 특정 장소에서의 대담을 문서화한 것이다.

그런 필자의 유일한 집필 작품이『일본 디플레이션의 진실』이다. 가도카와쇼텐角川書店의 편집자 기시야마 유키히로岸山征寬 씨의 몇 년에 걸친 설득과 독촉이 없었다면 도저히 세상에 나올 수 없었던 책으로, 감사하게도 많은 분들께서 읽어주고 계신다. 무엇보다 이 책을 읽고 인식을 쇄신하거나 전략을 수정한 개인과 기업이 많다는 것은 필자의 자랑이기도 하다.

그러나 유감스럽게도 이 책에 대해서 국소적 혹은 요점을 벗어난 비판을 전개하는 움직임도 적지 않았다. 객관적인 사실을 지적하고 있음에도 '필자의 주장은'처럼 마치 주관적인 의견을 기술하고 있는 것처럼 말하는 사람들이 많다는 사실에도 넌더리가 났다. 이 책 이후

출판을 멀리하고 있었던 것은 '안타깝게도 논리적인 이야기는 활자만으로는 좀처럼 전달되지 않는다'라는 생각이 확실해진 것이 가장 큰 이유였다.

그러는 동안 기시야마 씨는 '하나가 잘 팔린 것을 기회로 삼아서, 돈욕심에 유사한 책들을 계속해서 내놓는 일'은 전혀 하지 않으며 필자를 조용히 지켜보고 있었다. 이것이 기시야마 씨에 대한 신뢰를 높여주었다.

『숲에서 자본주의를 껴안다』는 필자에게 있어서는 3년 만의 두 번째 저서이다. 10을 쓰면 4를 지우는 나쁜 버릇까지 있어서 집필에는 분량 이상의 고행이 요구되었지만, 그만큼 대담을 기록한 책과는 다른 정보밀도와 독창성을 갖춘 책이 되었다고 자부하고 있다.

좀처럼 시작하지 못했던 일을 시작하게 된 이유는 두 가지였다. 하나는 NHK히로시마방송국의 이노우에 교스케 프로듀서의 열의에 응하지 않으면 안 된다는 의무감이다. 이노우에 씨는 '산촌자본주의'라는 단어를 만들어낸 장본인이다. 산촌자본주의의 내용과 의의를 구체적으로 파헤치는 다큐멘터리 시리즈(주고쿠지방의 5개 현에서 한정방송. 참여자의 한 명으로 필자도 매회 출연했다)를 제작했지만, 영상작품뿐만 아니라 제대로 문자로 남는 정보를 통해서 전국에 알려야 한다는 강한 사명감을 가지고 있었다. 동료인 야쿠 야스히로 디렉터와 함께, 격무 속에서도 집필시간을 마련해서 취재한 내용을 문자화하려고 노력하는 모습에는 저절로 머리가 숙여졌다.

숲에서 자본주의를 껴안다

그러나 많은 출판기획을 무산시켜버린 전과자였던 필자는 그것만으로는 집필을 결심하지 못했을 것이다. 그런데 상업주의적 동기만으로는 결코 움직이지 않는 기시야마 씨가, 이노우에 프로듀서가 가지고 온 기획내용과 원고를 평가하고는『일본 디플레이션의 진실』이후 오랜만에 나에게 집필에 참가해줄 것을 부탁했다. 이노우에 씨와 기시야마 씨가 이 책의 내용을 제대로 세상에 알려야 한다는 사명감을 공유했다는 사실은 나에게 큰 충격이었다.

논설을 쓴다는 것은 최대한 깊게 생각하는 일이다. 이미 생각하고 있던 내용을 강연에서 이야기하는 것과는 차원이 다르다. 솔직히 말해서 그런 힘든 작업에 착수하는 것은 달갑지 않았지만, 마음을 다잡고 써야 하는 상황이 되었다. 이노우에 씨, 야쿠 씨, 기시야마 씨, 이 중에서 누구 하나라도 없었다면 이 책은 완성되지 못했을 것이다. 아무리 감사해도 부족할 정도이다.

50년 후의 누군가가 필자의 논고를 보고 "50년 전에는 이렇게 열의를 담아서 쓰지 않으면 안 될 정도로 받아들이기 힘든 개념이었구나"라고 평가해주는 것. 주제넘은 말이지만 그것이 필자의 진정한 목표이다. 좀처럼 달성하기 힘든 야망이지만 5년만 지나면 유통기한이 끝나는 논고를 내놓지 않기 위해서, 아니 그 정도가 아니라 5개월 뒤에는 아무도 거들떠보지 않는 테마에 달려들지 않도록 나 자신이 스스로 경계하지 않으면 안 된다.

『숲에서 자본주의를 껴안다』는『일본 디플레이션의 진실』에 이어서, 아니 그 책 이상으로 앞으로 시간이 지나면 세계 각지에서 큰 물줄기를 형성할, 그렇지만 아직은 졸졸 흐르는 물줄기로 들어가는 한 방울의 물이라고 확신하고 있다. 세상은 오직 머니자본주의로 돌아간다는 집단환상에 대해서, 현 시점에서 작은 반론을 제기하는 것 자체에 큰 의의가 있다. 이노우에 씨, 야쿠 씨, 기시야마 씨 모두도 그런 생각을 공유하고 있을 것이다. 현명한 독자 여러분들도 부디 이 논고가 말하고자 하는 것에 대해서 생각해주시기를 바란다.

머니자본주의를 향한 신앙이
한순간일지라도 마치 일본을 뒤덮은 것처럼 보이는 2013년 5월에

모타니 고스케